中東イスラームの歴史と現在

平和と共存をめざして

岩木秀樹

第三文明社

はしがき

中東イスラーム(1)は戦火に包まれている。中東のみならず、国際政治の多くの問題もイスラームを中心に回っている。

なぜこのようになったのか。イスラームは戦争の宗教なのか。人類は共存できるのか。このような疑問に答える必要があろう。

本書は、このような問題関心のもと、平和と共存をめざすために、中東イスラームの歴史と現在の諸問題を考察する。

第一部では、イスラームがどのように成立し、拡大したのか、またイスラームの特徴を分析する。第二部では、オスマン帝国の共存形態とその変容を見ていき、現在の紛争の起源として二十世紀の戦争を考察する。第三部では、現在の諸問題の経緯や原因を調べ、イスラームの平和や共存を展望する。

イスラーム教徒の一部が過激な暴力に走っているので、多くの人々はイスラームが恐ろしい暴力の宗教だと考えている。確かに、イスラームが戦争動員の道具にされている側面はある。クルアーンの一部を引用して、暴力が正当化されることもある。

しかしイスラームが戦争や暴力を抑止していることも事実である。単なる戦争・暴力の宗教であるならば、長い歴史を通して十七億もの多くの人々を魅了できないであろう。歴史上、多民族、多宗教の共存をイスラームは一定程度実現してきた。戦争の原因を取り除けば、平和と共存は可能である。そのことを本書では示していきたい。

なお各章の最後に読者への便宜《べんぎ》のため、「章のまとめ」を付けた。

また「イスラーム」や「クルアーン」などの用語は、基本的に現地語読みに近い表記にした。クルアーンの引用文は、井筒俊彦訳や藤本勝次編を参考にした。

目次

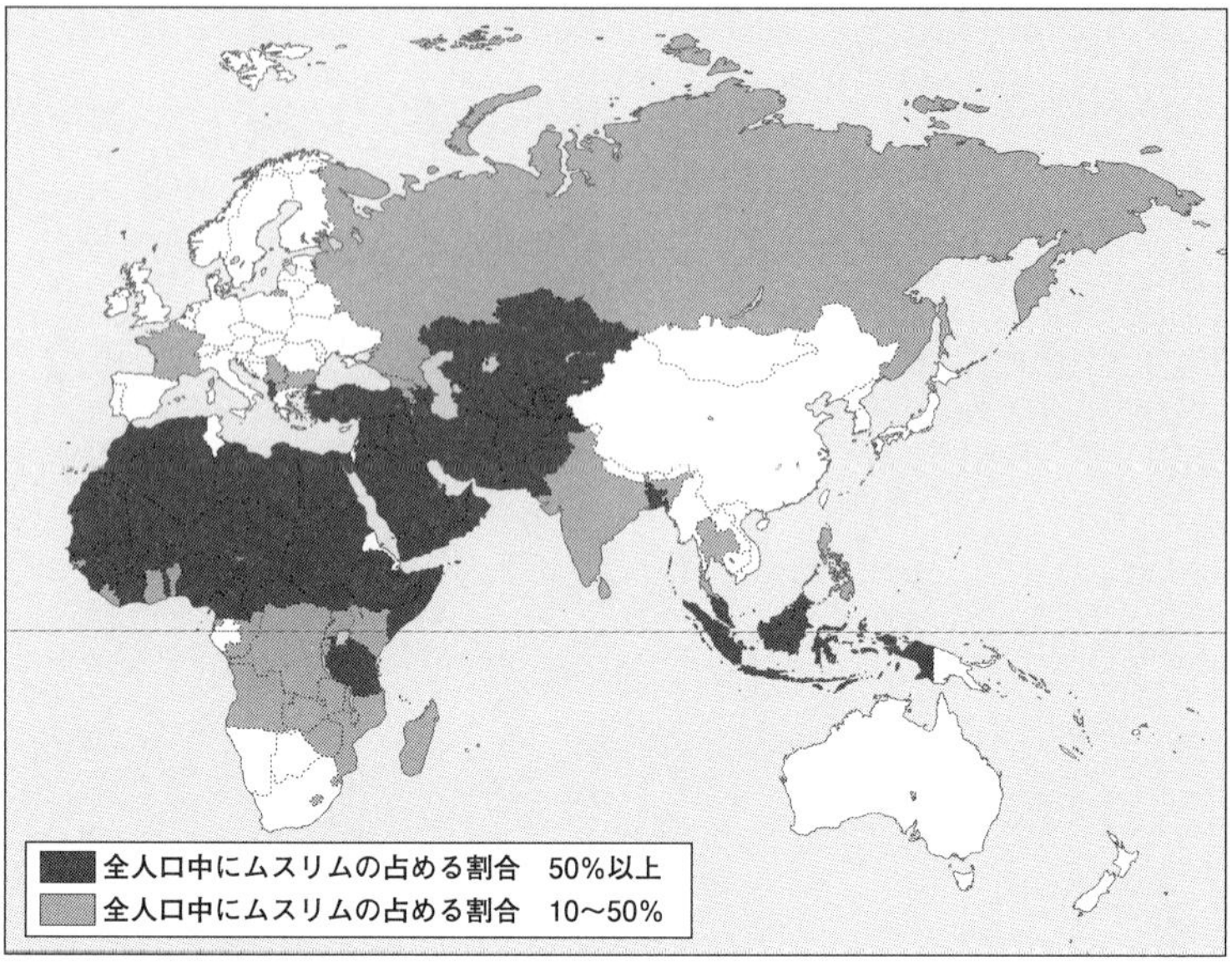

図1　現在のイスラーム世界

出典：Ansary, Tamim, 2009, *Destiny Disrupted: A Hisrtory of the World,* Public Affairs.
(=2011, 小沢千重子訳『イスラームから見た「世界史」』紀伊國屋書店)をもとに作成

第一部

中東イスラームの歴史

第一章　ビッグ・ヒストリーから見たイスラーム

はじめに

現在、長く広いスパンで歴史を見つめ直すビッグ・ヒストリーが注目されている。宇宙の始まりから終わりまでを視野に入れて歴史を考察することにより、西洋、近代、国民国家などを相対化できよう。イスラームもこのような概念に対して、再考を促《うなが》す視点を持っている。したがってビッグ・ヒストリーの見方からイスラームを考察することは有効であろう。また管見《かんけん》の限りイスラームとビッグ・ヒストリーの関係を考察した研究はほとんどないであろう。

本章では、イスラームとビッグ・ヒストリーを関連づけ、イスラームの視点から歴史を再構成し、平和・共存の方途を分析していきたい。

第一節では、ビッグ・ヒストリーの意義と課題を述べ、ユニバーサル・ヒストリーとしてイスラームの歴史を位置づける。第二節では、ビッグ・ヒストリーの時期区分を瞥見《べっけん》し、イスラームの創世《そうせい》神話を説明する。第三節では、イスラームの文明や科学が興隆した要因を分析する。第四節では、イスラームが他の文明より早く都市化と近代化を成し遂げたことを述べ、「七世紀近代化論」を提起する。

なお宇宙や生命の起源の研究は日進月歩であり、論者や論文発表時期により年代が異なることをお断りし、ここでは概算であることを了承願いたい。

一　ビッグ・ヒストリーとユニバーサル・ヒストリー

ビッグ・ヒストリーとは、百三十八億年前に起こったと言われるビッグ・バンによって宇宙が誕生してから今日まで、さらには宇宙が消滅するまでを視野に入れた壮大な歴史である（中西二〇一四：一四）。また宇宙の起源にまでさかのぼって、時間の全てにわたる歴史を再構築する試みである（Christian et al. 2014:3=2016:4）。

ビッグ・ヒストリアンのD・クリスチャンによれば、今までの歴史では、王や貴族による戦争などが中心に描かれていたが、そのような歴史観は限界に来ている。国家や時代によって分割された暗記中心の歴史から、宇宙の始まりから未来までも包含した大きな歴史が必要とされている（『朝日新聞』二〇一五年三月十三日付)。

現在、戦争や環境破壊、貧困・格差の問題、精神の荒廃等の諸問題が地球上を覆《おお》っている。今までのたこつぼ型の一つのディシプリン(学問分野)では問題解決は難しくなっている。また排他的な線引き思考を前提にした国民国家システムが機能不全に陥《おちい》っており、領土争いや分離・統合問題が台頭している現在、長く広い視野で歴史を考えることは有効であり、国民国家や民族の相対化につながろう。

もちろん、ビッグ・ヒストリーにも学問的限界があり、様々な批判はあろう。始めと終わりを前提とした一神教的世界観ではないのか。人間中心主義ではないのか。新たなオリエンタリズムとしての西洋中心主義ではないのか。天文学、生物学、人類史を単に結合させたクロノロジー(年代記)ではないのか。西洋近代の破綻《はたん》に取って代わる西洋による新たな「大きな物語」ではないのか。

ビッグ・ヒストリアンたちはこのような課題に対してある程度自覚的であり、様々な批判に答えようとしている(Christian 2011:8-11、辻村二〇〇七:九八—一〇〇)。細かい歴史事象を把握できないのではないかということに対して、核や環境などの国境を越える問題がある中で、長い時間枠で人類を全体として見ることは有効であるとしている。またビッグ・ヒストリーが既存のディシプリンを超《こ》えるために、二次資料扱いされたり概括的《がいかつてき》な研究になる危険性があることも自覚している。さらに新たな「大きな物語」を作ろうとしているとの批判に対して、近現代史を絶対視するのではなく、ビッグ・ヒストリーを近現代の創世神話としても考えられるとしている。

中西治も、ビッグ・ヒストリーを旧約聖書等に基づく歴史であるユニバーサル・ヒストリーの変種の一つであるとしている。宇宙が神によって創られたという考えも、大爆発によって作られたという考えも、ともにそれぞれの時期の人間の英知が作り出したものである。いずれも人間の知的財産であり、これらの知的営みを尊重すべきであろう（中西二〇一四：七、二九）。

イスラームもユダヤ教、キリスト教の伝統を引き継ぐセム的一神教である。クルアーンの記述は旧約聖書、新約聖書と親和性が高く、これらの一神教において、神は同一である。したがってイスラームの歴史やクルアーンに書かれた内容もユニバーサル・ヒストリーとして扱うこともできよう。

二　ビッグ・ヒストリーの時期区分とイスラームの創世神話

クリスチャンによれば、現在までの歴史は八つに時期区分される（Christian et al. 2014=2016）。

第一は百三十八億年前のビッグ・バンによる宇宙の誕生である。

第二は百三十六億年前の銀河や星の誕生である。

第三は百三十五億年前の新しい化学元素の誕生である。

第四は四十六億年前の地球や太陽系の誕生である。

第五は三十六億年前の地球における生命の誕生である。

第六は二十万年前のホモ・サピエンスの誕生である。

第七は一万年前の農耕の誕生である。

第八は二百年前の近代世界の誕生である。

中西によれば、現在までの歴史は五つに時期区分される（中西二〇一四：六七—六九）。

第一は百三十七億年前の宇宙の誕生から、太陽系の誕生を経て、四十億年前の地球における生命の誕生までの「自然現象の時期」である。

第二は生命の誕生から、二百万年前のホモ・ハビリスの誕生までの「進化開始の時期」である。

第三はホモ・ハビリスの誕生から、ホモ・サピエンスの誕生を経て、一万二千年前の農業革命の開始までの「人間が道具を作り、使い始めた時期」である。

第四は農業革命の開始から西暦一七六五年の産業革命の開始までの「人間が道具と自然エネルギーや動物などを使って農業生産を始めた時期」である。

第五は産業革命の開始から核やロケット等の生産、情報革命を経て、今日に至るまでの「人間が機械と様々なエネルギーを使い、農業・工業生産を行い、様々な移動手段や通信手段を使い始めた時期」である。

ここでは、クルアーンを中心にしてイスラームの観点で歴史観を考察する。まずビッグ・ヒストリーにおけるビッグ・バンにあたるのが、天地創造だろう。クルアーンには、「まことに、おまえたちの主は神であり、天と地を六日で造ったお方」(クルアーン七章五四節)[1]とある。

イスラームは一神教であるので、このあたりの表記はユダヤ教やキリスト教と類似している。ただ中世初期のヨーロッパのキリスト教社会では、宇宙の創造、形態、運行を理解しようとする知的な活動は、主として宗教的な信条や迷信を生み出してきた。理性だけに基づいていた観念は、教会によって異端として糾弾《きゅうだん》される恐れがつきまとっていた。それに対して、初期イスラームの哲学者や科学者たちは、宇宙の本質の研究において、その当時のヨーロッパの人々にはほとんど知られていなかった古代ギリシアの知の遺産を継承することによって、そうした知識体系から必要な情報を引き出すことができたのである。イスラームはこの世の全ての創造を神の力であると規定しているが、こうした全てを統一する神の力と言えども、宇宙の本質を説明する理論体系を発達させる妨《さまた》げとはならなかったのである(ターナー二〇〇一:六六、六九)。

神は最初の人間アダムを塵《ちり》、大地、泥から作ったとされる(クルアーン四〇章六七節、七一章一七節、二三章一二節）。その後の人間の創造については、「おまえたちを一個の人間から作り出し、彼から妻を作り出し、この二人から多くの男女を地上にまき散らした主をおそれかしこめ」（クルアーン四章一節）とある。より具体的な人間創造については、「その一滴から凝血《ぎょうけつ》を作り、そして凝血から肉塊《にくかい》を作り、肉塊から骨を作った。それから骨に肉を着せ、こうして彼を一個の生き物として作りだした」（クルアーン二三章一四節）とある。このように、アダムとイブ以降の人間の誕生に関してクルアーンは、先《ま》ず一滴の精液、次に凝血、次に肉塊、次に骨ができ、それに肉がかぶせられ、一定期間、胎内にとどまった後、外へ出されるという胎児の変化、発育の過程を描いている（牧野一九七二：四六）。人間創造については、現代の科学ともある程度符合する表現であり、また現代の発生学が明らかにした子宮内の胎児の発達過程の内容と似ているのである（竹下二〇一三：一七〇）。また人間を塵や土から作ったとの物語は、そもそも全ての物質は宇宙のチリやガスから形成されたものであり、さらに生命は海底の熱水噴出孔周辺の土で誕生したとの説もあることから、あながち間違った説明とは言えないだろう。このようにクルアーンにおける記述もある程度科学的根拠を有しており、創世神話は全てが非合理的で非科学的と考えることには一定の留保が必要であろう。

またイスラームはキリスト教と比べて、クルアーンの記述において神秘的表現は少なく、比較的合理的であると言われている。旧約聖書の創世記には、先ず光が現れ、その後に太陽などの星が誕生したと記述されている（聖書一九九五：創世記（旧）一）。だがイスラームでは太陽ができて光が生じると考え、聖書の表現は矛盾であるとする。またイスラームにおいては、神は人間をはじめ他の何ものよりも超絶しており、厳格な唯一神であるので、キリスト教のように神の似姿《にすがた》としての人間という考えはない。神と人間との距離は遠く、人間と他の生物との距離は近い。したがって人間が万物の霊長であるという考えも比較的弱いのである。このことから人間中心主義に陥らず、他との共生・共存も視野に入れやすいであろう。そのような思考様式を有したイスラームにおける文明と科学について次に考察する。

三　イスラームにおける文明と科学の興隆

イスラームは、古代オリエント文明を継承して都市文明を生み出した。さらにギリシア文明やイラン文明等も吸収し、より高度な文明を興隆させた。七世紀半ば以降ムスリムのみならず、キリスト教徒やユダヤ教徒などによる文化活動は、ダマスカス、バグダード、カイロ、コルドバ、イスファハーンなどの都市を中心にして行われた。九〜十世紀のバグダードは百万人近く、十四世紀初めのカイロは五十万人を超える人口を擁していた。

このようなイスラーム文明の発展を促した要因として、次のようなことが考えられよう。ギリシア文明、イラン文明、インド文明、中国文明などを継承するのに好都合なイスラーム世界の位置、砂漠から移住したアラブ人の旺盛《おうせい》な知的好奇心、宗教としてのイスラームとクルアーンの言語であるアラビア語の活力、カリフ（預言者《よげんしゃ》の代理人）やスルタン（スンナ派の政治権力者）による文化活動の積極的な保護、製紙法の導入と安価な紙の普及による知識の伝達の進展などが考えられよう（佐藤二〇〇九：八〇）。さらには、イスラームの寛容性や、多様な預言者を認める共存志向、商業・学問・遊牧等の移動奨励による脱領域性なども大きく影響しているであろう。

イスラームは宗教と理性的な精神の融和をめざし、高い文明を築いた。古代ギリシアの知の宝庫の研究に積極的に取り組んだイスラームの学者たちは、哲学と科学の様々な分野において、大きな業績を生み出してきた。神の前では全ての人が平等であるというイスラームの啓示と古代ギリシアの精神から導き出されたヒューマニズムこそ、イスラーム文明興隆の原動力である（ターナー二〇〇一：二八六）。ギリシア語の様々な書物をイスラーム学者らはアラビア語に翻訳し、それらをラテン語などに訳し、ルネサンスが準備された。このように、イスラームが西洋のルネサンスに大きな影響を与えたのである。

イスラーム文明や科学が興隆した時期は、柔軟なクルアーン解釈が全盛だった。ウマイヤ朝（六六一～七五〇年）後期の八世紀前半において、人間の行為が神に決められた予定ではなく人間の自由意志によるとするカダル派の人々は、行為に対する倫理的責任を強調した。カダル派の考えを受け継いで、理性的にクルアーンを解釈しようとするムータズィラ派はウマイヤ朝末期からアッバース朝（七五〇～一二五八年）初期に活躍した。人間の来世の運命を決めるのは神の予定だけではなく、人間のこの世における行為が重要であると考えたのである。そこでは、神は帳簿に従って公正に賞罰を下すだけである（竹下二〇一三：二一七）。九世紀前半にはバグダードに「知恵の館（バイト・アル＝ヒクマ）」が作られ、哲学、医学、数学等の様々な分野の文献が収集、翻訳、研究された（湯川二〇〇九：三四、六八）。

しかし十一世紀頃に、ムータズィラ派に対抗したアシュアリー派が台頭し、勝利を収めることとなった。こうしてカダル派やムータズィラ派は異端の烙印《らくいん》を押され、その後、神の予定はイスラーム教徒が信じなければならない信仰箇条となっていった（竹下二〇一三：二一四―二一五）。

イスラーム文明が興隆していた時代の思想やそれに影響を受けた後代の思想に着目するのは重要であろう。アル＝キンディー（八〇一～八七三年）は、クルアーンの文章の中で字義どおり読めば現実と摩擦《まさつ》を生じかねないものは比喩として理解されるべきであるとした（フッドボーイ二〇一二：一二三）。神秘主義思想家イブン・アラビーの思想を解説した鎌田によれば、イスラーム、キリスト教、ユダヤ教、偶像崇拝などの宗教の違いは意味を持たず、またそこは正しい宗教、間違った宗教などという判断もできない領域である。重要なのは個別的な宗教を超える次元であり、そこには全てのものが含まれるが、どのものも他と対立して分化することもないような、一なる絶対的実在の世界である（鎌田二〇一五：二四四―二四五）。

このような宗教的多元主義の側面は、宗教実践者には受け入れがたい場合もあろうが、現在のいわゆる「宗教」紛争を低減化するためには一つの重要な観点となろう。さらに鎌田は、現代においてイスラームが向かう新たな方向が考えられるとするならば、イスラームの長い大きな伝統にとらわれている地域ではなく、イスラーム以外の文化と大きく接触しイスラームをより広い文脈の中で考えることのできるような地域での、ムスリムの思索に期待している。外の文化と触れ合い、様々な影響を受けることが文化の成長につながるのは、時代、地域を問わず言えることであろう（鎌田二〇一五：二七六―二七七）。このように多様な人々と交流し、柔軟に原典を解釈し、他の思想をも包含する思考様式が息づいている時代にこそ、文明や科学が興隆したということは、現在においても大きな示唆《しさ》が得られるであろう。

宗教と科学が両方栄えた文明はあまり存在しないであろう。イスラームにおいては、教会や公会議のような正統・異端の決定を行う制度は成立しなかった。したがって、科学の内容についてまで介入するような制度的な宗教的権威は存在しなかった。イスラーム世界では天動説を前提として天文学的研究が続けられていたとしても、それは天文学上のパラダイムであり、宗教上のドグマではなかった。仮にイスラーム世界に地動説が生まれても、それは科学上の論争を生むとしても、教会の権威をめぐる論争には発展しようがなかったであろう。天動説も地動説も神が創造した天地の秩序のメカニズムを解明する天文学的な知識であり、信仰箇条の問題ではなかったのである（小杉二〇〇七：一二七、一三三）。この点は、ビッグ・バンや進化論についても同様であり、信仰上の正統・異端をめぐる重大な問題にはあまりなり得ないであろう。

四　イスラームの都市性と近代性

イスラームを生み出したアラビア半島を中心とした中東社会は、今から約五千年前にはすでにかなりの程度、商品経済の世界であったと言われている。金・銀に裏づけされ、個人の信用に媒介《ばいかい》された商取引・商契約が、社会を成り立たせる基本であった。アルプス以北のヨーロッパでこのような社会が実現するのは、十九世紀になってからである。一概に比較は難しいが、中東社会は西洋近代を五千年前から先取りしていたとも考えられる。

今から約三千年前から活躍し始める中東の遊牧民は、砂漠や広野で孤立した生活を営む人々ではなく、商品としての家畜を飼養《しよう》して販売する商人でもあり、ラクダなどを飼養して家畜を利用する運送業者でもあった。また都市民はなにがしかの商取引に従事していた。このように中東は、商業的・都市的環境のもと、個人の資格で他者と契約する自立した人々より成る社会であった。都市とは単に人間が多数、緻密《ちみつ》に住んでいることだけを意味しているのではない。それは、たえず外部から人、物、情報が集まり、またそこからたえずそれらが出ていく場なのである。異質な人々、多様なもの、各種の情報が交差し合う中から、文明が生まれた。中東は都市とともに、文明を世界で最初に作り出した地域なのであった（後藤一九九三：三七―三九）。

さらに、イスラームは近代性の先駆者でもあったという側面がある。古代ギリシア文明を受け継ぎ近代科学を生み出したのはイスラーム文明であり、七世紀以来、そこで、都市化・商業化・政治化を促すアーバニズム（都市性）の展開を通じて、個人主義・合理主義・普遍主義を土台とするモダニティ（近代性）が発現してきた。西洋近代はむしろイスラームの都市性と近代性の大きな影響を受けたのである（板垣二〇〇三：一五）。都市化、商業化の中で文明や科学が興隆し、個人主義・合理主義・普遍主義が醸成《じょうせい》されたことを近代化とするならば、イスラームは七世紀に近代化を成し遂げたとも言えるかもしれない。

イスラームの近代性を強調する板垣雄三は、近代は七世紀からと聞いて多くの歴史家は驚くが、宇宙百三十八億年、地球四十六億年、ホモ・サピエンス二十五万年のうちの、最近のわずか千四百年であると説明する。さらに板垣は、ネットワークとしての中東に着目し、中東は単に欧米・中国・ロシア・太平洋に広がっているだけではなく、極小の原子核からマルチバース（多元宇宙）まで、中東研究の網の目を自由自在に張りめぐらすことを主張しており（板垣二〇一五：一一一、一一八）、いわば、ビッグ・ヒストリー的観点から中東イスラームの考察を試みている。

このような近代性が存在しながら、その後の発展において、イスラームが西洋近代の後塵《こうじん》を拝《はい》したことも歴史の事実である。国際法の観点ではあるが眞田芳憲《さなだよしあき》によれば、その理由として、第一は学者らの比較的自由な解釈行為である「イジュティハード」が閉ざされた結果、学問が硬直化し、様々な学問的伝統が断ち切られたからである。第二は、イスラーム世界が政治的な隆盛の後に、西洋のキリスト教世界の発展に反比例して停滞し、西洋の帝国主義的植民地主義支配に服し、それに伴いイスラームが重視されなくなったからである（眞田二〇〇〇：二五四）。

イスラームの衰退と復興について、様々な議論が存在する。本来のイスラームに回帰すべき、西洋近代とイスラームの調和をはかるべき、イスラームを私事化すべきなど、現在でも議論がなされている。

章のまとめ――イスラームの時期区分――

ビッグ・ヒストリーの研究者の時期区分を参考にしながら、イスラームの観点で時期区分をすれば、どのようになるだろうか。

まず宇宙の始まりの前や終わりの後にも、神は永遠に存在していると考える論者も存在する。[2] 始まりも終わりもないという永遠性は、無始無終の東洋思想とも通底し、現在のマルチバースとも親和性があるかもしれない。ただここではこの問題は取り上げず、約百三十八億年前のビッグ・バンから六つに時期区分する。またムハンマドによるイスラーム共同体形成以前をジャーヒリーヤ（無明時代）とし、以後をイスラーム時代とする二分法的時期区分もイスラームにはあるが、ここではさらに細かい時期区分を試みる。

第一の時期は、約百三十八億年前のビッグ・バンから約四十億年前の地球における生命の誕生までの時期で、「自然現象の時期」である。

第二の時期は、生命の誕生から約二十万年前のホモ・サピエンスの誕生までの時期で、「生命の誕生と多様化の時期」である。

第三の時期は、ホモ・サピエンスの誕生から約一万年前の農耕の誕生までの時期で、「新しい生物・人間の誕生の時期」である。

第四の時期は、農耕の誕生から七世紀のイスラームの成立までの時期で、「農業革命による脱食物連鎖をする人間の時期」である。

第五の時期は、イスラームの成立から最後の審判までの時期で、「イスラーム成立と近代化の時期」である。

第六の時期は、いつとは決まっていないが、未来において最後の審判が訪れ、それにより地獄か天国へ行く「来世の時期(3)」である。

イスラームの観点でビッグ・ヒストリーを見ていくと、いくつか既存の時期区分とは異なってくるが、一番大きな点は近代化の問題であろう。近代化を産業革命による工業化や民主主義の浸透による民主化を基軸とするならば、七世紀は近代化の時期ではないであろう。

しかし、イスラームが生まれた中東地域は、人類史上で最初に農耕が始まり、文明が生まれ、都市が発達した地域である(有松二〇一五：二)。つまり上記の第四の時期を先導したのは、イスラームを担う中東地域の人々であり、次の第五の時期も世界をリードすることとなった。さらには、その後の科学の興隆も近代性を示す一つのメルクマール(指標)となろう。このような背景のもと、七世紀において個人主義・平等主義・普遍主義を体現したイスラームが成立する。クルアーンの内容は比較的合理的とも言われており、他者や自然との一定の共生も視野に入れられている。このような都市性、個人主義、普遍主義、合理主義、科学の興隆を近代化の定義とするならば、「七世紀近代化論」も全くの的はずれではないであろう。

その後の歴史においてもイスラームは重要な役割を担ってきた。イスラームの寛容性・共存志向により、様々なイスラーム帝国が繁栄した。また現在においてもイスラームは大きな影響力を持っており、近い将来において宗教集団として最大になる予定である。

ビッグ・ヒストリーはやや脱しているが、今までの歴史観には西洋近代のイデオロギーが色濃く表れていた。現在の支配的イデオロギーや宗教概念でさえも、西洋近代のものが主流であり、そこからイスラームを断罪する場面もしばしば見受けられる。

ただ西洋近代にイスラームを対置するだけでは基本的構造そのものは変わらない。自己のイデオロギーを絶対化・硬直化させるのを互いに自己省察することは重要であろう。その上で、イスラームの観点を付与することは、西洋近代の相対化やオルタナティブの提示につながるであろう。今後、さらに世界各地域からそれぞれの観点で歴史区分を行っていき、その上で比較考察しながら、新しい宇宙史・生命史・人類史を構築する必要があろう。

現在まさにイスラームを中心に国際政治は動いており、現実の紛争を低減化する必要があろう。

ビッグ・ヒストリーは単なる歴史物語ではなく、現実の問題を解決する方途を示すことが望まれよう。イスラームについては不正確な情報が多く、正しい認識を持ち、対話による問題解決をめざしたい。イスラームの寛容性、共存志向を学び、現在の憎悪の連鎖をイスラームの知恵により、平和・共存へと転換させる必要があろう。

第二章　ユダヤ教、キリスト教の成立とイスラーム前史

はじめに

本章では、まず中東地域が、文明の発祥の地である都市社会であり、個人の信用に媒介された商取引社会でもあることを説明する。さらにコスモポリタンの精神により普遍的な神が醸成されてきたことを述べる。次に第三の一神教であるイスラームの先行宗教であるユダヤ教とキリスト教の成立の経緯や、キリスト教の非寛容性の歴史的状況を分析する。最後にイスラーム成立前のアラビア半島の状況やイスラーム成立の背景を考察する。

一　文明の故郷・中東

中東イスラームの地域社会は、都市民と農民と遊牧民が相互に密接な関係を保ちながら作り上げ

てきた有機的な複合社会である。しかもこれらの関係は決して固定的なものではなく、異人の侵入と定住、農民たちの都市への移住、遠距離交易に従事する商人の旅やマッカ巡礼の旅、さらには遠隔の都市をめぐる学問の旅などを通じて、常に新しい人間関係や社会秩序が作り出されてきたのである（佐藤二〇〇二：七）。このように多様で可変的でダイナミックな中東イスラームは古代オリエント・ギリシア・ローマ文明の継承者でもある。現在の西洋のみがこれらの文明の継承者ではないのである。むしろイスラーム文明が、東西に分裂していた西アジア世界を統合したという側面もある。はじめに、このような中東イスラームについて、歴史をさかのぼり概観していく。

人類は歴史の九九パーセントにおいて、狩猟採集に頼った生活を強《し》いられてきた。狩猟採集から食料生産への移行は、人類史の中でも重要な転換点であった。中東では今から約一万年前に小麦・大麦などの栽培化と牛・山羊・羊などの家畜化によって、食料革命が達成された（前田二〇〇二：二二）。この当時、地球上には数百万人規模の人間しかいなかったが、この地域にかなりまとまって人々は暮らしていたのである。

約六千年前から灌漑《かんがい》・集約農業がメソポタミアやエジプトで始まった。それまでの粗放《そほう》農業では最大で種をまいた量の十倍の収穫だったが、数十倍の収穫が得られるようになった。当時、日本は縄文時代であったのに対し、中東では麦と乳を基本とする農牧業が灌漑を伴う集約的な形でなされて、人口は爆発した。世界の人口の過半がメソポタミアとエジプトに集中していたと考えられており、文字どおり「肥沃《ひよく》な三日月地帯」であった。

約五千年前には、都市を中核とした国家が成立した。人間同士の円滑なコミュニケーション、都市や国家の維持、また都市間、国家間、より遠距離との交易のために文字、暦、計算方法、天文観測などが発明された（後藤一九九四：二三―二五）。この文明は古代オリエント文明と呼ばれるが、その最大の特徴は、都市という社会生活の場を生み出したことにあり、都市文明と呼ぶことができる。都市文明の指標として、政治組織と階級制度の発生、社会に不可欠な要素としての交易の発達と規模の拡大、拡大複雑化した社会を維持運営するための官僚、軍人、商人、職人などの非農業的職業専従者の出現、彼らの居住空間としての都市の存在、文字の使用や冶金《やきん》術、交通手段の発達などが挙げられる（屋形一九九三：二八―二九）。

前章でも述べたが、五千年前の中東は、すでに商品経済の世界であった。金・銀に裏づけされ、個人の信用に媒介された商取引・商契約が、社会を成り立たせる基本であった。中東は、個人の資格で他者と契約する、自立した人々より成る社会であった。この個人の資格で他者と契約するという考えは、後のセム的一神教であるユダヤ教・キリスト教・イスラームに大きく影響を与えた（後藤一九九三：三七―三九）。

さらにこの地域で生まれたフェニキア文字は現在世界で使用されている多くの文字のルーツであり、この地で生まれたセム的一神教と合わせて、現在の世界に大きな影響を及ぼした。

前十七世紀にはアナトリアにインド・ヨーロッパ系のヒッタイトが台頭した。ヒッタイト躍進の最大の要因は、鉄器と馬の利用であり、これは前二〇〇〇年紀最大の変化であった。前一二〇〇年頃ヒッタイトは崩壊したが、それにより国家機密であった製鉄技術が周辺地域に広がり、オリエントは鉄器時代を迎える。それ以前の文明を特徴づけていた青銅器が、主に権力や祭儀のための特殊な用具にとどまっていたのに対し、鉄器は一層普遍的な性格を有していた。鉄器は支配階級に利用されたのみならず、庶民の道具としても利用された。その結果、手工業や鉱山業の発達、耕作技術と灌漑技術の発達など生産面における著《いちじる》しい発展を促した。だが鉄は生産の道具であると同時に破壊の道具でもあった。鉄器の利用は軍事技術の改良をもたらし、大規模な遠征を可能にし、戦争はより激烈になった（川瀬二〇〇二：二〇―二五）。

前一〇〇〇年紀には、アッシリア帝国、新バビロニア、アケメネス朝ペルシアなどの帝国が成立し、オリエントが政治的に結合された。この政治的結合体が東において別の文明を形成していたインドと直接境界を接し、地中海を挟んでギリシア世界と全面的に接触を開始した（前田二〇〇二：四〇）。

このように政治的統合が進む中で、コスモポリタンの精神が広がり、宗教的統合が進み、一神教の基盤も作られてきた。これまでは、神々は人間の様々な集団を代表していた。つまり国家には国家を代表する神がおり、都市には都市の守護神がおり、パン屋の組合のような職業別組織にはそれぞれの神がおり、家族や部族のような血縁集団にもそれぞれ神がいたのである。

しかし政治統合が進み、広範囲の交流が進むにつれ、広域交易圏を組織する商人集団の神々は、広い地域の人々の信仰を得るようになった。そこで次第に一つの地域や国家にしばられない、広い地域に通用する神々が誕生した。さらにギリシア人の共通財産で、ギリシア語と並んでもう一つ大きな意義を持ったコスモポリタンとも呼ぶべき精神が大きな影響を与えた。コスモポリタンの精神は、一つの神が機能する範囲を理念的には全人類にまで広げたのである。特定の範囲の人の神ではなく、普遍的な神の誕生である（後藤一九九三：四〇、後藤一九九四：三〇―三二）。ここにユダヤ教・キリスト教・イスラームのセム的一神教誕生の基盤が作られた。人類史における一神教革命である。食料革命、都市革命、鉄器革命を経て、中東はここに一神教革命を迎えるのであった。

二　ユダヤ教の成立

ユダヤ教、キリスト教、イスラームの共通点とは、唯一神を崇拝し、その神と人間とを仲介する特別の人間の存在を信じ、その仲介者を通して伝えられた唯一神の啓示を信仰することである。一神教は歴史上忽然《こつぜん》と出現し、急速に世界に広まったわけではない。今まで見てきたとおり、一神教を受け入れる土壌ができて、その中で生まれた。

古代のユダヤ教は三つの時代に分けて考察することができる（市川二〇〇四：一〇―一四）。

第一期はモーセによる出《しゅつ》エジプト後のカナン土地取得[1]からエルサレム第一神殿崩壊までの第一神殿時代（前一二〇〇頃～前五八六年）である。出エジプトとカナン土地取得という二つの大きな事件を通じて、ヤーウェという神を崇拝するイスラエル人が成立した（加藤隆二〇〇二：四八）。この出エジプトは、ダビデのもとでの統一王朝確立、および第二期のバビロン捕囚《ほしゅう》と並んで、旧約聖書の語るイスラエル人の歴史の中で最も重要な出来事であり、イスラエル人の自己理解と神理解を根本的に規定したものである。ヤコブ＝イスラエルの子孫であるという意識や共通の体験としての出エジプトにより、イスラエル人が形成された（山我二〇〇三：二六、五五）。その後、ダビデがエルサレムを征服し、その子ソロモンが前九七〇年頃エルサレムに神殿を建設した。この神殿が存続した時代をエルサレム第一神殿時代と呼ぶ。この時代はユダヤ教というよりは古代イスラエルの宗教や聖書（旧約聖書）の宗教という名称の方が相応《ふさわ》しいのである。

第二期はバビロン捕囚からエルサレム第二神殿の崩壊までのおよそ六百年の時代（前五八六～後七

〇年）である。第一神殿が新バビロニアに滅ぼされ、バビロンへの捕囚はおよそ五十年間続くが、ペルシア帝国になって帰還を許された。バビロンに移されたユダヤ人にとって切迫した問題であったのは、異郷の地でユダヤ人としての同質性を維持することであった。国家と国土とを失った彼らにとって、同一性を保つための唯一の支えは宗教であった。その後ユダヤ人の一部がエルサレムに帰り、神殿を再建し第二神殿時代が始まった。ユダヤ人にとって、前六世紀の百年間は波瀾万丈《はらんばんじょう》の時代であり、国家滅亡いわゆるバビロン捕囚、パレスチナ帰還を体験することになる（山我二〇〇三：一六三、一七九）。この時代に、「モーセの律法（トーラー）」に従った宗教共同体が形成され、神殿中心の祭儀共同体に「モーセの律法」の遵守《じゅんしゅ》という新要素が加わって、狭義のユダヤ教が成立したと考えられる。古代イスラエルの宗教からユダヤ教の成立となる。またこの時期の終わりにはナザレのイエスが誕生し、キリスト教が形成される時期でもある。

第三期は第二神殿崩壊後にディアスポラ（離散）が本格化する過程で、ラビ（ユダヤ教指導者）の指導によってユダヤ法の自治社会が形成される時期（後七〇〜後五〇〇年頃）である。この時期はイスラーム出現以前にあたり、この時期に成立したユダヤ法集成の名を冠して、ミシュナ・タルムード時代と通称される。ユダヤ人自治体制であるラビ・ユダヤ教が形成されることによって、ユダヤ教は「神殿の宗教」から「法の宗教」へと構造変化を遂げた。この体制は、中世を経て近代に至るまで存続した。

　ユダヤ教はキリスト教やイスラームの母胎となった宗教であるが、二つの宗教にはイエス、ムハンマドという創始者が存在しているのに対し、ユダヤ教の場合、アブラハムもモーセも創始者と言うことはできない。彼らがユダヤ教の教義を創り出したわけではなく、教義は長い歴史の中から生み出されてきた。ある意味でユダヤ人という民《たみ》が主体となって創出した宗教なのである（荒井一九九七：二四―二五）。

　ユダヤ教は二度のエルサレム神殿の破壊を経験するたびに、神との契約、モーセの法へと信仰を収斂《しゅうれん》させてきた。エルサレム神殿という神聖な空間を中心とした祭儀的宗教から、神殿と土地を喪失した人々の心を支える宗教、律法に則《のっと》った生活実践の宗教への変貌、つまり「神殿の宗教」から「法の宗教」への転換が起こったのである。ユダヤ教は神殿、政治権力、父祖の土地を失った代わりに、律法を中心とする宗教として再生したのである。ユダヤ人は離散が本格化する中で、共同体を維持していく方向性を確立し、離散社会を生き延び、現在に至っている（市川二〇〇三：一一七―一一八）。

　ユダヤ教とはイスラエルに起こった啓示宗教の一つであり、唯一の神ヤハウェとの契約に基づき、これをまっとうするためにモーセらを通して授けられた律法を守りつつ、メシアの来臨《らいりん》を信ずることである。バビロン捕囚以後は神殿を中心に発展したが、ローマによる神殿破壊の後、律法中心のラビ・ユダヤ教が誕生し、今日に至るまでユダヤ民族を支える信仰伝統となっている（臼杵二〇一三：五八）。

安息日、割礼《かつれい》、食物規定を中心とした律法の体系は、様々な異人に支配されながら、どこにおいても、ユダヤ人がユダヤ人であり続けるための基盤となった。このことは、七〇年以降ユダヤ人がディアスポラの中で、二千年にもわたって自己同一性を保ち続けた根拠となるのである（山我二〇〇三：一八二）。

その後の歴史で、ユダヤ人は迫害を受けるのであるが、その要因として次のようなことが考えられる。当該地域とは異質の生活様式を持ち、各地のユダヤ共同体と連携し、自分たちの信仰に絶対的価値を置き、さらに選ばれた民としての意識を持つユダヤ人が、迫害の対象として好都合であった。また多くの国で土地を所有することができないユダヤ人は、「所有」よりは金融や商業などの「交換」に価値を置き、さらに学問や芸術に活路を見出した。このような勤勉さも異質性を強調することになり、迫害の要因ともなった。政治にかかわることもなく、王権や国家に忠誠心を抱かないことは、失政続きの支配者に都合のいい迫害の口実を与えた（沼野編一九九九：六七、九八）。

現在においても世界中でユダヤ・ネットワークは機能しており、金融・商業・メディア・映画などにおいて大きな影響力を持っている。土地を所有することができなかったユダヤ人は、学問や芸術、通商などに勝機を見出し、国家を超えるネットワークを構築したことは、今後の世界においても示唆を与えるであろう。

三　キリスト教の成立

イエスは前四年頃、ガリラヤのナザレ村で父ヨセフ、母マリアのもとに生まれた。兄弟は六人以上いて、父の職業を継ぎ大工をしており、三十歳頃にヨハネによって洗礼を受け、宗教活動を始めた。ガリラヤは宗教的経済的に差別されており、貧民層からイエスは支持されていた。イエスが社会の差別システムを否定したということは、それにまつわるユダヤ教のシステムとその根源にあるエルサレム神殿体制への批判を内包していたということである。

数年ガリラヤで活動した後、神の国の告知をイスラエルの人々に果たすために弟子とともにエルサレムへと向かう。そこで逮捕され裁判を受け死刑となった。それは三〇年のユダヤ暦第一月の十四日の金曜日であり、それから三日目の日曜日に復活したとされている（土井二〇一二：四二―四八、佐藤二〇〇三：三四―四七、橋爪二〇一一：一五〇）。

キリスト教はユダヤ教の第二期に誕生した宗教である。イエスはユダヤ人であり、ユダヤ教徒であった。当初、彼の活動はユダヤ教内部の一つの改革運動であった。三〇年にイエスは処刑されてしまうが、その後、弟子たちが活動を継続した。この時期の活動もまだ基本的にユダヤ教の枠内のものであった。六六年から七〇年に、ローマ帝国に対するユダヤ人の反乱である第一次ユダヤ戦争が勃発《ぼっぱつ》し、ユダヤ側は敗北し、第二神殿が破壊されてしまう。この頃からユダヤ教の様々な流れは律法主義に一元化されるようになってくる。イエスが神の支配の現実を主張したということは、この神殿の支配、律法の支配を否定したということであり、次第にユダヤ教内部の一つの分派からユダヤ教とは別の流れになっていった（加藤隆二〇〇二：二一―二三）。

このような見方を他の研究者もしており、イエスの運動は当初は「ユダヤ教イエス派」としてのものであり、次第にキリスト教となった。キリスト教と呼ばれるに至った宗教が、その基盤のユダヤ教から自覚的に自らを切り離して独り立ちを始めたのは、七〇年から一世紀の終わり頃である。それまではユダヤ教の内部改革運動の一つであったと見なすのが事実に最も即している。したがって、イエスもパウロもいわゆるキリスト教なるものは知らなかったことになる。このような観点から、佐藤研は、七〇年以前のナザレのイエスに端《たん》を発する運動を「ユダヤ教イエス派」の運動と呼んでいる。

七〇年から一〇〇年頃に、イエス派は自らキリスト教として独立し、それを支えるためのアイデンティティを模索する。そうした流れの中で、後に新約聖書として編《あ》まれていく諸文書が成立していく（佐藤二〇〇三：v—vi、一三三）。また「キリスト教」を意味する「クリスティアニスモス」という言葉は、後六六年から七〇年までの第一次ユダヤ戦争以後に使われるようになり、これ以降自分たちはキリスト教徒であるという意識が生まれた（土井二〇一二：八二）。さらに新約聖書というまとまりのある文書集となってその権威が安定して認められるようになるのは、四世紀から五世紀にかけてのことである（加藤隆二〇〇二：二四七）。

一〇〇年から二〇〇年の百年間は、ローマ帝国は五賢帝時代であり、帝国の頂点の時代である。キリスト教と袂《たもと》を分かったユダヤ教は、ローマの支配に対し反乱を企《くわだ》て、一三二年には第二次ユダヤ戦争が起こり、ユダヤ人はほとんど壊滅させられた。しかしユダヤ教はその後よみがえり、ローマ帝国に忠誠を尽くしつつ、伝統を守っていくのである。

他方キリスト教は、着実に広がっていきつつも、その内と外で様々な困難に直面することとなる。それはキリスト教内部の分裂、つまり異端との戦いとローマ帝国による迫害である。その後、三一三年にミラノ勅令《ちょくれい》によってキリスト教は公認され、三九二年には事実上の国教となり、三九五年の帝国分裂、四七六年の西ローマ帝国滅亡も乗り越えて、西洋世界に伝播《でんぱ》した（佐藤二〇〇三：一五九—

一六〇、一九七、二三三)。

ユダヤ教の聖書を神との古い契約である旧約聖書、キリスト教の聖書を新しい契約である新約聖書とするのは、キリスト教徒が名付けたものである。またユダヤ教を偏狭《へんきょう》な民族宗教とする批判は、ユダヤ教を外から見た一面的理解である。伝統的ユダヤ教は異邦人の改宗をある程度認める宗教でもあり、ユダヤ人であることを決定するのは最終的にはユダヤ教の信仰である(手島一九九九:二四)。このようにユダヤ教に対してステレオタイプに陥らないことは重要であるが、キリスト教やイスラームと比較して、普遍性や世界的広がりに限界があるのは否めないであろう。

だがキリスト教における「普遍志向」がもたらした次のような負の側面も存在するのである。ローマ帝国は末期に、帝国の再統合のためにキリスト教徒の財力や組織力を利用し、キリスト教のヨーロッパ化=脱ユダヤ化をはかった。ヨーロッパ世界は、非ヨーロッパ世界(オリエント、東方、アジア)の象徴としての「ユダヤ人」の枠組みを作り上げ、さらに内部で排斥《はいせき》・差別することによって、「キリスト教徒の政治的共同体」として成立した側面もあった(中堂二〇〇二:八五—八九)。

ただこれらの問題が、キリスト教の教義に由来するのかきちんと吟味《ぎんみ》しなければならないであろう。差別・迫害・戦争の歴史に関して単純にキリスト教そのものに原因を帰すのではなく、ローマ帝国によるキリスト教を利用しながらのユダヤ教という外部性の創造、キリスト教の国教化、キリスト教の権威的な教会制度の創設、そして近代における主権の概念、国民国家の誕生などの問題が、キリスト教を不寛容にさせた要因かもしれないのである。

確かに、「力ずくでも真理を伝えなければならない」という考えにより、キリスト教の歴史の中で、様々な残虐行為が引き起こされたことは事実であろう（土井二〇一二：一四一）。しかし、イエスは「悪人に手向かってはならない。だれかがあなたの右の頬を打つなら、左の頬をも向けなさい」（マタイによる福音書五章三九節）、「敵を愛し、自分を迫害する者のために祈りなさい」（マタイによる福音書五章四四節）とも述べているのである。

本来は隣人愛や平和主義を唱えていたキリスト教は、少なくとも四世紀初めまでは、戦争を否定すべきものと捉えていたのである。しかし、ミラノ勅令によって、キリスト教に平和と安定がもたらされた後、キリスト教は皇帝への批判をやめ、軍隊についても肯定的な発言をするように変わっていく。次第に兵役も受け入れるようになり、ローマ帝国と結びつく中で、戦争を拒否するだけではすまなくなり、正義の戦争とは何か、ということについて考える必要が出てきた（土井二〇一二：一三八―一五七）。

三五四年に生まれたアウグスティヌスは、戦争や暴力を場合によっては是認するとした。彼は、戦争は領土拡大や相手の財産の略奪などの目的のためには正当化されない、正しい戦争は合法的な権力によって実行されなければならない、戦争で暴力が避けられないにしても、その動機の中心に愛がなければならないとした。彼は好戦性を志向していたのではなく、かなり戦争を限定したのであるが、初期のキリスト教のように非暴力主義、平和主義ではなかった。

その後の十三世紀において、トマス・アクィナスが正戦論の原型を作っていく。彼は、戦争が正しいものであるための三つの条件を提示している。第一は正統な権威であり、戦争は私人に属する仕事ではなく、戦争を行う際の全権と決定は君主の権威によらなければならないとされる。第二は正当な理由であり、攻撃される人たちには、何らかの罪のために攻撃を受けるに値するといった原因がなければならない。第三は正当な意図であり、戦争は善を助長し、悪を避けるといった意図のもとで遂行されなければならない。この議論は現在の正戦論まで引き継がれており、キリスト教主流派の歴史において、条件つきで戦争を肯定するのが基本的スタンスとして引き継がれている。そうした思想は、五世紀にはすでに明らかな形で現れ、十三世紀以降はある種の権威・伝統さえ有するようになり、現在に至っている（石川二〇一六：一三八—一四四）。

このようにキリスト教による迫害や戦争の歴史は、キリスト教の教義に由来するのか、その後の国教化など歴史的社会的状況によるのかをきちんと吟味すべきであろう。

四　第三の一神教イスラームの誕生前史

六世紀後半、世界で有力な文明は三つあった。一つ目は南北朝の分断から隋《ずい》による統一へと向かう中国、二つ目は、現在のギリシアからトルコ・シリア・エジプトあたりまでを支配する東ローマ帝国（ビザンツ帝国）。もう一つが、その二つの間にあって現在のイランを中心に支配していたササン朝ペルシアであった（鎌田二〇一五：二〇）。

イスラーム誕生以前に、アラビア半島には国家は存在していなかった。マッカに住む商人が勃興《ぼっこう》する頃、ササン朝とビザンツ帝国の争いが激化しており、国際貿易は混乱していた。そこにアラビア半島の西寄りに位置するマッカやマディーナなどを通るヒジャーズ・ルートが台頭する契機があった。マッカ商人の繁栄は、イスラームが登場する社会的背景をなしていた（小杉二〇一一a：一一一一二）。

七世紀の初頭、ビザンツ帝国とササン朝という広大な地域を支配した二大帝国の辺境に、一つの宗教運動が出現した。それがイスラームであり、次第にビザンツ帝国領の大半、ササン朝の全域を含み、中央アジアからスペインにまで拡大した（Crone 1996:2, Halverson 2012:4-5）。その権力の中心はアラビア半島から、ウマイヤ朝カリフの下でシリアのダマスカスに、その後アッバース朝時代にはイラクのバグダードに移動した。

またこの地ではアラビア語が普及し、文化を伝達する媒体《ばいたい》となった。地中海地域に張りめぐらされたネットワークとインド洋のネットワークは、単一の交易システムを生み出し、農業と産業に変化をもたらした。その後イスラーム固有の建築物に代表される都市文明が興隆し、大都市の成長の基盤を提供した（Hourani 1991=2003:5）。イスラーム文明は現在においても存続し、国際政治など様々な点で大きな影響力を持っている。このように世界各地に拡大した第三の一神教であるイスラームの誕生に至るまでの歴史的経過をここでは見ていくこととする。

遊牧の占める割合が強いこの地域では、ベドウィン（アラブ系遊牧民）のメンタリティがイスラームに一定の影響をもたらしたと思われる。ベドウィンの生活は豊かではなく、降雨がなければ牧草も家畜も育たない。飢餓に直面し、定住民や他部族を襲い、略奪をする。しかしそこには一定のルールがあった。それは人を殺さないということであった。殺せば必ず報復を受けるからである。また過酷な砂漠的風土の中で常に危険と背中合わせに暮らすベドウィンにとって、客人や助けを求める者に対しては、これを快く迎えて保護を与えることが義務とされていた（中村一九九八：二一―二二）。

イスラーム以前の時代は「ジャーヒリーヤ」と呼ばれる。ジャーヒリーヤとはアラビア語で無知・無明を意味する。したがってジャーヒリーヤ時代とは元来ムスリムによる呼称で、未だイスラームという真の宗教・生活様式を知らなかった無明時代という意味である。狭義では特に五世紀から七世紀初めまでを指す言葉であり、ここでもそれを援用する。

ジャーヒリーヤ時代の社会は部族社会であった。マッカなどの都市に住んで商業や農業を営んでいる定住民であれ、砂漠に住んでラクダ・羊・山羊の放牧を生業とするベドウィンであれ、それぞれ各部族集団を形成していた（佐藤他二〇〇二：一二五、Crone 1996:3）。この時期は部族間の対立・抗争が激しく、英雄たちの活躍した時代であった。この時代が文化史的に重要なのは、英雄であり後代の模範となる詩人が多く輩出されたことである。遊牧民が持ち運べる財産は限られている。優れたじゅうたん、身に付ける装飾品と並んで、美しい言語は彼らが自由に運ぶことのできる最良の財産の一つである。部族の戦いは戦闘だけでなく、詩人の戦いでもあった。勇敢な戦いは、それを讃える優れた詩によって初めてアラビア半島全域に流通するメディアを獲得する。このような詩人の活躍によって、各部族の方言を超えた共通アラビア語が姿を現し始めた。またこのような詩の影響をクルアーンも受けていたと思われる（中村一九九八：二八、小杉二〇〇二a：五七）。

この時代における多くのアラブの宗教はアニミズム的偶像崇拝であった。聖岩・奇岩・偶像を氏《うじ》神《がみ》として尊崇し、これに現世利益を願うものであった。これらの偶像神には特定の各部族集団個々に、あるいは複数の部族集団によって尊崇されたものがあった。しかし当時すでにこれらはなかば儀礼化・形骸化していた。しかし多神教としての偶像崇拝から一神教イスラームへの転回は偶像崇拝の形骸化だけでは説明できない。アラブへの至高神の意識の浸潤《しんじゅん》と一神教の浸透がイスラームへの転回の橋渡しをした。さらに偶像崇拝形骸化の直接的契機となったのは、アラビア半島へのユダヤ教とキリスト教の流入である。ムハンマドによる一神教イスラームの創唱には、偶像崇拝信仰の形骸化、至高神の観念の存在、キリスト教とユダヤ教の流入という背景があったのである（佐藤二〇〇二：一二七―一二九）。

紀元前の時代からアラビアは交易センターとしての都市を発達させてきた。そこに住む人々はコスモポリタンな精神の持ち主であり、地縁・血縁を基盤とした神ではない、より普遍的な神を求め始めていたのである。アラビアの人々の間にも、ユダヤ教やキリスト教の言う、唯一にして全能という絶対神を受け入れる土壌がすでにできつつあったのである。四世紀には、ローマ帝国の迫害によるディアスポラでアラビア半島に移住したユダヤ人がもたらしたユダヤ教に加え、シリアやメソポタミア、東ローマ帝国およびエチオピアのアクスム帝国からの移民や布教活動によってキリスト教が広まっていたのである。

このようにアラビア半島にはイスラームを受け入れる土壌が十分に整っていたのであり、逆に言えば、このときでなければ、新たな宗教が受け入れられる余地などなかったであろう。イスラームはジャーヒリーヤと言われる無明の一言で片づけられるような偶像崇拝の多神教社会に突如として興《おこ》ったのではない。アラビア半島の政治・宗教は、いくつもの段階を経て、イスラームが受け入れられる土壌を整えていたのである（徳永二〇一二：一五五、二〇二）[2]。

ムハンマドが生まれたマッカは多神教による偶像崇拝の中心であると同時に、紅海の入り口にあるアデンとシリアの諸都市を結ぶ結節点《けっせつてん》として、とりわけ重要な商人の街であった（尾形一九九三：九九）。現在ではマッカのカーバ神殿は、イスラームの聖殿であり、偶像神は存在しないが、六世紀半ば頃までのマッカは、多くの偶像神を擁し、カーバ神殿に依拠した地方的宗教・通商センターの一つであった。そのマッカが一躍アラビア半島随一のそれとして台頭し得たのは、クライシュ族が東西交易にかかわるようになって以後のことである。六世紀半ばに、ムハンマドの曾祖父ハーシムの頃からクライシュ族は遠隔地貿易に乗り出した。夏には北のシリアに、冬には南のイエメンに隊商を派遣した。この際、隊商が通過する道々を領有する各部族集団と盟約して金品と引き替えに彼らから通交の安全保障を得ていた。クライシュ族のこの通商活動を一層有利にしたのがビザンツ帝国とササン朝の対立・抗争による東西交易の幹線ルートの衰退である（佐藤二〇〇二：一三〇—一三一）。このような時代背景のもと、五七〇年頃、最大にして最後の預言者となるムハンマドがマッカにおいて、クライシュ族のハーシム家に生まれるのである。

章のまとめ

中東において今から約一万年前に小麦・大麦などの栽培化と牛・山羊・羊などの家畜化によって、食料革命が達成された。約五千年前には、都市を中核とした国家が成立し、商品経済の世界となった。金・銀に裏づけされ、個人の信用に媒介された商取引・商契約が、社会を成り立たせる基本であった。このような中で醸成されたコスモポリタンの精神は、一つの神が機能する範囲を理念的には全人類にまで広げた。特定の範囲の神ではなく、普遍的な神が誕生した。ここにユダヤ教・キリスト教・イスラームのセム的一神教誕生の基盤が作られたことになる。

古代のユダヤ教は三つの時代に分けて考察することができる。第一期はモーセによる出エジプト後のカナン土地取得からエルサレム第一神殿崩壊までの第一神殿時代である。第二期はバビロン捕囚からエルサレム第二神殿の崩壊までのおよそ六百年の時代である。第三期は第二神殿崩壊後にディアスポラが本格化する過程で、ユダヤ法の自治社会が形成される時期である。ユダヤ教は二度のエルサレム神殿の破壊を経験し、「神殿の宗教」から「法の宗教」への転換が起こった。神殿、政治権力、父祖の土地を失った代わりに、律法を中心とする宗教として再生した。ユダヤ人は離散が本格化する中で、共同体を維持していく方向性を確立し、様々な迫害を受けながらも離散社会を生き延び、現在に至っているのである。

キリスト教はユダヤ教の第二期に誕生した宗教である。イエスはユダヤ人であり、ユダヤ教徒であった。当初、彼の活動はユダヤ教内部の一つの改革運動であった。三〇年にイエスは処刑されてしまうが、その後、弟子たちが活動を継続した。キリスト教と呼ばれるに至った宗教が、ユダヤ教から自覚的に独り立ちを始めたのは、七〇年から一世紀の終わり頃であった。その後のキリスト教による迫害や戦争の歴史は、キリスト教の教義に由来するのか、その後の国教化など歴史的社会的状況によるのかをきちんと吟味すべきであろう。

中東において、この時代における多くのアラブの宗教はアニミズム的偶像崇拝であった。その後、アラブへの至高神の意識の浸潤と一神教の浸透がイスラームへの転回の橋渡しをした。さらに偶像崇拝形骸化の直接的契機となったのは、アラビア半島へのユダヤ教とキリスト教の流入である。その後七世紀の初頭、ビザンツ帝国とササン朝という広大な地域を支配した二大帝国の辺境に、一つの宗教運動が出現した。それがイスラームである。

第三章　ムハンマドの生涯とイスラームの成立

はじめに

イスラームはユダヤ教やキリスト教の伝統を受け継ぐ厳格な一神教である。これらはセム的一神教と言われ、ユダヤの啓示や予言、ギリシアの哲学や科学の遺産を受け継ぎ、中東の古代の伝統によって培《つちか》われてきたのである(Lewis 1993:261)。しかしキリスト教とは異なって預言者に神性はなく、ムハンマドでさえも「市場を歩くただの商人」にすぎないとされている。またイスラームを受け入れた信徒は、部族や民族などの血縁的な絆《きずな》を断ち切って一つの共同体を構成し、クルアーンの教えに従って判断し、行動するものと見なされた。ここには、イスラームがやがて世界宗教として発展していくための基本的な原理が、明快な形で示されている(屋形一九九三：一〇二)。イスラームは、偶像崇拝をしない純粋な一神教であり、部族を超える宗教共同体を作り、宗教と政治、経済、生活を分離して考えない宗教である。

ビザンツ帝国とササン朝ペルシアの狭間に位置するアラビア半島は、長らく国家を持たない政治的空白地帯であった。そこに生まれた新しいイスラームという原理が、それまでにない型の世界帝国を短期間に生み出したことは、歴史的な大事件であった。この事件が興味深いのは、この帝国を築いたのがイスラームという宗教だったからであろう（小杉二〇〇六a：一五）。

イスラーム誕生の直前には、ギリシア・ローマのキリスト教、ササン朝のゾロアスター教が、政治的に重要な意味合いを持っていた。ユダヤ教、キリスト教、ゾロアスター教の三つの宗教は、神の啓示によって明らかにされた啓典《けいてん》という考え方を共有しており、アラビア半島には啓典宗教と呼ばれる共同体がすでに存在していた（Esposito 1999=2005:18-19）。

本章では、まず預言者と啓典の系譜を見ていき、次にイスラームの創唱者で最後の預言者でもあるムハンマドの生涯を概観し、イスラーム成立の歴史的経緯を考察する。

一　預言者と啓典

日本語の預言者という言葉は、ユダヤ・キリスト教に由来するヘブライ語（nabiʾ）の翻訳語であり、旧約聖書に描かれた「神の託宣《たくせん》を語る者」すなわち「ヤハウェの代弁者」たちを指す。ユダヤ・キリスト教と同じ伝統を共有するイスラームにおいても「預言者（nabiy）」の語の基本的意味は同じである。預言者の中でも特に固有の啓典を授かり、その宣教《せんきょう》を命じられた者が使徒《しと》と呼ばれる。

アッラーが遣《つか》わした預言者の数は十二万四千人、使徒の数は三百十三人とも言われている。またクルアーンに出てくる預言者は二十五人であり、その中でも重要な六人は遣わされた順に、アダム（アーダム）、ノア（ヌーフ）、アブラハム（イブラヒーム）、モーセ（ムーサー）、イエス（イーサー）、ムハンマドである。彼ら預言者たちは、未来のことを予見する予言者ではなく、アッラーの啓示を預かり、他の人々に伝える使命を持っている者である。そのような意味で重責を担ってはいるが、他の人間と何ら変わりはなく、イスラームでは預言者たちの神性は一切認めていない。したがって、イスラームに対してかつて名付けられていた「マホメット教」なる名称は、キリストに神性を認めるキリスト教徒による自己認識の誤った投影である。

アッラーの啓示をまとめた啓典はクルアーンだけではない。最初の預言者アダム以降、数々の預言者に様々な形で啓示を授けた。例えば、モーセに与えられた律法の書（旧約聖書の中の巻頭の五書）、ダビデ（ダーウード）に与えられた詩篇（旧約聖書の中の一書）、イエスに与えられた福音書（新約聖書の中のイエスの生涯と言行の記録）などがそれである。イスラームではこのようにクルアーンとともに旧約聖書や新約聖書の一部が啓典とされている。その中でも人の手が入っていない純粋なアッラーの言葉を集めた啓典クルアーンと、最後の預言者であるムハンマドのスンナ（言行）に従うムスリムだけが、アッラーの真の信徒と見なされている（中田二〇〇一：一六三―一六四、清水二〇〇三：一六―二〇）。

二　ムハンマドの誕生と結婚

マッカは、イスラーム以前からの聖地であり、アラビア半島を縦断する隊商交易の中継基地として、約一万人が住んでいた。シリアやエジプトとの行き来があり、ユダヤ教やキリスト教も伝わっていたが、多くはカーバの多神教を信じていた。一万人程度の人口では現代では小さな町にすぎないが、七世紀の日本や西欧にはこれほどの規模の街はない。この時代のアラビア半島では、最大ではないが、それなりの規模の都市であった。その都市は外に出かけて商売する人が住み、内に向かって巡礼に来る人々を迎えていた（三浦編二〇一一：二八、後藤二〇一二：四六―四七）。

ムハンマド[1]はマッカを支配するクライシュ族の中のハーシム家に、五七〇年頃に生まれた。ムハンマドの父アブドゥッラーはムハンマドが生まれる前に亡くなっていた。ハーシム家の長であった祖父のアブドゥルムッタリブの保護に頼って、母親のアーミナによって育てられたが、その母もムハンマドが六歳になった頃に亡くなり、その二年後には保護者の祖父も亡くなってしまった。その後ハーシム家の長となった父方の伯父のアブー・ターリブによってムハンマドは育てられた。ちなみにイスラーム社会では現在でも肉親が亡くなった場合、近親の者が扶養《ふよう》することはよくある。イスラーム教徒にとって、孤児や貧者、女性、旅人は保護すべき対象であり、それが当然の義務とされている。

アブー・ターリブ率いるハーシム家はそれほど豊かではなく、前代の勢いは失われていた。ムハンマドは血筋から言えば高貴な家柄であるが、勢力の小さな部族の一員として育った。少年時代には牧畜の仕事もしており、若くして伯父の隊商についてシリア方面へ出かけたこともある。誠実な者（アミーン）と呼ばれており、実直な青年であったようである（小杉二〇〇六a：五二—五三、Ünlü 2014:18）。このようにムハンマドは少年時代から東ローマ帝国領シリアへの隊商貿易などで広い世界を知っており、アラビア半島の枠を超えた視野から発想することのできる国際人でもあった（中田二〇一六：二二一）。

ムハンマドが二十五歳になった時、夫に先立たれたマッカの富裕な女性ハディージャは、ムハンマドの正直な人柄を見込んで彼にシリアへの隊商を任せた。ムハンマドの誠実さにうたれたハディージャは、人を介して結婚を申し込み、その年から結婚生活が始まった。ムハンマドは二十五歳、ハディージャは四十歳で再々婚であったと言われている。

ムハンマドが年上の女性と結婚したため、イスラームには姉さん女房を嫌う習慣はなく、むしろ好ましいと論じる人もいる。また再婚についても奨励されている。この点はキリスト教、特にカトリックとはかなり異なっている（小杉一九九四：二六）。二人の間には三男四女が生まれたが、三人の男の子はいずれも幼児のうちに夭折《ようせつ》した。

イスラームにおける結婚について、妻の人数を四人まで認める「四人妻」の規定があるが、寡婦《かふ》と孤児に対する対策として定められたものである。イスラーム以前のアラビア半島は、ほとんど制限のない多妻制度が行われていたから、妻の人数を最大四人までに制限したという意味もあった。さらにイスラーム共同体を広げるための戦争により亡くなる男性も多く、残された寡婦への救済としても機能していた。なお四人妻の制度は、ムハンマドは例外であり、四人以上と結婚したが、彼の妻となった者はアーイシャのみが初婚であり、他は夫と死別または離別した女性ばかりであり、かなり政治的理由による結婚もあったのである（小杉二〇〇九：一三九―一四二）。

結婚によって生活の安定を得たムハンマドはやがて近くのヒラー山の洞窟に毎年一定期間籠《こ》もるようになる。マッカ社会の疲弊、貧富の格差、精神の荒廃、また父母や息子の死による人生のはかなさについて瞑想《めいそう》していたのかもしれない。いずれにしても彼は通常の家庭生活を送っていたわけで、その点が釈迦やキリストとは大きく異なっている。

啓示が始まったのは六一〇年でムハンマド四十歳の時である。儒教の伝統でも四十歳を不惑《ふわく》として特別の区切りをするが、洋の東西を問わず四十歳には何か意味があるのかもしれない（小杉一九九四：二六―二七）。

三　預言者ムハンマド

六一〇年のラマダン月（第九の月）に、いつものようにヒラー山の洞窟で、瞑想後に仮眠をしていると、突然大音声によって呼び覚まされた。それがアッラーによる大天使ガブリエル（ジブリール）を通じてムハンマドに下された最初の啓示である。不意の訪問者は、突然アラビア語で「読め！」と叫んだ。驚いたムハンマドはとっさに「私は読む者ではありません」と答えた。当時のアラビア半島では珍しくないのであるが、彼も読み書きができなかった。この問答が三度繰り返された後、アッラーは読むべき内容を以下のように言った。

読め「凝血から人間を創造し給《たも》うた汝《なんじ》の主の御名において」。読め「汝の主はペンによって教え給うた最も尊いお方」「人間に未知のことを教え給うたお方」であると（クルアーン九六章一―五節）。

彼はこれが神の言葉であることを信じることができなかった。恐れおののく彼を励まし、断続的に下される言葉は神の啓示に他ならないと信じたのは妻ハディージャであった。彼女の励ましと理解がなければ、ムハンマドが神の使徒として自覚することはなかったかもしれない。この意味で、ハディージャはイスラームに帰依《きえ》した最初の人物として極めて重要な役割を果たしたと言えよう（佐藤一九九七：四九）。

身内やごく近しい人々に自分の思うところや体験を説いていたムハンマドは、六一四年頃から、マッカの辻々に立って大衆伝道を始めた。ムハンマドが最初に説いたのは、マッカ社会における貧富の格差の増大による富裕な商人たちの拝金主義、享楽主義、利己主義、そして人々のモラルの退廃への警告であった（佐藤二〇〇二：一三四）。したがってマッカの人々、特に富裕な商人たちはこのような布教に強く反対することになった。ムハンマドの運動が、彼らの政治経済的利害や部族的伝統にまで抵触するようになったからである。

マッカの人々は次第に遊牧の生活をやめ、商業に従事するようになって、血縁的つながりよりも個人の経済的利害を優先させ、伝統的宗教との関係はかなり形骸化しつつあった。とは言うものの、新たな形で伝統的宗教と経済活動は密接に結びついてもいた。したがって、イスラームの徹底した個人主義が理解できなかっただけでなく、何よりもムハンマドの運動が彼らの政治経済的利害を脅《おびや》かすと考えたのである（中村一九九八：三七）。

またクライシュ族でさえ、容易にムハンマドに従わなかった。マッカ期の十三年の間にイスラームに入信した人は数百人にすぎない。当時のマッカの人口は一万人程度であるから、クライシュ族の人々はほとんどがイスラームに反対し続けたのである。その反対理由は、宗教的理由、社会・経済的理由、政治的理由に分けられる。宗教的には、クライシュ族をはじめとする当時のアラビア半島の大半の部族は多数の偶像を神として祀《まつ》る多神教徒であった。唯一の神アッラーのみを認めよというムハンマドの主張は、父祖伝来の宗教に反するものであった。また唯一神アッラーの下で人間は平等であると説き、部族的出自と富裕の価値を否定したので、社会・経済的問題へと発展した。さらに政治的理由として、皆がイスラームを認めれば、ムハンマドの指導権が確立するので、次世代の指導者になろうとする者は対抗心を燃やしたのである（小杉二〇〇九：一一五―一一七）。

四　危機の時代

既存の社会との思想的・社会的対立が深刻になった頃、ムハンマドにとって大きな危機の時代を迎えた。それは、六一九年の妻ハディージャ、その後まもなくの伯父アブー・ターリブの死であった。最初のイスラーム教徒であり夫の良き理解者で励まし役でもあったハディージャの死は、ムハンマドの宗教者としての生活に精神的打撃を与えた。ハーシム家の長でもありムハンマドを庇護《ひご》してきたアブー・ターリブの死は、政治的打撃であった。

このような困難な時期にムハンマドは「夜の旅」と「昇天の旅」を経験する。それはムハンマドとイスラームにとって大きな転機を迎える六二二年のヒジュラ（聖遷）のおよそ一年前であったとされる。

「夜の旅」とは、一夜のうちにムハンマドがマッカからエルサレムへ往復したことであり、「昇天の旅」とは、その時エルサレムにおいて、かつてのソロモンの神殿から七層の天に昇り、諸預言者たちに出会い、ついにはアラーの御許に達するというものである。

「昇天の旅」の物語は諸預言者の系譜の物語であり、ムハンマドがこれらの預言者たちの系譜を引き継ぎ、彼らと同族であることと、彼らがアッラーから命じられたのと同じ使命をムハンマドが果たしているということを、確認しているのであろう。これは、イスラームが新奇な教えではなく、人類の祖先アダム、アブラハムらから連綿と続く一神教の系譜に位置するとの主張であろう。

イスラームは秘蹟やミラクルの少ない比較的合理的な宗教だと言われているが、この「夜の旅」と「昇天の旅」は、やや神秘的なものであろう。これが肉体を伴う現実的な体験であったのか、魂の飛翔による旅であったのかについては、ムスリムの学者の間でも見解が分かれている。ただ宗教体験においては即物的な実体験であるか、精神的な体験であるかはそれほど問題ではない。ここで重要なことは、深刻な危機の時代にこの旅を体験したということである。この体験によって、啓示に基づく一神教としてのイスラームが系譜的に位置づけられ、ムハンマドは世界宗教の確立者としての自らの役割を新たな次元で確認したのであろう（小杉二〇〇二a：七七、八〇―八一、八五）。

五　ヒジュラの意味

マッカでの軋轢《あつれき》が激しくなり、六二二年にムハンマドらはヤスリブの町に移住した。これがヒジュラである。ヤスリブの名はムハンマドにちなんで「預言者の町」、「マディーナ・アンナビー」略して「マディーナ」と呼ばれることになる。当時のヤスリブは抗争が多く、抗争の調停者、和平と統一をもたらす指導者を必要としていた。したがってムハンマドはマッカから単に逃れたのではなく、ヤスリブからは調停者、預言者として迎えられたのであった。

このようにヒジュラにより、マディーナに自律的なイスラーム共同体であるウンマを作ったことは人類史的意味があるのである。ムハンマドが生まれた年や最初に啓示が下された年ではなく、このヒジュラがイスラーム暦元年になったことは、そのことを象徴している。

さらにヒジュラは、戦いを挑むのではなく、いわば戦いを避けるという非暴力的抵抗の側面も有していた（Pal 2011:78）。

ヤスリブの住民がよそ者であるムハンマドを自分たちの指導者として迎えた理由はいくつか考えられる。宗教的には、彼らも多神教徒であったが、カーバ神殿を擁するマッカと違い、父祖の宗教に固執することにそれほど大きな利害が絡んでいたわけではなかった。またヤスリブにはユダヤ教徒も多く存在し、彼らを通して一神教に親しんでいたことも大きい。さらには社会的問題を抱え、二つの部族連合が紛争を繰り返しており、それをやめさせてくれる人物や契機を探していたのである。他方、ヤスリブのユダヤ教徒もアラブ人の預言者ということで、ムハンマドに期待をしており、自分たちを助けてくれるとの期待も当初はあったようである（小杉二〇〇九：二〇）。

しかし、ムハンマドを受け入れることはメリットばかりでなく、マッカとの対立というリスクもあった。ただ対立は単なる負の要因ではなく、むしろ対立を望んでいた側面もある。マッカの隊商を積極的に攻撃することにより、生活の糧《かて》を得られるばかりでなく、マッカとの対立を鮮明にするという戦略的意義もあったのである（小杉二〇〇二a：九三、一〇七）。

ムハンマドの預言者としての生涯は、前半十三年間のマッカ期（六一〇～六二二年）と、後半十年間のマディーナ期（六二二～六三二年）に分けられる。マッカ期は、いわば平和的布教期であり、マッカを支配するクライシュ族がイスラーム勢力を圧迫し続けた結果、ムハンマドと彼に従う者たちはヒジュラを行って、マディーナに移住した。これによって、マディーナにおいてウンマと国家が成立し、マッカとの武力的対立の時代に入った（小杉二〇一一a：一二〇）。

マッカ期とマディーナ期は、アッラーからの啓示内容も異なる。マッカ期は、ユダヤ教やキリスト教からの教義の借用が顕著であり、先行する一神教の信徒に対し友好的な態度で接していた。下された啓示は短く、最後の審判の日を予告して天国と地獄を思い起こさせ、多神教徒たちに一なる神を崇拝せよと迫るものであった。いわば終末観的なペシミズムに彩られていた。それに対してマディーナ期において、下された啓示は長く、社会や政治や軍事などの現世的内容が多く、文体も散文調になった（井筒一九九〇：一〇〇、Lawrence 2006=2016:28-29, Bell 1953=2003:64-65）。

六二四年三月にマディーナの南西部の紅海沿岸に近い水場バドルで、「バドルの戦い」が行われた。この戦いでイスラーム軍は倍する数の六百人ほどの敵軍に大勝して、多くの戦利品および捕虜による莫大な身代金を獲得した。そのような経済的意義にも増して勝利の宗教的・政治的意義は大きかった。この勝利はムスリムに神の加護を確信させることになり、またこれによってムハンマドとウンマのマディーナでの地位・威信は飛躍的に高まった。

マディーナに来襲したクライシュ族を六二五年四月の「ウフドの戦い」で、ついで六二七年四、五月の「ハンダク（塹壕）の戦い」で撃破したムハンマドは、これらの戦いの過程で、敵対していたマディーナのユダヤ教も掃討していった。ウンマの優勢を確信したムハンマドは、マッカ巡礼のため、六二八年三月に千数百人とともにマッカに向けて進んだ。これを阻止しようとしたマッカ軍との間に「ブダイビーヤの和議」と言われる和平が成立した。その後この盟約は破棄され、六三〇年一月ムハンマドらはマッカに軍を進め、マッカをほとんど無血のまま征服した（佐藤他二〇〇二：一三八―一三九）。

六　マディーナ憲章

マディーナ時代の早い時期、「バドルの戦い」の少し前に、キブラの方向（礼拝の方角）がエルサレムからマッカに変わった。マディーナから見るとエルサレムは北北西にあたり、マッカはほぼ真南にあたるから、正反対の方角に変わったことになる。このことはムハンマドを預言者とは認めないユダヤ教徒に見切りをつけたとも捉えられる。エルサレムへの礼拝がユダヤ教徒に対する融和策としても機能していたとすれば、この時点でその役割は終わった。マッカをアッラー信仰の中心地にして、マディーナをイスラーム共同体政治の中心地にしたのである（小杉二〇〇二a：一一八―一三三）。

この聖地変更により、一神教イスラームとアラブの伝統としてのマッカの聖地性が結合した。この後、ユダヤ教徒との対立を通じてイスラームの理論武装化が行われた。イスラームはモーセのユダヤ教よりも、またイエスのキリスト教よりも遙《はる》かに古いアブラハムの純粋な一神教の復活とされた（佐藤他二〇〇二：一三七）。

ヒジュラからほどなくして、マディーナの指導権を握ったムハンマドが、マッカから移住した弟子たち、マディーナでイスラームに加わった者たち、マディーナ在住のユダヤ教徒たちと結んだ文書はいわゆる「マディーナ憲章」と呼ばれている（小杉二〇一一a：一一三）。

マディーナ憲章は、ムハンマドに司法、行政、外交の最高決定権を委《ゆだ》ね、対外的には団結して外敵にあたる集団安全保障、対内的には無差別復讐システムの廃止、犯罪者の引き渡しと罰則の規定、信教の自由、正義の原則、財産権の保障、戦費負担の義務などを定めたものであった。当時のアラビア半島において国家はなかったので、マディーナ憲章は、国家を創設する社会契約とも言えよう（中田二〇〇一：一九三）。

この憲章を合意の基礎としてマディーナに成立するウンマは全住民を組織するが、成員の基本的区分は宗教共同体を前提とする。各共同体は、統治権に服さなければならないが、そうである限りは安全が保障され、信教の自由も保障される。対外関係は統一され、成員は防衛の義務を負う。全体を規制するものはムハンマドの権威であり、その権威は承認されなければならないのである（小杉二〇一一a：一三五―一三六）。

この憲章の骨子は次のようなものである。第一に、ムハージルーン（マッカからの移住者）とアンサール（マディーナでの援助者）は一つの共同体（ウンマ）を構成する。第二に、信者間の紛争はアッラーとムハンマドの調停に委ねられる。第三に、ユダヤ教徒は利敵行為がない限り、このウンマとの共存が許される。この憲章には血縁による絆を断ち切り、信仰の絆によって共同体を建設するという、イスラームの新しい思想がはっきりと示されている（佐藤二〇〇九：一二）。

この憲章こそ、しばしば抗争を生む部族主義の紐帯《ちゅうたい》に代えて、信仰を基礎とする共同体を樹立し、宗教共存による安全保障の原理を打ち立てるものであった。ここにウンマの理念と原理の祖型が作られたのである。マディーナ期の十年間は、その意味ではイスラーム社会の制度化、組織化の歴史であった（小杉一九九四：四〇）。

七　ムハンマドの死

ムハンマドは六三二年に大巡礼を行い、後にそれが別離の巡礼と呼ばれるようになった。この巡礼には十万人の信徒が参加したと言われている。この機会に、古来行われてきた巡礼の行を再確認するとともに、ムハンマドはそれを、多神教時代の名残《なごり》ではなく、アブラハム以来の儀礼として再定義した。この時定められた巡礼の儀礼が、今日に至るまで実践されているのである。

その後、六三二年六月八日にマディーナのモスクに隣接する自宅にて、ムハンマドは没した。およそ六十二年間の人生であった（小杉二〇〇六a：一四二―一四三）。

ムハンマドの前半生は、血筋のいい生粋《きっすい》のアラブ人、「アミーン（誠実者）」、家庭人、商業従事者であり、四十歳の時に啓示を受けてからは大きな転換を遂げて、預言者、宗教指導者、統治者・政治指導者、立法官、仲裁者、司法官、外交官、戦略家・戦士として活躍した。預言者となった後でも、およそ十三年のマッカ時代は、預言者、宗教指導者にすぎなかったが、マディーナに移ってからのおよそ十年は、統治・行政、立法、司法、外交、軍事など、あらゆる分野で指導権を発揮したのである（小杉二〇一一a：一四七）。

章のまとめ

イスラームの創唱者であるムハンマドは、五七〇年頃ビザンツとペルシアの狭間であるアラビア半島に生まれた。四十歳の頃、神より啓示を受け預言者としての人生が始まる。しかし預言者には何ら神性はなく、普通の人間と同じである。イスラームは新奇な宗教ではなく、ユダヤ教・キリスト教に連《つら》なるアブラハムの一神教とされている（Iftikhar 2011:90-91）。

さらに言うのならば、ムハンマドには、一つの新しい宗教を創始しようというような気持ちはなかった。新しい宗教ではなく、本質的に古い宗教、つまりアブラハムの宗教の復活であり、純正な一神教的宗教に本源的に立ち返らせようとしたのである（井筒一九九〇：一八八）。

従来の偶像崇拝、部族主義、貧富の格差やモラルの低下などを批判したムハンマドは、当然のことながらマッカの既存の勢力と摩擦を生んだ。対立が深刻になった頃、妻と伯父の死に直面し、精神的また政治的支柱を失った。そのような危機の時期に「夜の旅」と「昇天の旅」を経験し、イスラームが一神教の系譜に位置することを確認する。多くの宗教でも見られるが、危機の時期に重要な宗教的体験をしたのである。

六二二年にヒジュラを迎えた。このことは単にマッカから逃れたのではなく、マディーナの調停者としても迎えられたのである。この年がイスラーム暦の元年になるということは、マディーナにおいてウンマを形成したことがどれほど重要であったのかが理解できよう。ムハンマドは預言者としての立場ばかりでなく、政治家・司令官・立法者等の立場も兼ね備えていくことになる。その後マッカとの戦いを経て、その地を征服した。また「マディーナ憲章」を作り、宗教共存の安全保障体制を確立した。

六三二年に、マッカへの大巡礼の後、ムハンマドは自宅で亡くなった。ムハンマドは多くの宗教の創唱者とは異なる点がある。第一に、彼は預言者ではあるが普通の人間であり、神格化されることはなかった。終生、家庭人、生活者であり、家庭を持ち子どもを育てるなど、出家や隠遁《いんとん》はしなかった。第二に、彼は単なる宗教者ではなく、商人、政治家、軍人等の多くの側面を持つ人物であった。これらの点がイスラームの特徴に影響を与えることになる。

さらに他の宗教と異なる点は、創唱者であるムハンマドが生きていた時代に、宗教名であるイスラームが存在していた。イスラームとは絶対帰依という意味である。キリスト教や仏教という名は、創唱者の死後に付けられた名前であるのに対して、イスラームはクルアーンにも、「まことにアッラーの御許の宗教はイスラームである」(クルアーン三章一九節)とある(中田二〇一七：一二)。

またムハンマドはアラビア半島を統一した王として君臨することを拒否し、あくまで神の使徒、預言者として振る舞った。彼が信徒に対して導入した喜捨《きしゃ》(ザカート、サダカ)のシステムは、特に分配対象を公共目的に限定したことで、世俗的王朝の税のあり方とは大きく異なる。その後のイスラーム世界に大きな社会的変容をもたらし、イスラーム独特の寄進制度であるワクフが発展していく法的契機ともなっていく（医王二〇一二：七）。

第四章　イスラームの特徴と初期イスラームの歴史

はじめに

　本章では、イスラームの基本的な特徴とムハンマド亡き後の正統カリフや諸王朝の歴史を概観する。まずイスラームの基本である六信《ろくしん》五行《ごぎょう》やイスラームの特徴、イスラームの寛容性を説明する。その後、商業的雰囲気の中でイスラームが培われたことを考察する。次にカリフの意味や条件を述べた上で、四代正統カリフやその後の諸王朝の歴史を概説する。

一　六信五行

　イスラームの基本は、六信五行に集約されている。六信とは、信ずるべき六項目であり、アッラー・天使・啓典・預言者・来世・運命（予定）である。五行は五柱とも呼ばれ、行われるべき五項目であり、信仰告白・礼拝・喜捨・断食《だんじき》・巡礼である。

まず六信について、アッラーとは世界の創造主で唯一絶対の存在である。天使（マラーイカ）はアッラーと人間との間を仲介する超自然的存在である。啓典（クトゥブ）はアッラーから下された啓示を記録したもので、モーセ五書や福音書なども啓典とされているが、クルアーンが最後にして最良の啓典とされている。預言者（ナビー）はアッラーの言葉を預かった人物であり、アダム・ノア・アブラハム・モーセ・イエスなどで、最後にして最大の預言者がムハンマドである。アッラーによって創造され、最後の審判の時まで続くのが現世であり、最後の審判の後、生前の行いによって天国か地獄かが決められ、そこで永遠の時間を送るのが来世（アーヒラ）である。運命（カダル）とは、被造物は全て創造主によってその運命が決められているという考え方である。ただし自由意志の存在や人間の主体的な社会変革能力を強調するイスラーム学者もいる。

次に五行について、信仰告白（シャハーダ）とは「アッラーの他に神はなく、ムハンマドはアッラーの使徒である」というアラビア語の定型句を唱えることである。異教徒がイスラームに改宗する場合のみならず、ムスリムも日頃からこの句を唱えている。礼拝（サラート）は一日五回実践するものであり、金曜の正午過ぎの礼拝はモスクにおいて集団でやった方がよいとされている。喜捨（ザカート、サダカ）は財産に一定の支払いが課せられるもので、貧者への施《ほどこ》しともなり、社会における富の再分配の制度である。断食（サウム）はイスラーム暦第九の月に日中、飲食を絶つことをはじめ禁欲生活を守ることである。ただ日没後は普段以上のご馳走《ちそう》を食べる習慣がある。巡礼（ハッジ）とはイスラーム暦第十二の月にマッカに巡礼することである。これは身体的・経済的条件に恵まれた者にのみ課せられた義務である（大塚二〇〇二：三九三―三九四）。

二　イスラームの特徴

加藤博によれば（加藤一九九九：二四―三五）、イスラームの特徴は次の六点にまとめられる。

第一に、イスラームは七世紀に生まれた若い、活力に満ちた宗教であり、仏教・ユダヤ教・キリスト教に比べれば新しい宗教である。

第二に、歴史のほとんどにおいて、征服者、勝利者であり続け、キリスト教が時の支配者から差別と迫害を受け、地下に潜るような苦しい殉教《じゅんきょう》の時代を経験したのとは対照的である。この事実が、イスラームを世俗と歴史に対して肯定的な宗教とした。実際、多くの宗教がユートピアを伝説あるいはあの世に求めるのに対して、イスラームは歴史の一時期、すなわち預言者ムハンマドの生きた初期イスラームをユートピアとしている。

第三に、聖と俗の一致や、宗教の領域と政治の領域は分離されてはならないというイスラーム的世界観が存在する。イスラーム教徒は俗からの離脱に聖を見るのではなく、俗の中に聖を見る。したがって禁欲を説くような独身の聖職者や出家僧の存在はない。さらに、塩尻和子によれば（塩尻二〇〇七：五〇）、現世や日常の生活がイスラームにおいては重要なのである。宗教的に神に最も喜ばれる人間の生き方は、世間を離れて出家したり、修道院に入ったり、一生独身で過ごしたりすることではなく、世間の中で日常生活を普通に行いながら伴侶を得て結婚をし、子どもを生み育て、そして次の世代を世の中に送り出して年老いて一生を終わるという生き方である。つまり人間として自然な生き方が神にとって最も喜ばれる生き方であると考えられている。

第四に、一人一人のイスラーム教徒にとって、神は直接向き合う存在であり、神との間を仲裁する教会や聖職者などの権威は理念上存在しない。それゆえ全ての信徒は神の前で平等であり、徹底した個人主義、契約主義、平等主義が特徴となる。

第五に、教義はシンプルであり、秘蹟・ミラクルの少ない合理的な宗教とされる。イスラームの合理的な性格は、イスラーム世界を穢《けが》れの観念の薄い世界とした。その端的な表れが卑賤《ひせん》の少ない職業観であり、カースト制度を持つインドとは対照的である。

第六に、また宗教実践の原則においては厳格で、適応においては柔軟であり、断食においても子ども、病人、老人、肉体労働者などのやらなくてよい例外の存在などがそれにあたる。

イスラームの特徴および拡大理由として、塩尻は以下のように述べている（塩尻二〇〇七：七一八）。第一に、イスラームの支配が当時のビザンツの支配に比べて政治的な抑圧が少なく、税も低かった。第二に、信教の自由をある程度認めており、宗派間の論争には関与しなかったので、中東地域のキリスト教徒もイスラーム支配を支持した。第三に、血縁主義や部族主義を打破して、人種・国籍・身分にかかわらず、あらゆる人間は全知全能の神の前では絶対的に平等であるとした。第四に、基本的教義を崩しさえしなければ、大幅な土着化が許されていた。これらの要因によりイスラームは拡大していったのである。

三　イスラームの寛容性

現在、様々な紛争や「テロ」が世界中で起きており、イスラームが暴力や戦争の宗教として喧伝《けんでん》されている。だがイスラームは一定の平和・共存をめざす宗教であり、事実そのような歴史も有している。イスラームへのステレオタイプを排して、正しい認識を持つ必要があろう。

イスラームは一定の寛容性を有しているとされている。イスラームが寛容な要因として、次の三つが考えられよう（岩木二〇一四b：四五）。

第一に、イスラームが誕生した地域は、文明発祥の地で都市が発展し、またアジア・アフリカ・ヨーロッパの結節点であり、さらに乾燥地域が多く農業には適していなかったので、商業が発達した。イスラームは、このような都市的、商業的文化の影響を強く受けた宗教であった。都市の中には様々な人間が存在しており、一定の共存システムがなければ都市は機能しないであろう。また商業において身近な人や自集団と交易をしても利益は上がらず、異なる集団や他者との交易こそ、利益の拡大となる。つまり他者や他集団の存在が前提となっている。このことから他者への寛容性が醸成されたのである。

第二に、イスラームが多元的な預言者を認めることである。モーセもイエスも重要な預言者であり、ユダヤ教徒もキリスト教徒も啓典の民であり、兄弟の宗教と位置づけられており、一定の共存を保っていた。

第三に、この地域は移動をする人々が多く、移動文化が常態となっている。遊牧・商業・留学・巡礼などが盛んで、移動の民が多い。移動をする人々にとって、排他的な線引き概念は邪魔なものであり、他者が自文化に入ってくることも拒まない代わりに、自分も移動先で安全が保障されることを望む。このようなことからも寛容性が生まれてきたのである。

そもそもイスラームは平等・公正の意識が強く、このような意識のもと、大商業帝国を築いた。相手から搾取《さくしゅ》すると短期的には自己の利潤は上がるが、相手が経済的に疲弊してしまい、商業交易は持続しない。むしろ平等・公正にやった方が儲《もう》かるとのメンタリティが息づいている。

四　カリフの条件と四代正統カリフ

ムハンマドは六三二年に死去したが、後継者を指名しないまま死んだために様々な問題が起こることになった（Ünlü 2014:81）。第一代カリフ、アブー・バクル（在位六三二～六三四）、第二代ウマル（在位六三四～六四四、ペルシア人奴隷によって殺害）、第三代ウスマーン（在位六四四～六五六、ムスリム過激派によって殺害）、第四代アリー（在位六五六～六六一、ハワリージュ派によって殺害）の四人まではスンナ派では正統カリフと呼ばれ、ムハンマドの後継者とされている（塩尻二〇〇七：三四）。

ムハンマドは神の言葉を預かる預言者としての宗教的な権限と、ムスリムの集合体であるウンマを統率する政治的な権限を併せ持っていた。この二つの権限のうち、カリフが第二の政治的権限だけを継承したのである。クルアーンの解釈やイスラーム法の体系化、裁判権の行使などは、国家の主権者であるカリフではなく、イスラーム諸学を修めたウラマー（イスラーム学者）に委ねられた。

四代の正統カリフは信者と親しく交わるいわば仲間内のリーダーであった。それに対してその後にウマイヤ朝をたてたムアーウィアは帳《とばり》をおろした玉座に座り、警護の役人を置いて、臣下を容易に近づけないようにした。

カリフは次のような七つの条件を満たしていなければならない。①公正さ、②法的判断を下すことのできる知識、③視覚・聴覚などの健全な五感、④立ち振る舞いの正常さ、⑤公益増進の政策意欲、⑥敵と戦う勇気と気概、⑦クライシュ族の出身者であること、である（佐藤二〇〇四：一八、二六、四六）。

四代の正統カリフは、いずれもムハンマドの高弟たちであり、マッカ時代の初期からムハンマドに従い、マディーナでのイスラーム共同体形成にも深くかかわった。ムハンマドとの関係の深さも、第一代のアブー・バクル、第二代のウマルはそれぞれ娘がムハンマドの妻となって舅《しゅうと》にあたり、第三代のウスマーンはムハンマドの娘二人を妻としていたことによく示されている。第四代のアリーはもともと年若い従弟であり、ムハンマドに実子同然に育てられ、ムハンマドの末娘ファーティマと結婚した（小杉二〇一一a：一七）。

六三二年のムハンマドが没したその日のうちに、アブー・バクルが第一代カリフに選ばれた。彼はこの時およそ六十歳であり、アリーは三十歳代半ばであった。アブー・バクルはムハンマド生前から共同体の長老であり、ムハンマド自身がしばしば彼に相談をしていたのである。

ムハンマドの従弟かつ娘婿でもあり、幼少期から養子としてムハンマドに育てられたアリーは、カリフ位選任に不満を抱き、アブー・バクルとバイア（忠誠の誓い）を結ぶことを拒否した。ムハンマドの娘でアリーの妻であるファーティマは、父の財産分与を要求したが、アブー・バクルが拒んだことが事態を悪化させた。しかしファーティマは父の後を追うようにして亡くなり、その後、アリーはアブー・バクルに忠誠の誓いを立てた（中田二〇一五：二九―三〇）。

このようにしてまずは、イスラーム共同体の分裂という第一の危機は、アブー・バクルによって回避できた。しかし第二の危機はアラビア半島の諸部族の離反であった。ムハンマドの死後、後継者に同じように税を支払うつもりはないと主張し出したのである。アブー・バクルらはこれを「リッダ（背教）」とし、神への反逆であるとして戦い、共同体の再統合に成功した（小杉二〇〇六a：一四六―一四九、Esposito 1999=2005:30）。この時代に戦線はイラクや「歴史的シリア」（シャームとも呼ばれ、現在のシリア、レバノン、ヨルダン、パレスチナ、イスラエルを含めた地域）にまで広がり、続くウマルの時代には「歴史的シリア」やササン朝の支配地域も完全に手に入れたのであった（Balcı 2011:309）。

アブー・バクルの治世はわずか二年ほどであり、彼は死に際して、後継者としてウマルを指名した。ウマルの十年におよぶ治世により、国家と行政の機構が整備された。ムハンマド時代の国家が原理・原則を定めた理念的な原型であったとすれば、ウマルの時代に具体性を持ったのである。

ウマルは礼拝中に殺されたが、この時点で誰の目にも明らかなウマルに次ぐ長老が存在しなかった。彼は生前、主要な長老と目される六人を任命し、互選でカリフを選ぶように遺言した。このことは、イスラームにおける民主的制度と見なす後世の人々もいる。

この互選により選ばれたのがウスマーンであり、彼の治世は十二年に及んだ。彼は自分の出身であるウマイヤ家の者を登用した。ウマルによってシリア総督に任命されたムアーウィアはウマイヤ家の一員としてウスマーンにも重用された。後にムアーウィアはウマイヤ朝を開くことになるが、結果として、ウスマーンがウマイヤ朝成立を準備したことになる。しかしウスマーンがクルアーンを正典化したことにより、イスラーム史に大きな貢献をした側面も忘れてはならない(小杉二〇一一a：一七〇―一八三)。

ウスマーンの治世末期から社会的混乱が激しくなり、彼も殺害された。彼の死去によって、残る指導者はアリーだけとなり、四代目カリフとなった。しかしムアーウィアはアリーの就任に納得しなかった。アリーの五年に満たない治世は内乱・混沌の時期であった。アリー自身も暗殺者の手にかかって生涯を終えることになり、四代正統カリフ時代が終焉した。その後、ムアーウィアがカリフに就任した。長い内戦に倦《う》んでいた人々は新しいカリフを承認し、ムスリム全体の安定と統一を望んだ。ここにウマイヤ朝が始まることとなる（小杉二〇〇六a：一七二—一七九、Esposito 1999=2005:37）。本来カリフは、同等者の中の第一人者にすぎなく、世襲はなかった。だがムアーウィヤは正統カリフの慣行を破り、息子のヤズィードにカリフ位を譲り、その後も世襲が続くのである（中田二〇一六：二五二—二五三）。

四人のカリフは「正統カリフ」と呼ばれ、それ以降の「王であるカリフ」とは区別される。正統カリフは、いずれもクライシュ族の出身ではあったが、アブー・バクルはタイム家、ウマルはアディー家、ウスマーンはウマイヤ家、アリーはハーシム家の出身であり、特定の家がカリフ位を世襲することはなく、カリフはウンマの有力者の互選で選ばれた（中田二〇一五：九七）。

五　諸王朝の歴史

ウマイヤ朝に対して、後世の人々による批判が存在する。その原因の一つは正統カリフ時代を終わらせ、その時代の理想に反する権力政治を展開した点にある。しかし正統カリフ時代に起きた大征服とそれに伴う巨大な政治・経済・社会的な変容は、マディーナの都市共同体を支えていた原理と制度では吸収できない水準に達していた。正統カリフ制の終焉は不可避であった側面も有してい

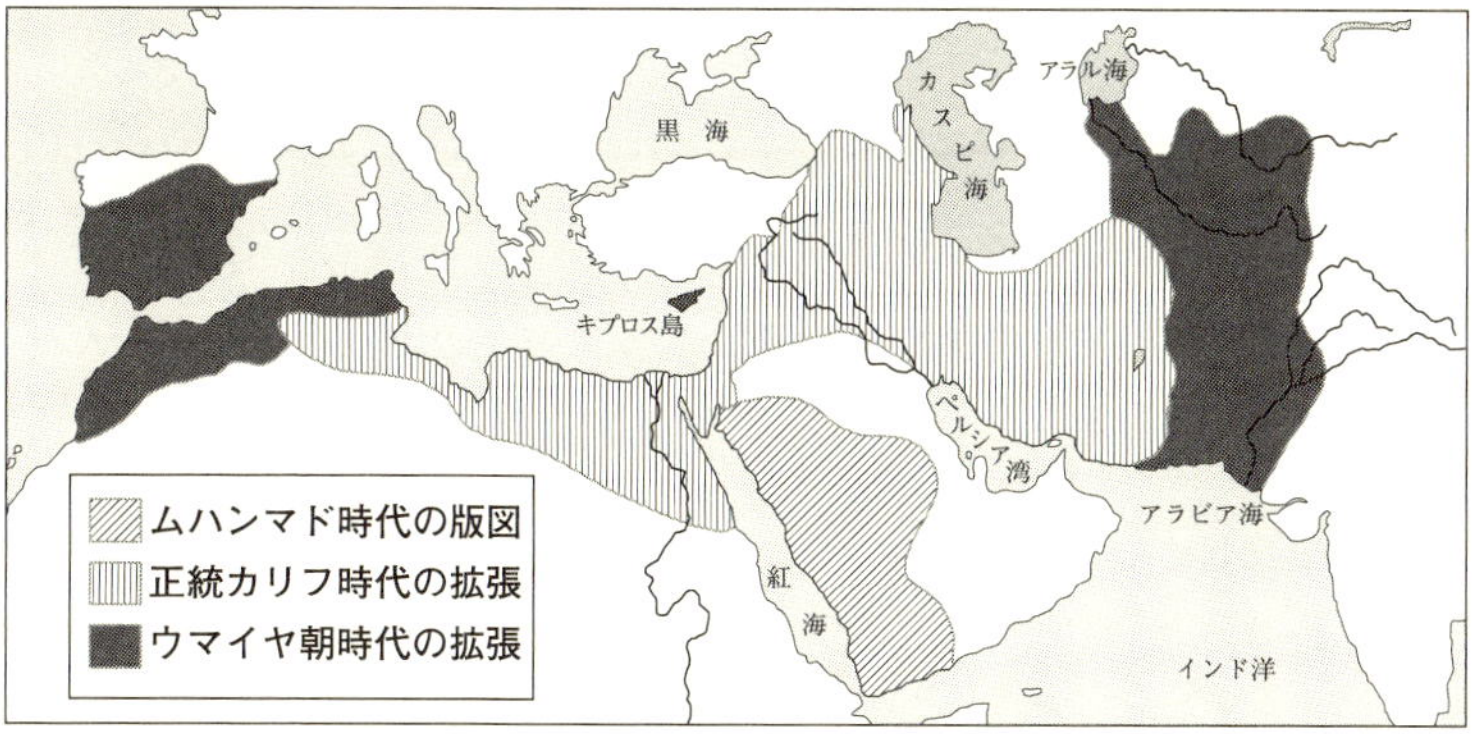

図2　イスラームの大征服

出典：小杉泰, 2006,『イスラーム帝国のジハード』講談社をもとに作成

た。

ウマイヤ朝はダマスカスが都でアラブ人中心の「アラブ帝国」、後に成立したアッバース朝はバグダードが都で「イスラーム帝国」と称される。またウマイヤ朝では、ムスリムは人口の約一〇％のみであり、多くはキリスト教徒であった（Pal 2011:50）。

ウマイヤ朝はアラブ人に税制面などで特権を与えたため、征服地のイスラーム化が進むにつれて、非アラブのイスラーム改宗者マワーリーなどの間で、ウマイヤ朝に対する社会不満が高まっていった。またウマイヤ朝は預言者ムハンマドの権威に対抗し、預言者の一族ハーシム家を抑圧した。このような社会不満とハーシム家への抑圧を梃子《てこ》にして、ハーシム家によるアッバース朝革命が起きたのである（中田二〇一五：一〇〇）。

ウマイヤ朝では各地域が一定の自立性を有していたの

に対して、アッバース朝では中央集権化が高度に進んだ。アッバース朝第二代カリフ、マンスール（在位七五四〜七七五）の治世で、軍事組織の確立、新都バグダードの建設、行政機構の整備、財政の確立などを成し遂げ、王朝の体制を盤石なものとした（小杉二〇一一a：一九八―二三二）。またイスラームにおける主流派がスンナ派と呼ばれるようになったのもアッバース朝の時代であり、この時代に主流派は固有の名前を有する一つの宗派として定着した（Ansary 2009=2011:180）。

アッバース朝の後、エジプトを中心にファーティマ朝、アイユーブ朝、マムルーク朝などが、イラク地域にはブワイフ朝、イラン地方においてセルジューク朝などが台頭した。

七〜一〇世紀はイスラーム帝国の首都がマディーナ、ダマスカス、バグダードに置かれ、アラブ人のカリフが治めるカリフ制の時代であった。次に地方王朝が確立し、軍人の統治者が勃興し、移行期となる。つまり正統性を重視するカリフ制から実権制へと、国家と権力の実態が変化していく。そして十三世紀半ばにカリフ制国家が終焉を迎えると、名実ともに実権制の時代になる。統治者たちの民族的な出自も、トルコ系、チュルケス系、モンゴル系など多様化した（小杉二〇一一a：四三五―四三六）。

その後、オスマン朝（一二九九〜一九二二年）が成立し、イスラーム帝国最大の版図に達し、六百年以上にわたり、オスマンの平和がもたらされることになる。

章のまとめ

イスラームはムハンマド亡き後も、様々な危機を乗り越えて急速に拡大した。ムハンマド死後百年で商業、征服、宣教などを通じて、アジア・アフリカ・ヨーロッパに広まった（Singer 2008:3）。イスラームは六信五行を基本としながら、時代や状況に合わせ対応した。シンプルな教義、教会や聖職者は理念上存在せず、直接一人一人がアッラーと向き合う。イスラームは比較的寛容な宗教である。

カリフとは預言者の代理人であり、預言者の持つ政治的な権限を継承した。四代正統カリフ時代には混乱も生じたが、国家の機構が整備され、クルアーンの正典化も行われた。その後、ウマイヤ朝、アッバース朝、セルジューク朝などが興り、イスラーム文化が花開き、最後のイスラーム帝国であるオスマン帝国が成立する。

第五章　イスラームのグローバル化

はじめに

イスラームは商業とネットワークの宗教である。そのような中から寛容性が醸成され、国際商業ネットワークを構築し、グローバル化していった。

本章では、まず環境と商業の観点からイスラームを捉え、寛容性、流動性、開放性の宗教であることを見ていく。次に、イスラームがグローバル化した要因を分析し、さらにアフリカにおいてなぜイスラームが広がり、外来宗教であるとの認識が低いのかを考察する。次に、イスラームを拡大させた主体としてのスーフィー（イスラーム神秘主義者）に着目し、「民衆のイスラーム」の側面を見ていく。最後に、イスラーム国際体系と西欧を比較し、イスラームが他者の存在が前提となっている開放的な体系であることを説明する。

一　イスラームにおける環境と商業

イスラーム世界の生態的環境は規模、形態、植生《しょくせい》を異にする砂漠オアシス複合体が点々と立地する空間であり、砂漠オアシス商業システムとでも呼べる商人の活動を介して作られる経済システムが形成されていた。このようなイスラーム世界の特徴として、次の二点が指摘できる（加藤一九九五：三九—四〇、五二）。第一に、農業、遊牧・牧畜業、商工業の分業システムにおいて、遊牧・牧畜業の占める重要性が他の世界に比べて相対的に高いのである。第二に、そこでの市場圏がそれ自体一つの完結した閉鎖的経済圏を形成することなく、都市を結節点として、様々な規模の交易圏と重層的に結びつくことによって、広く対外的に開かれていた。

この地域は、流動性や国際性が高い地域であるがゆえに、排他的な領域志向が弱く、コスモポリタンの思考様式が醸成された。イスラーム社会の繁栄は国際交易に大きく依存していたが、この事実は歴史的事件に左右されやすいという構造的脆弱《ぜいじゃく》さを持っていることも意味していた。

このような流動性、国際性とともに商業精神もイスラームを寛容にさせた要因である。

板垣によれば、ムハンマドは国際商業都市マッカの商人であり、血縁の絆によって生活する砂漠の民の宗教性には常に不信の念を抱いていた（板垣一九八六：六）。イスラームの倫理は、明らかに商取引の契約を重んずる商人の道徳観の反映である。多くの宗教では商業を忌み嫌う傾向があるのに対して、イスラームにおいては公正・平等な商業はむしろ推奨されている。

イスラームは商業的倫理観や雰囲気の中で培われ、ムハンマドをはじめ多くの教友たちも商人であった。したがって、イスラームは商業、商人に対して肯定的であり、次のようにクルアーンにも教えを商業用語で命じている。

「クルアーンを読誦し、礼拝の務めをよく守り、神から授かった財産を惜しみなく使う人々は、絶対はずれっこない商売を狙っているようなもの」(クルアーン三五章二九節)。「神の御導きを売り飛ばして迷妄を買い込んだ人々、だがかれらもこの商売で損をした。目算どおりにいかなかった」(クルアーン二章一五節)。

商業は身内や小さな集団内で行っていても大きな利益は得られない。他集団が存在してこそ、莫大な利益が得られるのである。商業的倫理観の基底には、他者の存在が前提となっているのである。また他者から暴利をむさぼると、一時自分は得をするが、相手は経済的に疲弊してしまい、長期的に通商関係を結べなくなってしまう。自分とともに他者も潤い、ウィンウィンの関係によってこそ、自分も長期的な利潤を得られるのである。後にオスマン帝国などの大商業帝国が誕生したのも、このような商業的寛容性があったからである。

二　イスラームのグローバリゼーションとネットワーク

部族や民族、国家を超えて急速に広がったイスラームは、宗教のみならず、政治、経済、文化を包含した一大文明のグローバリゼーションと言ってよい。広がりにおいてもそうであるが、その理念においてもグローバリゼーションを体現していた。開放的経済圏のもと、コスモポリタンの雰囲気の中、都市や商業的環境の中で培われたイスラームは、当時のユーラシア、アフリカの一つのグローバル・スタンダードであった。

グローバルに拡大するイスラームの世界宗教としての普遍性は、第一に人間の平等、第二に人間の欲望と社会的公正のバランス、第三に他者との共存志向に表れている。第一については、イスラームでは神と人が契約を結び、唯一神アッラーに対して服従することになる。人と神を媒介する特権的聖職者はおらず、カトリックのようなピラミッド型の教会組織もない。イスラームは、人種や民族、階級を超えて全ての個人に対して神の前での平等を保証するのである。

第二については、イスラームには金銭を卑《いや》しみ、人間の欲望を罪悪視する発想はない。クルアーンは多くの章句で商売になぞらえて公正を説いており、契約の概念や公正な取引を重視している。また、欲望にまかせて過度の贅沢《ぜいたく》や不公正を生み出すことを戒《いまし》め、婚姻外の男女関係を禁じることでムスリムの社会を正しく保つよう求めている。

第三については、イスラームは同じ一神教のキリスト教徒やユダヤ教徒に対しても、基本的に平和共存をめざしている。これは、古代から様々な宗教や文明が生まれ、異なる人種や宗教がせめぎ合う中東地域において、後発の宗教であるイスラームが浸透する上で重要な知恵と言うことができる（澤江二〇〇二：一三八）。

このようなイスラーム文明は、他の中国文明、西洋文明のように領域名は付けられておらず、そもそも出発点から脱領域志向であった。宗教を核として、統治単位として宗教・宗派を重視する、基本的には人に対する支配であり、領土という固定領域における排他的な支配権を行使する政治単位を想定していなかった（加藤博二〇〇二：五七）。イスラームは当初からグローバリゼーションを進めてきており、多宗教、多民族、多言語の共存システムとして、国際商業ネットワークを広げ、共通の契約のルールや紛争を処理するルールを普及させた。いわばイスラームは前近代におけるグローバリゼーションの先駆者であった（小杉二〇〇四：二六六）。

十三、四世紀にはパクス・モンゴリカ（モンゴルの平和）の世界とイスラーム世界とが相互に交流を深めて、ユーラシアとアフリカの諸地域を広く覆う国際的な交通システムとしてのイスラーム・ネットワークが成立した。

イスラーム・ネットワークをまとめ上げた要因として、ラクダとダウ船による陸海の連関する交通システムとイスラーム都市の発展、また文化要素としてイスラーム、共通のコミュニケーション手段としてのアラビア語、国際法としてのイスラーム法、中東地域を中心として古くから発達した契約を重視する商人文化や多文化共存の思想などがあった。

イスラーム世界にはイブン・バトゥータだけでなく、他者との交流を求めて移動・遍歴《へんれき》する多くの人々がいた。移動する異人・客人たちを柔軟に受け入れるコスモポリタンなイスラーム世界があり、同時に躍動する壮大なイスラーム世界の人と人をつなぐ情報ネットワークがあった。イスラームでは、旅人は神によって数々の恩寵《おんちょう》が与えられ、貧者、病人、孤児とともに保護されるべき対象であった。

中東に生まれたイスラームとその社会は、中東的移動文化の性格を色濃く帯びており、商人・職人・知識人・巡礼者・修行者・遊牧民などの移動の民が中心となって、狭い地域や国といった枠を超えて、広域的な情報交流と文化的コミュニケーションのネットワークを作り上げた（矢島二〇〇三：一〇—二〇、四三）。このように移動の民は、線引き思考や排他意識は弱く、他者・異人・客人たちをもてなすホスピタリティの厚い人々であり、それが寛容性にもつながった。

三　アフリカのイスラーム化

アフリカへもかなり早い時期からイスラームが広がっており、サハラ以南にも多くのイスラーム教徒が存在し、現在、アフリカもイスラームの大陸になりつつある。

サハラ以南と以北を分けて、以北は中東・北アフリカ研究もしくはイスラーム研究の範疇に入れ、以南はアフリカ研究の範疇に入れる場合が多い。サハラ砂漠を基準にして南北に分ける思考様式に一定の意味はあるが、以下の二点にわたって以北以南を連続性の観点で考えることも可能である。

第一に、先程述べたように以南にも多くのイスラーム教徒が暮らしており、改宗も進んでいることを考えると、(1) 以南以北を分けて考えることはあまり意味がなくなる。

第二に、砂漠は人・物・金・情報を分断することもあるが、夜間になれば涼しくなりオアシスを辿《たど》り移動することは可能になる。山や谷や川などがあまりないので、むしろ移動しやすいとも言えよう。砂漠は人・物・金・情報を結びつける側面もある。この観点は海や川が人々を結びつける考え方とも親和性がある。既存の国民国家の歴史ではなく、環日本海や環地中海の歴史や、アフリカにおける川社会への注目などとも通底する。

嶋田義仁によれば（嶋田二〇〇四：三七六―三七七）、イスラーム圏アフリカとキリスト教圏アフリカの南北境界は、ホワイト・アフリカとブラック・アフリカという人種的境界とは重ならない。イスラーム圏はブラック・アフリカにも大きく広がっている。サハラ砂漠の南部のサーヘル・スーダン文化や東アフリカ海岸地域のスワヒリ文化は、ともにイスラームの影響下にある。中南部アフリカはイスラーム圏外にとどまり、ヨーロッパの植民地化に伴いキリスト教化が進んだのである。

アフリカのイスラーム化は主に三つのルートを辿って広がった（日野一九八四：一二二―一三八）。三つのルートとは、第一はエジプトからナイル川に沿って南下、スーダン、エチオピアへ、そしてサヴァンナに沿ってチャド湖地方へのルートである。第二はエジプトから西へ、マグリブを通ってサハラ砂漠の交易ルートに沿って南下、西アフリカへのルートである。第三は紅海、インド洋を通って、東アフリカ沿岸部に至って、ここから東アフリカ内陸部へのルートである。いずれも時期的にはかなり早く、ムハンマドがイスラームを起こしてから一世紀も経たないうちにその浸透は始まり、十世紀にはアフリカ各地に到達していた。

西アフリカのイスラーム化は、国家の中枢部、王や首都の商人、交易者から改宗が起こった。このように当初は、集団的改宗が多く、上から所与のものとしてイスラームを受け入れた農民などの場合には、その改宗はきわめて名目的、形式的なものであった。「純粋なイスラームに帰れ」という何回もの改革運動の波紋が、西アフリカに繰り返される間に、イスラームに並存してきた伝統的宗教の要素は、一方では攻撃対象として弱められつつ、他方では、イスラームと伝統的宗教の諸要素は、隔離から混合、混合から融合へと、発展していった。このようにイスラームがすでに、西アフリカの伝統的宗教の諸要素をその構造の中に取り込み、いわばアフリカ人のものの考え方に似かよった性格を持っていたのに対して、キリスト教は異邦人である白人が持ち込んだ宗教であるとの見方が強かった。

東アフリカは、イスラームの初期において、宗派間の政治闘争に敗れた者の亡命先であり、いわばイスラーム化の先進地域であった。季節的移住を繰り返すアラブ・ペルシア商人、いろいろな理由で移住してきた人々によって、イスラーム世界の新しい情報はかなり早く、東アフリカ沿岸部に入ってきた。イスラームの格好の良さや開化性に憧《あこが》れたものであったにせよ、基本的には、個々人が自分の決断で、イスラームを選択した。スワヒリのある神話には、イランからきた英雄がこの地に居住するようになったいきさつが描かれている。外来のムスリム商人と土着の漁民・農民もしくは狩猟民という登場人物、そして両者の出会いと交流、婚姻を通した両者の融合、前者の政治・経済・宗教的な優越、そして後者のイスラーム化といったものである。これらがいくつもの交換関係という形をとって、「神話」の中で説明されている（大塚一九九九：三〇九）。アフリカでムスリムになるということは、イスラーム文化とアフリカ文化が融合したアフロ・イスラームを受容することであり、かつ宗教そのものとともに、アフロ・イスラーム的な生活様式全体を受容することでもあった。

イスラームはヨーロッパによるアフリカの植民地化に一定の役割を果たし、皮肉にもイスラーム化を進行させた。十九世紀末、ヨーロッパ人による植民地化が起こると、イスラームの非イスラーム地域への拡大が促進される。植民地統治者にエージェントとして雇われたスワヒリの人々は、東アフリカ各地にイスラームを伝えた。また貨幣経済の浸透に伴う市場ネットワークの確立、プランテーションや鉄道建設などへの出稼ぎがイスラーム化を進行させた。植民地政府は内陸統治のために、読み書き能力のあるスワヒリの人々を役人・教師などとして登用し、その結果スワヒリ文化はかつてなかったほど大陸内陸に影響を及ぼすようになった。その結果、イスラーム化も拡大したのである（大塚一九九九：三一〇）。

アフリカの人々はなぜイスラームを受け入れたのか。日野舜也によれば（日野一九八四：一四一―一四二）、イスラームへの改宗要因として、以下のようなものがある。イスラームの武力や奇蹟を起こす力に畏敬《いけい》して、王や上部の命令で、都市や市場におけるムスリム商人の文明化した姿に価値を認めて、奴隷境遇の人々が早く自由民になれるという願いで、地域共通語と同じく地域共通文化の一つとして、イスラームに改宗したのである。都市社会や植民地社会との接触によって、全面的には、自分の伝統的文化には依存できないという不安が、都市の中核的、共通文化としてのイスラームへアイデンティティを傾斜させた。

アフリカの人々にとってイスラームが外来宗教という意識がない理由として、以下のことが考えられる（嶋田二〇〇四：三七七）。第一に、ブラック・アフリカにおけるイスラーム化の歴史の始まりは九世紀と古く、アフリカの歴史形成、特に都市国家形成と絡み合いながら、現在に至っている。第二に、イスラーム化は、植民地のような外来勢力の軍事的征服によるのではなく、主に交易を通じて平和的に住民の納得づくでなされた。第三に、イスラームは非西洋の宗教であり、反植民地主義のシンボルになり得た。この反植民地主義としてのイスラームは現在でも世界各地で見られ、欧米においても新自由主義からは「落ちこぼれた」貧しい、カラードの人々を中心に、弱者にやさしい宗教としてイスラームへの改宗が進んでいる。

従来のアフリカの宗教に関する二つの誤った見方が存在する（嶋田二〇〇四：三八〇―三八一）。第一は、アフリカの宗教から外来宗教であるキリスト教とイスラームを排除してアフリカの宗教を論じる立場である。第二は、中東のイスラームを中心に考えるイスラーム研究である。アフリカのイスラームは「田舎イスラーム」として、アフリカのイスラームを周辺化するのである。

このような二つのいわば「原理主義的」発想に立つ限り、アフリカ・イスラームは、アフリカ宗教の研究からも、イスラーム研究からも排除されてしまう可能性がある。今後は多様なイスラームを認めて、中東のイスラームが本来の姿であるとの見方を相対化して、時間的にも空間的にもダイナミックな宗教としてイスラームを見つめることが重要であろう。

四 イスラームの拡大とスーフィズム

イスラームには聖職者や伝道者は理念上存在せず、拡大の主体となったのは商人やスーフィーたちであったと言われている。

公式には教団組織や宣教制度を持たないイスラームがアフリカの奥地や、中央アジア、遠く東南アジアまで伝播したのは、商人とスーフィー教団の地道な草の根的活動によるものである。イスラーム神秘主義集団は到着した場所で、小さな道場を建設し、現地の人々にアラビア語の読み書きを教え、薬草学の知識を活用して病人の手当てなどを行い、現地の人々の信頼を勝ち取っていったものと思われる。そうして各地に建設された修行場が国際商業活動のネットワークを形成していったのである。また土着の伝統や文化を抵抗なく取り込んでいったために、各地への伝播が促進された（塩尻二〇〇七：二四）。

イスラームは個人の信仰から現実の社会まで、つまり内面的な部分から外面的な部分まで包含する。このうち外面的な部分について指示を与えるのがシャリーア（イスラーム法）である。内面的な部分、さらにはもっと奥深く、言葉で説明できる次元を超えて、真実の世界に迫ろうとするのがスーフィズムである（東長二〇一六：五―六）。

八世紀までにインド西北部からイベリア半島に至る広大な地域を支配する巨大な帝国ウマイヤ朝が発展した。この状況下でムスリムは莫大な富や権力を手にするが、このような物質的繁栄がむしろその信仰心の堕落を生み出しているとの危機意識が、一部の人々を内面的な信仰の追求へと向かわせることになった。また、九世紀半ばはイスラームの教えがシャリーアとして体系化されていった時期でもあるが、その中で、人々がひたすら形式的な規範を守ることに専念し、心で信仰するという宗教本来のあり方をないがしろにしているという批判も、内面的な信仰を強調するスーフィズム成立の要因となった。このような経緯で、スーフィズムは九世紀半ば頃にイラクで生まれ、その後イスラーム世界全域に拡大した。

一般にイスラームはシャリーアとして知られる宗教規範の遵守を要《かなめ》とする規律・規範重視の宗教であると言われている。しかし実際にはこのような規律・規範の背後に、より多様な信仰の形が存在し続けたのである。なかでも人々の日々の生活に根ざした民衆的な信仰は、規範のイスラームとは異なる独特の宗教伝統を形作ってきた。このような「民衆のイスラーム」の担い手として重要な役割を果たしてきたのがスーフィーたちであった（高橋二〇一四：二一八）。

スーフィズムは禁欲や修行を通じて神と人との霊的な合一をめざした。修行場やスーフィー教団は、単に修行を行う場にとどまらず、地域社会の結節点として住民が集《つど》い、冠婚葬祭のような日々の生活にかかわる宗教実践が取り行われる場であった。単なる教義や規範体系としてではなく、民衆の素朴な信仰を取り込み、彼らの生活の支えともなった（高橋二〇一四：二一三）。

スーフィズムは時に、危険思想とも見られた。初期のスーフィーであるハッラージュ（八五七、八五九～九二二年）は、エゴを消滅し神と一体化している状態で、「我こそ神」と言った。このことによりイスラーム主義者と近代主義者の双方から攻撃を加えられた。イスラーム主義者からは、スーフィズムは本来のイスラームから逸脱した流れとして非難され、近代主義者からは、迷信に満ちた時代遅れのものとして批判された（東長二〇一六：三三、四一）。十世紀半ばから十二世紀半ばにかけて、スーフィーやウラマーたちによって、両者の対立を克服すべく、スーフィズムとスンナ派教義とのすり合わせが進められた。ガザーリー（一〇五八～一一一一年）は、ウラマーであると同時にスーフィーでもあり、イスラームの信仰には内面的な信仰と外面的な規範がともに欠かすことができないものであるとし、スーフィズムを宗教諸学の一分野として理論的に位置づけた（高橋二〇一四：一二一―一三）。

このようにスーフィーを通じて民衆を中心に広まり、イスラームのグローバル化がもたらされた。またスーフィズムは現在においても、「民衆のイスラーム」として一定の影響力を持っている。

五　イスラーム国際体系と西欧国際体系

イスラーム世界は、七世紀中頃から八世紀中頃にかけての一世紀たらずの間に成立した比較的新しい文化世界であった。ビザンツ世界とオリエント世界の狭間に誕生したイスラームは、瞬《また》く間《たま》に拡大し、八世紀半ばまでにはかつてのオリエント世界とビザンツ世界の南半分を中心に、西はイベリア半島マグリブから東は中央アジアにまで及んだ。

この広大なイスラーム世界には、イスラーム独自の理念に支えられた、独自の国際体系が成立していた。イスラーム国際体系の根底をなすイスラーム的世界秩序観は、イスラーム世界の基礎が形成されていった七世紀から八世紀にかけて、特にシャリーアの理論の中で生み出され、九世紀初頭には明確な理論として体系化されたのであった（鈴木一九九三：一六）。

ムスリムにとって、人の住む世界は「イスラームの家（ダール・アル・イスラーム）」と「戦争の家（ダール・

アル・ハルブ)」に二分される。[2]「イスラームの家」とは、ムスリムの支配下に入りイスラーム法が十全に行われている地域を意味する。これに対して「戦争の家」は、ムスリムの支配下に未だ入らず、異教徒の支配下にあってイスラーム法の行われていない地域を意味する(古賀一九九五:二三七—二三八)。「戦争の家」を「イスラームの家」と化していくためのムスリムの不断の努力をジハードと呼ぶ。ジハードは軍事的手段だけでなく非軍事的手段によっても遂行される活動を意味する(鈴木一九九三:一七)。

「戦争の家」の異教徒はハルビーと呼ばれ、偶像崇拝者と唯一神を奉じ啓示の書を持つキリスト教徒やユダヤ教徒のような啓典の民に大別される。偶像崇拝者には、原則として「改宗か死か」の選択が迫られる。これに対し「啓典の民」には、ムスリムの共同体との契約により、人頭税(ジズヤ)と土地税(ハラージュ)の支払い、および一定の行動制限に服することを条件として、保護(ズィンマ)が与えられた被保護民(ズィンミー)として、固有の宗教と法と生活慣習を保ちつつ、イスラーム法の許容する範囲内で自治生活を営むことが認められた(鈴木一九九三:一八)。

西欧国際体系はキリスト教文化を共通に抱く西欧社会に作られたものであり、自らの独自の文化圏のみで通用する自己完結的な体系であった。そのため同一文化圏以外の者が体系の当事者となるにはその文化圏に包摂《ほうせつ》されることにより、同一の秩序を適用していくことが必要であった。それに対してイスラーム国際体系は「イスラームの家」「戦争の家」という複合的な構造を持ち、他者の存在がすでに前提となっている。西欧国際体系が規律の対象を文化と思想を同じくする西欧キリスト教圏に限定し、異なる文化・思想を有する他の国を排除しようとする排他的な性格を持っていたのに対し、イスラーム国際体系は比較的寛容で、国際的な性格を持っていた（古賀一九九五：二三七―二三八）。

章のまとめ

イスラームは砂漠の宗教ではなく、都市や商業的環境を基盤にした宗教である。イスラームは領域や部族を超え、宗教のみならず政治・経済・社会をも包含した文明であり、誕生時から急速にグローバル化していった。多宗教・多民族共存システムを構築し、国際商業ネットワークを広げ、前近代においてすでにグローバリゼーションの先駆者であった。

イスラームは十世紀にはアフリカ各地に到達した。このように早い時期からアフリカに広まったので、イスラームが外来宗教だという認識は低い。

イスラームを広めた主体として、商人とスーフィーが挙げられる。スーフィーたちは、「民衆のイスラーム」を体現し、神と人との合一をめざし、イスラームのグローバル化をもたらした。

イスラーム国際体系は、開放的で多層的であり、西欧国際体系と比較して、寛容でコスモポリタンな性格を持っていたのである。

第二部

オスマン帝国の共存と戦争

第六章　オスマン帝国の共存形態と変容

はじめに

最後のイスラーム帝国であるオスマン帝国が比較的寛容な政策をとった要因として、イスラームの寛容性が大きく影響している[1]。

オスマン帝国は、イスラームの寛容性とともに、多民族・多文化・多宗教の調和社会を築いたセルジューク朝の寛容性も継承した（Karpat 2010:25,36）。さらにオスマン帝国は、トルコ・イスラーム・イラン・メソポタミアの文化的蓄積やセルジューク・ビザンツ・アナトリアの歴史的蓄積の賜《たま》物《もの》でもあった（Ünay 2010:127）。ズィンミー制の伝統からミッレト制[2]も作り出され、各宗教集団に一定の自治を与えた。「右手にクルアーン、左手に剣」との言葉は正確ではなく、現実は改宗か戦争か貢納《こうのう》かの三者の選択があった（Khadduri 1955:80）。つまり啓典《けいてん》の民《たみ》には、税金を納めれば一定の自治と自由が認められたのである。このミッレト制はヨーロッパによるナショナリズム概念が浸透するまで機能し、数世紀にわたり非ムスリム・マイノリティにとって、平和的共存が一定程度機能した（Karpat 2010:94）。

本章では、まずオスマン帝国が長期間広大な地域を支配し得た寛容な政策を考察する。次にオスマン帝国が主体として西欧の政治に与えた影響を説明し、最後に西欧からの衝撃によりオスマン帝国が変容し、多様性を有するオスマン帝国において均質な国民国家や近代資本主義が作れなかった要因を分析する。

一　オスマン帝国の共存形態

今まで、オスマン帝国の歴史は世界的にもまたアラブ地域でさえも、否定的に捉えられていた。(3)しかしながら、オスマンの共存の歴史から学ぶことは多く、多宗教が調和して共生する事例を提示しているのである（Karpat 2010:57,100,104；Yılmaz 2008:677）。

最後にして最大のイスラーム帝国であるオスマン帝国は、イスラームの寛容性を一定程度体現した帝国であった。日本史で言えば、鎌倉時代から大正時代まで続き、アジア・ヨーロッパ・アフリカにまたがる巨大帝国であった（林一九九七：二）。このような広大な帝国を長期間維持するには、一定の共存形態が機能し、特定の宗教・民族などに偏《かたよ》らない政策が必要であろう。もしそうでなければ、不満が蓄積し、反乱が増大し、早々に帝国崩壊となったであろう。ここでは、オスマン帝国の共存形態を考察し、帝国維持の要因を見ていく。

まず、オスマン帝国の版図であった東地中海地域は、土地ではなく人を単位とする属人法《ぞくじんほう》の伝統が強く、脱領域的支配の傾向があった。領土意識や線引き概念がそれほど強くなかったことから、排他的志向様式が強まることはあまりなかった。

オスマン帝国にはデビシルメ制と言われる制度が存在した。[4] キリスト教徒の子弟を強制徴集し、スルタンの奴隷《どれい》身分に編入してムスリム化した上で、官僚や軍人として登用した。なかには高級官僚・高級軍人・大宰相にまで登りつめた者もいた。この制度による奴隷身分出身者が中央の支配組織の主たる担い手となり、「貴族なき社会」というイメージを作り出した（鈴木一九九七：一六七）。事実、十六世紀にオスマン帝国に赴《おもむ》いたハプスブルク大使オギュエル・ド・ビュズベクは以下のような言葉を残している。「スルタンの下で最高の地位を占める者も、非常にしばしば、羊飼いや牧人の子であったりする。彼らは優れた能力というものが生まれによって与えられ、また相続によって伝えられるなどとは考えず、天与の資質とよい訓練とたえざる努力と熱意の賜物だと見なしているのである。トルコ人たちの間では、高い官職も行政上の職位も、能力と業績への報酬なのである。これが、なぜトルコ人たちがなすことすべてに成功し、支配民族となり、日々に彼らの支配領域を拡大しているかの理由である」（鈴木一九九二：二〇四）。

ここにはトルコ人との表記があるが、これもヨーロッパによるステレオタイプであり、オスマン帝国はトルコ人が支配していたトルコ帝国でもオスマン＝トルコ帝国でもなかった（Yılmaz 2008: 678）。当時のオスマン帝国の自称としては、「崇高《すうこう》なる国家」もしくは「崇高なるオスマン国家」であった。国家の名称に特定の民族名などが入っていないということは、コスモポリタン性を象徴するものとも言えよう。

またそもそもスルタンですら混血が進み、トルコ人ではなかった。三代目のスルタンは、母親がキリスト教徒ギリシア人であり、四代目は祖母も母もそうであった。十五、十六世紀の頃の大宰相は、もともとキリスト教徒だったギリシア人やセルビア人が多かった。それにもかかわらず、トルコ帝国と呼んだヨーロッパ人には、オスマン帝国にキリスト教徒がかかわったことを認めたくない心性が働いたのであろう（新井二〇〇九：二五）。

一四九二年にいわゆるレコンキスタ（国土回復運動）が完成し、イベリア半島からムスリムを排除することに成功した。同時にムスリムだけでなく、ユダヤ教徒も迫害され、オスマン帝国に逃げてきた（Karpat 2010:133）。ユダヤ教徒にとり、オスマン帝国下で生きる方がよりましであったからであろう。一四九二年はレコンキスタを完成させ、キリスト教共同体をヨーロッパにおいて作り出した年であり、またコロンブスがアメリカ大陸に到達した年でもあった。この年は、ユダヤ教徒やイスラーム教徒排除によるキリスト教共同体形成といった内なる植民地主義と、新大陸への進出といった外なる植民地主義を象徴するものである。

オスマン帝国のスルタンはイスラームのカリフであり、中央アジア起源の汗（ハン）であり、さらにはローマ帝国の後継者としての皇帝でもあった（Ortaylı 2009:183）。東ローマ帝国を崩壊させて、コンスタンティノープルを占領したメフメト二世は、自らの宗教寄進文書で、オスマン帝国がローマの後に立ち上がったものであると説き、自らアレキサンダー大王の杖《つえ》を受け継ぐものと称している。異教のアレキサンダー大王やキリスト教徒であったローマの皇帝たちの玉座を受け継ぎ、イスラームの時代を体現したのである（林二〇〇八：九六―九七）。このようなことからイスラームとキリスト教などを二律背反的に捉えることは戒《いまし》めなければならないであろう。トルコにおいても最近、オスマン帝国はイスラーム化したビザンツであるとの主張も出てきている（野中二〇一〇：八三）(5)。オスマン帝国は単なるイスラームやアジアの帝国ではなく、バルカンやローマの帝国でもあった。オルタイルによれば、パクス・オトマニカ（オスマンの平和）は、パクス・ロマーナ（ローマの平和）の最後のモデルであり、オスマン帝国はムスリムによる第三のローマであった（Ortaylı 2010:11,49）。

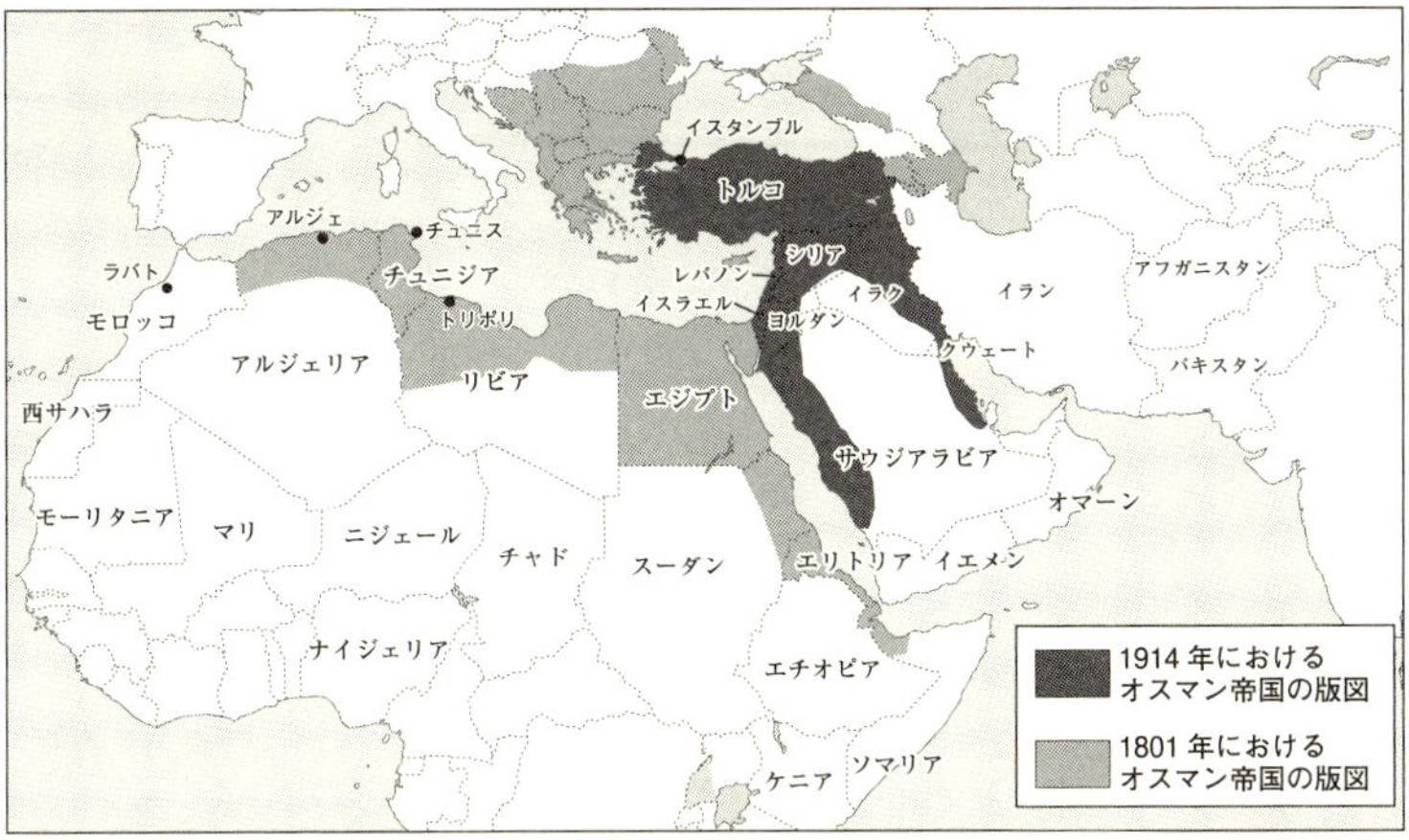

図3　オスマン帝国

出典：末近浩太, 2018,『イスラーム主義 ── もう一つの近代を構想する』岩波書店をもとに作成

このようにオスマン帝国はローマの継承国家でもあった。それは単にオスマン帝国がビザンツを滅ぼし、その領土を継承したということのみには留まらない。オスマン帝国は自らがローマの正統な後継者であると自覚し、ギリシア語を話すキリスト教徒の古いローマ帝国に代わり、トルコ語を話すムスリムの新たなローマ帝国として、地中海に君臨した。ビザンツとアラブ・イスラームという古代ローマの二つの後継者をともに継承したオスマン帝国は、他の継承国に比べて特別の地位を占めていたのである（藤波二〇一三：五六、七二）。

　最大版図を誇った十六世紀のスレイマン一世時には、中欧からインド洋に至る世界強国の地位が与えられ、最後の地中海帝国、さらには世界帝国となった（Inalcik 1994:3；Uyar 2009:281；Güvenç 1994:169）。

ここにおいてオスマン帝国は、帝国とイスラームを兼ね備えた世界で最もコスモポリタンな国家として、オスマン的ユニバーサリズムを体現したのである（Onar 2009:230；Hanioglu 2008:24）。

オスマン帝国の支配は巧妙であり、中期までは一定程度機能していた。相手の状況により、同盟を結ぶか、貢納金を払う属国にするか、直接支配にするかをうまく使い分けていた。また当該地域の旧来の支配者をオスマン支配層に取り立ててもいた（林二〇〇八：五八―六六）。支配した地域の実状に合わせ、しばらくは旧来の勢力に支配を任せ、徐々にオスマンの政策を浸透させ、中央から役人等を配置した。

このようなオスマン帝国の多様かつ柔軟な構造を鈴木董《ただし》は「柔らかい専制」と呼び、以下のような複合的ピラミッド構造が機能し、流動性の高い不満が蓄積しない社会を作ったとしている（鈴木一九九二：一九七―一九八）。第一は、ムスリムは、優越的集団をなしていたが、優越的集団としてのムスリムと従属的集団としての非ムスリムという二つの集団の区分が直《ただ》ちに身分秩序における支配者身分と被支配者身分との区分に重なるわけではなかった。第二は、エスニックな所属、宗教的な帰属が、支配者と被支配者との分画と、必ずしも全面的に結びついてはいない。第三は、各エスニック集団内に、それぞれある程度の社会的流動性が存在していた。第四は、優越的集団と従属的集団との間には常に移動の可能性が開かれており、非ムスリムは改宗することにより、理論上は完全なムスリムになることができた。

今までオスマン帝国の共存形態を見てきたが、限界や否定的側面も当然存在する。そもそもイスラームはある特定の場合において暴力の行使が正当化され、いわば絶対平和主義ではなかった（Abu-Nimer 2003:27）。イスラームは他宗教に対して、一定の自治と自由を認めるが、イスラームと他宗教は完全に平等だったわけではない。例えばキリスト教の教会の修繕は認められるが、新たに建てることは禁じられ、十字架や祈りはこれ見よがしに見せつけてはならず、鐘も大きな音は出してはいけなかった（Khadduri 1955:195）。オスマン帝国においても、ムスリムは支配者意識と帝国意識を持っていた。近代において列強によってやられる側としてのオスマン帝国が強調される傾向があるが、別の側面では帝国主義的支配をやる側でもあったのである（佐々木二〇一四：一三、二〇）。

二　主体としてのオスマン帝国

西欧国際体系にイスラーム国際体系が包摂《ほうせつ》されていく過程のみを強調する今までの近代史を見直すために、ここでは西欧国際体系にイスラーム国際体系、特に、オスマン帝国が影響を与えてきた側面を見ていく。それにより西欧国際体系を相対化する視点が展開されよう。

西洋史において、イスラームやオスマン帝国は西欧の客体であり、常に影響を被った側として表現されることが多かったが、いつの時代でも変わらずにそのような状態であったわけではなかった。まず西洋史において大きな画期をなすルネサンスについてであるが、十二世紀ルネサンスにおいても、またイタリア・ルネサンスにおいても、イスラームの影響、関与は大きかったのである。前者の十二世紀ルネサンスは、スペイン東北部、トレード、シチリアなどを中心に展開したアラビア語、ギリシア語古典文献のラテン語への大規模な翻訳活動であり、イスラーム文化やビザンツ文化が西欧の学術文化形成に寄与した（伊東一九九三）。

後者のイタリア・ルネサンスは、ビザンツ帝国の寄与が大きく、その背景にあるのはオスマン帝国の動向であった。一四五三年にビザンツ帝国がオスマン帝国によって滅亡させられると、コンスタンティノープルやアテネ、クレタ島在住の多くのギリシア人学者が、西方特にイタリア諸都市に亡命したため、西欧でギリシア古典文化への関心がますます高まった。また亡命ギリシア人たち自身も祖国復興への情熱を胸にギリシア語古典文献の研究、出版を精力的に行い、ルネサンス人文主義にギリシア的要素をもたらすことになったのである（新谷一九九五：五六）。

次にオスマン帝国が、宗教改革や西欧国際体系に直接関与をした十六世紀前後を見ていく。オスマン帝国がビザンツ帝国を滅ぼし、十五世紀末までにバルカン半島のほぼ全域を併合して以来、長い間、ハンガリーが「ヨーロッパ＝キリスト教世界の防壁」の役割を担ってきた（Kann 1974:20）。だがそのハンガリーがオスマン帝国に侵攻され、やがてハプスブルクとオスマン帝国によって分割統治された結果、ハンガリーに代わってハプスブルクがその役目を引き受けることになった（稲野一九九五：四四）。オーストリアとスペインの両ハプスブルク勢力の圧迫に苦しむフランスのフランソワ一世は、オスマン帝国の援助を期待して関係強化をはかった。フランスはイスラーム国際体系の側が、西欧国際体系内に打ち込んだくさびとなった。フランスに与えられたいわゆるキャピチュレーション（オスマン帝国がヨーロッパに与えた特権）もまた、この時点では地中海地域におけるムスリムの側の慣行を踏まえた上での、フランスという弱者への恩恵の賦与《ふよ》であり、外交的くさびを打ち込むための一手段であった（鈴木一九九三：一七）。

一五二九年にスレイマン一世率いるオスマン軍がウィーンを包囲すると、「オスマンの脅威」はヨーロッパ人にとって現実のものとなった。この頃は一五一七年のルターの「九十五か条」を直接の契機とする宗教改革の時代でもあった。多数の領邦に分裂したドイツでルターが宗教改革者として活動を開始してまもない一五一九年、神聖ローマ皇帝カール五世が即位する。宗教改革運動に否定的立場をとるカール五世は、教皇によるルターの破門が行われた一五二一年以降、ドイツのルター派領邦諸侯と対立を深めていく。この間スレイマン一世は、フランソワ一世の示唆《しさ》によってルター派諸侯に接近し、フランスと協同してカール五世および教皇に対抗するよう、彼らに訴えている。この時期ハプスブルク帝国に対するオスマン帝国のウィーン包囲など、陸海両面からの圧迫は激しかった。

西欧国際体系が生まれた三十年戦争（一六一八年から一六四八年にかけてカトリックとプロテスタントの対立を発端として始まり、主権国家間の争いへと拡大した国際戦争で、戦争終結のウェストファリア条約により西欧国際体系が作られた）についても、オスマン帝国は直接参戦していないが、一定の関与をした。十七世紀の初頭には、サファービー朝との戦争やシリア、レバノンでの反乱など、オスマン帝国は東部地域において紛争が多発していた。したがって西部地域のハプスブルク帝国との国境の安定など安全確保が重要課題であった。ハプスブルクにとってもオスマン帝国との平和の維持によって、三十年戦争にオスマン帝国を介入させずにすみ、東方で安全を確保したために西欧の問題に集中できたのであった。また「オスマンの脅威」がなかったがゆえに、ヨーロッパでは共通の敵が作り出し得ず、内部の統合は崩れ、諸国の利害がむき出しになり三十年戦争という混乱を引き起こしたという側面はあるかもしれない。

稲野強によれば、十六世紀から十八世紀のヨーロッパのダイナミズムを外部から促《うなが》し、ヨーロッパ国際情勢を規定したのが世界帝国たるオスマン帝国であった。オスマン帝国の「脅威」を国境を接することによって最も強く受けたハプスブルク帝国にしても、実はその「脅威」を梃子《てこ》に、宗教的な対立を沈静化させ凝集性《ぎょうしゅうせい》のある国家をめざし、十八世紀には強力な中央集権的絶対主義体制を作り上げたのであった。また直接オスマン帝国とは国境を接することもなかった他の西欧諸国は、ハプスブルクの強大化を恐れるゆえに、オスマン帝国の中欧侵略を座視《ざし》しており、フランスのようにオスマン帝国と良きパートナーである場合もあった（稲野一九九五：五七―七〇）。このことからも「オスマンの脅威」論や、さらにはその後世界に波及する西欧国際体系の形成過程そのものにも再検討が必要となってくるであろう。

三　西欧からの衝撃と共存形態の変容

オスマン帝国は十六世紀から十七世紀にかけて再編の時期を迎える。スルタンが軍事遠征や政治の実権から次第に遠ざかるようになり、スルタンから大宰相へと政治の中心が移行した。このことは官僚システムが整備され、スルタンそのものはそれほど重要でなくなったことも意味していた。

またイェニチェリ（新しい兵士という意味のオスマン帝国の常備歩兵）軍団が世襲化するようになり、無頼《ぶらい》集団と化すこともあった。十七世紀にはデビシルメ制はほとんど行われなくなり、今までの実力登用主義が形骸化し、世襲化や特権層の形成が進んでいった。世襲化が進むと当然、優秀な人材が登用できなくなり、帝国は人材の面でも斜陽し始める。

一五八一年にオスマン財政は初めて赤字となった。その原因は、戦費を中心とした支出の増大と、メキシコ・ペルー産銀の流入等によりインフレが進行し物価が上昇したことによる。その後、国庫収入を増やすために、徴税請負《うけおい》制が導入された（林二〇〇八：二〇九―二一二）。次第に徴税請負人に終身の徴税権を与えるようになり、土地が私有され、在地有力者が誕生した。その結果、中央政府への税収が減少し、中央集権体制が揺らいでいった。

ここまでオスマン帝国内部の変容を見てきたが、次に外部からの影響を考察する。

近代に入り、オスマン帝国は次第に西欧から様々な衝撃を受けるようになっていく。まず西欧において、大西洋航路が開発され、オスマンの海であった東地中海はそれほど使用されなくなり、貿易量や税収入も減少し出した。また西欧において産業革命が起こり、工業化により軍事力も増強された。ここにきて、工業化・軍事化の側面で、オスマン帝国は西欧に後れをとるようになってきた。

さらに西欧において近代資本主義が勃興《ぼっこう》し、世界に浸透し始めた。このような近代資本主義にオスマン帝国は不適合をきたした。財とサービスの生産・交換・消費が市場を通じてなされる市場経済という意味において、イスラーム世界は高度な資本主義社会であった。しかし産業革命を経た機械制工業のもとでの近代資本主義には成功しなかった。なぜなら、イスラーム世界は高度に分業化された市場社会であったため、多くの投資や雇用の機会が開かれていた。したがって親の後を継ぐなど職業的世襲化をする必要もなく、家系の職業のみならず個人一代の職業の流動性も高かった。それゆえ莫大な信用を作り出し資本の蓄積を可能にさせる制度は作られなかった。また政治とは距離を取る自由主義的なイスラーム経済は、政治と軍事を味方につけた西欧の重商主義経済システムに競合できず、近代資本主義社会に後れをとったのである（加藤博二〇〇三：一〇八―一一八）。

十七世紀末に第二次ウィーン包囲に失敗したオスマン帝国は、一六九九年にカルロヴィッツ条約を結んだ。オスマン―ハプスブルク関係が転換期を迎え、オスマン帝国は攻撃から防衛主体へと後退し、対外関係の転機を迎えた（Ahmad 2003:21）。一八五三年からのクリミア戦争を通じて、オスマン帝国は「ヨーロッパの協調」の一角を担う近代西欧国際体系の一員として包摂された。このクリミア戦争の渦中の一八五五年には、西欧の圧力によって国民の「平等」が強制され、非ムスリムに従来課せられていた人頭税（ジズヤ）が撤廃されるとともに、非ムスリムも兵役に服せしめることが決定された。しかし、実際の兵役遂行よりも代替税徴収による現金収入を好んだ政府側と、兵役負担を望まない非ムスリム側との意向が一致したことから、以降も非ムスリムは兵役代替税を納め、兵士は基本的にムスリムにより占められる状態が続く。なお非ムスリムの兵役は一九〇九年八月に実現された（藤波二〇一一：一四五、一六四）。露土戦争後の一八七八年のベルリン条約では、バルカン諸国が独立を果たし、ミッレト制は崩壊を迎えた（Karpat 2010:47）。

西欧からの最大の衝撃はナショナリズムであった。このナショナリズムや国民国家に対してもオスマン帝国は不適合をきたした。西欧の衝撃により、ナショナリズムという西欧で生み出された政治単位を、文化的・歴史的・政治的にも伝統が異なるこの地域が受容することは困難であった。言語・民族・宗教において、モザイク状況で複雑な構造を持った中東イスラーム世界では、ナショナリズムにより内部分裂が引き起こされ、紛争発生の原因となった。オルタイルによれば、ナショナリズムによって崩壊した最後のローマ帝国がオスマン帝国だったのである（Ortaylı 2010:21）。

多宗教共存のオスマン帝国に、西欧からナショナリズムが流入し、欧米列強の思惑も加わって帝国が民族によって分断された。中東イスラーム世界は宗教的・民族的に多様であり、一民族一国家を理想とする国民国家建設は困難を極めた。単一の宗教・民族で国家を構成することが不可能なこの地域に均質な国民国家を形成するという幻想は、今日まで不幸の種をまき続けている（林二〇〇八：三六七）。

現在のバルカン諸国やトルコにおいても、当該地域の民族主義史観等によりオスマン支配が抑圧的であったとする言説が存在する。しかしオスマン共存体制やオスマン主義が一定の有効性を持っていたことも事実である。オスマン主義は、一九一〇年代初めくらいまではイデオロギーとして、分離主義を抑制する機能もあったのである。(6)

章のまとめ

オスマン帝国はイスラームにおける寛容性を体現し、宗教や民族にこだわらない幅広い人材登用システム、ローマを継承した世界帝国、支配地域に適合したシステムの採用、流動性の高い社会等により、一定の共存を保ったのである。六百年以上も広大な地域を支配するのは、このような共存システムが機能しなければ難しいであろう。

しかし、次第にオスマン帝国の内部は変容し始め、世襲化・特権化等が見られるようになり、インフレや在地有力者の台頭により中央集権体制が揺らいでいった。

変容の外的要因は西欧からの衝撃だった。近代資本主義に適合できず、宗教・民族ともに多様であるがゆえに、均質な国民国家形成は難しかった。だが現在、国民国家や近代資本主義が様々な局面で限界を露呈しており、イスラームの寛容性やオスマン帝国の共存システムが再び注目されている。

第七章　近代における軍事改革と軍事教育

はじめに

　近代におけるオスマン帝国は、西欧列強の圧力、帝国内の離反等に対応するため、様々な軍事改革を行った。近代化の過程における軍の再編や、近代化の担い手育成のための軍の教育は、オスマン帝国にとって非常に重要なものであった。しかし従来の国際関係史では、オスマン帝国の軍事的側面を扱ったものは少なく、またオスマン帝国は西欧の客体として描かれることが多く、主体としての内実に迫った研究は少なかった。[1]また現在のトルコ共和国における軍の政治介入の問題を考察する上でも、淵源としてオスマン帝国の軍の動向は重要な視点となろう。

　本章では、近代特に十九世紀後半から二十世紀初頭におけるオスマン帝国の軍事改革と軍事教育を概観する。第一節では、オスマン帝国における政軍関係[2]の時期区分を論じる。第二節では、一八三九年から始まった近代化改革であるタンズィマート期からアブデュルハミト二世（在位一八七六〜

一九〇九）までの軍事改革を簡単に見た後、第二次立憲期の軍内部での対立や混乱を考察する。第三節では、軍学校や士官学校の開設や教育内容を説明し、学生や将校が新しい思考様式を持った近代化の担い手であることを分析する。さらに彼らが比較的広範な階層から構成され、オスマン主義的イデオロギーをも持っていたことを明らかにする。

一　政軍関係の時期区分

サミュエル・ハンチントンによれば、オスマン帝国では一九〇八年まで中央集権的な君主が支配権を握っていたが、一九〇八年に中間階級的な軍部のクーデターが行われ、その後一九二〇年代まで衛兵主義政治が続いたのである（Huntigton 1968=1972:257-258）。鈴木もほぼ同様に一九〇八年を転機と考え、さらにパールマターの歴史的衛兵主義と近代的衛兵主義の概念を適用して、オスマン帝国近代史の政軍関係を次の三つの時期に区分している（鈴木一九八九：一八七―二〇八）。

第一は一八二六年までの歴史的衛兵主義の時代であり、イスタンブルの常備歩兵軍団イェニチェリ軍団の存在が前提となっていた。

第二は一八二六年から一九〇八年までの近代軍形成期であり、この時期軍人が主役として登場する政変はそれほど見られなかった。タンズィマート改革を経て、上からの改革の続行をめざしたアブデュルハミト二世の専制の終焉にまで至るこの時期は、同時にオスマン帝国における近代軍の形成期であった。

第三は一九〇八年以降の近代的衛兵主義の時代であり、一九〇八年の革命は伝統的軍人統制の終焉と近代的政軍関係の形成の端緒《たんしょ》であった。政治の場も様々なイデオロギーを信奉《しんぽう》する広範な諸集団も加わったゲームと化し、もはやそこでは、政軍関係においても伝統的統制が機能する余地は残されていなかった。しかも軍人の一部は革命運動の過程で高度に政治化したままであった。

一九〇八年から一九二二年までの時期[3]は一応、近代的衛兵主義の時代であるが、主体的文民統制と客体的文民統制、また歴史的衛兵主義と近代的衛兵主義の過渡期とも言えよう。オスマン帝国は元来、戦士（ガーズィー）集団として発生した。軍と政治は当然未分化であった。しかし近代化の過程で、西欧の軍事組織を摂取し、立憲制や議会制も創設したが、政治と軍が未分化な部分もあり、政治が軍を完全には統制できなかった。過渡期だからこそ、軍人と政治家の意識が乖離《かいり》し出し、軍人が独自性を発揮する。このような中途半端な時期であるからこそ、軍人らはクーデターを起こすことになるのである。

二十世紀初頭の時期は、青年トルコ人革命を通して青年将校が政治においても軍事においても台頭してきた時期であり、主導権を握りつつあった。また将校らが団体を作り政治に干渉するなど、政軍関係においても様々な動きがあった。

政軍関係はオスマン帝国のみならず、トルコ共和国においても重要な視点である。オスマン帝国の支配者層は軍、宗教、官僚という三つの重要な要素から構成されていた (Findley 1996:164)。一九〇八年から一九五〇年までは政治家や官僚と軍の支配が続いた (Findley 1996:164 ; Zürcher 1994:4)。オスマン帝国とトルコ共和国は断絶面も確かに存在するが、政軍関係の視点から見れば、かなりの連続性を有する (Zürcher 1994:4)。一九五〇年以降を見ても軍の存在は大きく、一九六〇年、一九七一年、一九八〇年とほぼ十年おきに政治に介入し、二〇一六年においても軍の一部であるがクーデターを起こしている。

二　オスマン帝国の軍事改革

(1) 近代の改革

一八三九年からのタンズィマート期は、軍の中枢部にいる幹部たちが伝統的なシステムの中で育ってきた人々から近代化されたシステムの中で育ってきた人々へと、徐々に交替していく時期であった。また、フォーマルな制度における近代化にもかかわらず、インフォーマルな行動様式においてはなお伝統性が根強く残されている時期でもあった（鈴木一九八九：一九九）。

アブデュルハミト二世の時期は近代軍の形成過程において、近代軍の組織とその近代的な構成が確立定着した時期であった。また将校団の確立と、陸軍士官学校を中心とする将校の自己再生産システムの完成は、次第に固有の専門職業意識を持つ軍人層を作り出した。これにより、組織自体の機能分化とあいまって、タンズィマート期までのかなり不分明であった文民と軍人との境界もまた相対的ながら明確化され始めた（鈴木一九八九：二〇二）。

一八七六年十二月にミトハト憲法が発布され、翌一八七七年には上院と下院からなる議会が開会された。だが同年四月より始まった露土戦争を口実に、議会は閉鎖され憲法も停止され、アブデュルハミト二世による専制が開始された。それに対して青年将校らを中心とするいわゆる青年トルコ人は憲法復活を要求し、様々な運動をオスマン帝国内外で展開するようになった。

この時期にも軍制の改革が行われ、一八八七年には砲兵隊が師団レベルにまで格上げされるなど、軍の再編成が行われた。この改革により、オスマン帝国の軍には七つの軍団とそれとは独立した二つの師団によって構成されるようになった。それぞれの軍団には二つの正規軍、四つの予備役軍、二つの郷土防衛軍が存在した。正規軍にはそれぞれ一つずつの正規騎兵隊と正規砲兵隊があった（Özkan 1985:1263）。

アブデュルハミト期は専制政治の時代であり、その政治の中枢は彼の居住するユルドュズ宮殿であった。本来の行政の中心である大宰相府は大幅に権力が制限され、それに代わってユルドュズ宮殿の宮内府（マーベイン）の権力が拡大し、国家統治機構は変則的二重機構を持っていた。

軍隊の指揮命令系統に関しても同様であった。ユルドュズ宮殿には武官団として多数の副官が配属されていて、一九〇八年の時点では四百四十一人の武官がいた。その階級の内訳は、大将二十四人、中将五十九人、少将五十一人、大佐三十七人、中佐三十六人、少佐二十八人、准佐三十七人、大尉八十人、中尉五十一人、少尉十八人であり、高級将校が多数含まれていて、誰からもほとんど干渉を受けなかった（Şakir 1957:101-102）。

彼らの多くは各地に配属され、スルタン直属の機構としてオスマン軍の監察をした。オスマン軍にはスルタンの代理として全軍の指揮権を持つ大宰相の下に陸軍大臣と総参謀総長を置く正規の命令系統があった。しかし、アブデュルハミト二世は宮内府付高級参謀本部から各部隊へ命令を直接出した。その結果、オスマン軍には二重の指揮命令系統ができ、混乱をきたした（設楽一九八八：一八五）。

このようにアブデュルハミト二世はマーベインを拡大することを通じて、宮廷の機能と規模を拡大し、専制の基礎を固めようとしたのである。彼は士官学校の学生から元帥《げんすい》に至る軍人たちと個人的な関係を結ぶことによって、かつての伝統的な宮廷の小姓《こしょう》出身者とスルタンとのパトロン・クライアント関係に近似《きんじ》したものを作った。これを通じて軍人統制を行おうと試みた。また軍人と一緒に食事をして、信頼関係を作り出そうともした。その場で彼は、父祖から受け継いだ勇気と祖国愛を、軍が証明していることを大変感謝すると述べた。さらに私はあなた方の父であり、恐れなくてもいいとも語った（Şakir 1957:68-69）。このようにスルタンは、軍人に対してスルタンへの忠誠心を持たせようと試み、専制を支える一つの集団として軍を考えていた。

専制政治の後期には、軍組織内の人事にも直接介入し、自分の武官となった者を特に重用する傾向を強め、軍の一部にいわばスルタン閥《ばつ》とも言うべき部分を作った。しかしこのことは陸軍士官学校の定着によって専門職業意識を強めつつあった軍人たちの中に反発を生むようになった（鈴木一九八九：二〇三）。このことが、スルタン専制に反対し、憲法の復活を求める青年将校らを中心とした青年トルコ人運動の一つの要因ともなった。

（2）第二次立憲期の改革

一九〇八年七月に青年トルコ人革命が起こり憲法が復活し、第二次立憲期が開始する。この革命に参加した軍学校の学生たちと軍人たちは、アブデュルハミト二世による人事の不公平と停滞に大きな違和感を持っていた。またスルタンによる軍人統制の試みは、正統性を持たぬ政治体制を維持するための不当な干渉として見られた。そのことがかえって職業軍人であることを意識している彼らを政治化させたのであった（鈴木一九八九：二〇七）。

この第二次立憲期は、政治家と軍人の確執の時期であり、軍の政治への干渉が激しくなり、ついにエンヴェルらを中心とする若手将校が政治の実権を握り、第一次大戦へと進む時代である。この時期は、このような政治家と軍人の対立の他に、旧来の政治家と新しいタイプの政治家つまり宮廷と議会の競合、また次に述べる軍隊内部での角逐《かくちく》もあったのである（Kayali 1997:56-57）。

一九〇九年四月に士官学校出身の将校（メクテプリ・スバイ）と兵士上がりの将校（アライル・スバイ）の対立や徴兵問題を主要な争点として、「三月三十一日事件」いわゆる「反革命」が起こる。青年トルコ人革命に反対する軍の一部や宗教勢力などが行った一連の行動が「三月三十一日事件」であり、「反革命」と呼ばれた。

陸軍士官学校卒業生は少尉任官と同時に、その多数が第二軍、第三軍に配属された。一方、兵士も下士官から将校への道が開かれていた（設楽一九八一：五七〇）。しかし第二次立憲制成立以後、軍隊は改革され、将校は陸軍士官学校出身者のみに限られ、また定員法によりアライル・スバイは強制的に退役を迫られた（設楽一九八一：五六八、Akşin 1994:231-232）。

さらに軍の再編成にあたり、これまで兵役の対象外に置かれていた特権を持つメドレセ（イスラーム高等教育機関）の学生にも兵役の義務が課せられた。(4) これにメドレセの学生は反発し、「三月三十一日事件」の学生決起の主要な原因となった（設楽一九八一：五七四、秋葉一九九八：五〇）。またこの事件には、分権論を掲げ、非ムスリム勢力の支持を得ていたプレンス・サバハッティンらを中心とする人々も深く関与しており、暴徒らを煽動《せんどう》したと考えられている。さらに彼らと英国との密接な関係から英国の関与も取りざたされている（Zürcher 1994:103-104；Kayalı 1985:231；Akşin 1980:128）。

このように出自の異なる将校の問題と、兵役義務問題により生じた「三月三十一日事件」であったが、事件後アライル・スバイを不利にする定員法は取り消された。しかし、事件鎮圧のために士官学校卒業生を中心とした第二軍、第三軍の実戦部隊が「行動軍」を編成し、サロニカ、エディルネからイスタンブルに進駐した。アブデュルハミト二世は廃位され、それまで弱体であった統一と進歩委員会（以下、統一派）はこの部隊を背景として次第に台頭してくることとなる（設楽一九八一：五七六）。その後、統一派は次第に中央集権やトルコ主義を強めていき、一九一三年から一九一八年まで政権を担い、エンヴェル、ジェマル、タラートの三頭政治家により第一次大戦を戦うことになる。

この事件の後、一九〇九年七、八月に軍に関する三つの法令が出された（Eralp 1989:122-127）。その中で、階級の整理や退役問題、年齢制限などが決められた。一九〇九年七月二日に出された年齢法により、各階級の最高年齢が決められた。それによれば、少尉および中尉四十一歳、大尉四十六歳、少佐五十二歳、中佐五十五歳、大佐五十八歳、准将六十歳、少将および中将六十五歳、元帥六十八歳である（Eralp 1989:125）。この法令により軍の若返りと活性化がはかられた。

これらの法律は軍への一定の制限を設け、軍を政治の場から遠ざける効果をもたらした。また親方弟子関係による経験豊かな年長者から、知識のある活力に満ちた若者へと軍の構成員が推移した（Eralp 1989:127）。このような中で、数年間の内に一万人以上の将校、およそ将校の三分の一が退役させられた（Zürcher 1994:105）。

一九〇九年より一九一三年にかけて、オスマン帝国の内外の情勢は緊迫し、一九一三年一月二十三日のクーデター（後述）により統一派の将校らがほぼ権力を掌握するまで、政軍関係も様々な動きを見せる。

一九一〇年三月にアルバニアで大規模な反乱が起こり、自治獲得へと要求を強め、民族運動が台頭してくる（Shaw & Shaw 1977:287-288、新井一九九五：一一八）。この一カ月前には統一派から分離したグループによって民衆党が作られた。これは統一派より分派した最初の政党であった（Tunaya 1952:294-295）。さらに九月になるとオスマン社会党が作られ、一九一一年になると統一派の内部での分派活動はさらに激しくなり、右派の新党、左派の進歩党が誕生する(Tunaya 1952:186-187、新井一九九五：一二八)。一九一一年十一月には第二次立憲期における最大野党である自由と連合(以下、自由派)が結成される。

力をつけつつあった統一派ではあるが、この時期、内外に難問を抱え、分派活動や野党の台頭により閉塞状況が強まっていく。統一派と言っても一枚岩ではなく、多様な人々が様々な利害を求めて集まっていたのである。[5]このような状況を打破するために、統一派は軍の力、特に若手将校のイニシアティブにより打開の道を探すのである。

三　オスマン帝国の軍事教育

(1) 士官学校・軍学校の開設

西欧列強に対抗するためには、軍隊の改革、整備、兵器の技術革新の他、優秀な将校、兵士、技術者育成のため各種の教育機関が必要であった。このような機関の最初の形態は、一七三四年にウシュクダルに開設された数理学校であろう(Unat 1964:58)。しかし本格的な軍教育の近代化が始まったのは、およそセリム三世(在位一七八九〜一八〇七)以後のことである。一七七三年には砲術学校が、一七九三年には海軍工学校が開設され、西欧方式の最初の軍学校が誕生した。また一八二七年にマフムト二世(在位一八〇八~一八三八)は四人の軍学校の学生を、西欧の軍隊や技術を学ばせるためにパリに送った。これは軍学校の学生が外国に留学する先駆けとなった(Alkan 1992:9)。

一八二六年にイェニチェリを廃止してからの最も重大な問題は、近代的な将校団の育成であった(鈴木一九八九:一九三、Levy 1971:21)。当初は様々な旧軍事組織から将校要員を調達し、不足の場合は諸官庁から志願者を募り、さらにスルタンの宮廷の小姓や大官の家に属する奴隷たちをも吸収して必要に対処しようとした。だがこれらの要員は近代的知識と軍事訓練の体験を有さず、これらの教育訓練のための要員が必要となった。マフムト二世はまず、オスマン帝国本国より先んじて軍制改革に着手して近代軍の形成を進めつつあったエジプト総督ムハンマド・アリーに、必要な教官要員の派遣を依頼したが謝絶され、西欧から教官要員を招来しようと試みたが、この時期ギリシア独立戦争が進行中であり困難であった(鈴木一九八九:一九三、Levy 1971:22-24)。

このような状況の中で、近代西欧モデルに基づき軍事教育を行い、将校を養成する機関として陸軍士官学校の前身が一八三四年に開設された(鈴木一九八九:一九三、Alkan 1992:9;Tekeli 1993:60)。さらに一八三九年には青年トルコ人運動に多くの人材を輩出することになる軍医学校が開設され、一八四三年には最初の卒業生を送り出した。(6) 陸軍士官学校については、当初は関連する初等中等教育機関もまた未整備であったため、内容的にも高等教育機関とは言い難く修業期間も長期にわたった。しかし体制は徐々に整備され、一八四八年には陸軍士官学校の正規の第一期卒業生を送り出したのである（鈴木一九八九：一九三）[7]。

陸軍士官学校開設後まもなく、陸軍に参謀制度が設けられるとともに、一八四六年、同校内に参謀養成のためのエリートコースとして参謀科が設けられた。参謀科には原則として陸軍士官学校を特に優秀な成績で卒業した者を引き続き進学させ、軍の中枢養成のためのエリート教育を実施した。当初は二年制であったが、一八七八年より三年制になった（Unat 1964:69、鈴木一九八九：一九四）。

さらに軍学校の初等中等教育機関も次第に整備されていく。陸軍予科学校が一八四六年にイスタンブルとブルサに、一八四七年にエディルネとマナストゥルに、一八四八年にダマスカスに、一八七三年にエルズルム、一八七六年にバグダードに次々と開設された。また一八六四年にはイスタンブルのガラタサライに統合された陸軍予科学校が成立した（Tekeli-İlkin 1993:68）。予科学校の前段階となる陸軍幼年学校は一八七五年に九校が開設された（Tekeli 1993:68；Turfan 1983:92）。

（2）将校の階層と不満

まず軍人の人員の推移であるが、一八八一年に将校は一万二千九百九十八人であり兵士は二十七万四千四十六人であった（Çadırcı 1989:39）。その後の推移は、将校特に将官級の高級将校の増加率が高くなっている。士官学校卒業生は、毎年ほぼ七十五人ほどであり（Turfan 1983:420）、一八九二年第四十六期までに総計四千百五十二人の将校を送り出した（鈴木一九八九：一九三）。全将校に占める士官学校出身者の割合も、一八八四年では一〇％であったが一八九六年には二五％となり、オスマン軍将校の中に占める割合は高まっていった（Simon 1991:157）。近代的将校団の確立が急務であったからであろう。

鈴木によれば、士官学校卒業生の出身階層については、公刊された系統的資料を欠き、明らかにされていない。しかし上層出身の者は必ずしも多くなく、下層中産層出身者もかなり含まれていたことは個別的事例から見て明らかと言えよう[8]。出身地域については、アナトリアとバルカンのムスリムが中心となっており、これらの各地にかなり広く出身地が分散していた。これらのことから将校は出自においても出身地においてもかなり広範な背景にまたがっており、特定地域、特定階層に極端に偏重した構成を有していたのではないと言えよう。オスマン帝国の将校は十九世紀後半に入ると、教育体制の整備とともに士官学校出身者を中核とするようになり、かなり広範な社会階層と出身地域を包括するとともに、斉一的な技能と志向を持った集団と化しつつあったのである（鈴木一九八九：一九四）。

陸軍士官学校、特に参謀科を出たエリートは卒業とともにサロニカに司令部のある第三軍にほぼ配属された（Alkan 1992:39）。この第三軍のあるルメリーは特別な地域であり、軍人に対する給料もきちんと配給され、比較的よい環境であった。しかしその第三軍でさえ二十世紀に入ると、経済的に厳しくなってきた（Alkan 1992:41-42）。各地の将校の間で、給料の額や給料が現物支給になったことへの不満、イスタンブルと前線での給料の格差への抗議が噴出してきていた（Alkan 1992:41-42）。また昇進問題についても多くの不満が出てきた。士官学校を卒業し、有力者の娘と結婚したり養子となったりした者は参謀本部に入り軍の陽のあたる道を歩いており、階級が上がっている。中には十四歳で大尉、十八歳で少佐や大佐になる者もいたのである。

このような様々な不満は軍隊内部に留まらず、政治に対する不満へと発展していった。ハムディ大尉は、文民政治家は私より五十倍もの給与をもらっているのだから、五十倍の仕事をすべきではなかろうか、と主張している（Alkan 1992:47）。彼は政治家らの怠慢を指摘し、軍人と政治家の距離を示したのである。彼の不満は、怠慢を解消しその距離を埋めるべく、今後軍人が政治に大きく干渉することを示唆するものであった。ダニシュメンドによれば、将校に対する給料の三カ月の滞《とどこお》りや昇進問題は、将校らに不満を募らせ、青年トルコ人革命の原因の一つにもなったのである（Danişmend 1955:359 ; Alkan 1992:48）。

この時期の若手将校は通常では考えられない様々な活動を行っていた。陸軍大臣に匿名ではなく苦情を送りつけたり、議会に請願書を提出したり、さらには演劇の台本を書いたり、多くの雑誌に自らの主張を載せ、影響力を高めていった（Alkan 1992:53）。様々な不満を持つ将校らが、政治にも影響力をもたらすようになったのが、第二次立憲期であった。

一般の兵士の生活は、将校以上に困難であった。食料も少なく、衣服も不十分で、生活は動物よりわずかにましな程度であると言われていた。兵役は通常の二倍の期間に及び、もしイエメンのような帝国の辺境に派遣されれば、戻れる可能性はわずかである（Ramsaur 1957:119；Alkan 1992:29）。非ムスリムは兵役免除税を支払い、このような困難な軍隊生活から逃れることができた（Alkan 1992:29）[9]。

このような状態に対し、オスマン軍はイスタンブル出身者、キリスト教徒、アラブ人、アルバニア人、クルド人や有力者、名士などの子息を除外した身よりのない者の集まりである、などと言われていた（Alkan 1992:29）。しかし実際には様々な民族の兵士が存在していたのである。さらに将校となると、社会的経済的に下層の人々にとって上昇のための手段ともなり得るので、かなりの多民族性を有し、彼らのための学校も作られたりした（Simon 1991:153；Tekeli-Ilkin 1993:89）。このことより、オスマン軍にはある程度非トルコ人が存在していたことがわかるのである。

（3）士官学校の教育

ここまでにオスマン帝国の軍の歴史や軍学校の開設、軍人の状況などを見てきたが、ここでは将校を養成する士官学校を中心とした教育内容やイデオロギーについて考察する。

一七九三年に開設された海軍工学校は最も早い近代的軍学校の一つであるが、一七九六年の法令により指導されるカリキュラムが決定された。そこでは、幾何学、地理学、三角法、代数、地形学、戦史、円錐図法《えんすいずほう》、微積分《びせきぶん》、牽引術《けんいんじゅつ》、天文学、発砲術、爆発物取扱、教育理論、築城法《ちくじょうほう》などが教えられ、かなりの程度近代的な方法や学問が取り入れられていたのである（Unat 1964:58）。

これらの学校では読み書きのできない者もいたが、トルコ語のできる者はアラビア語やペルシア語また外国語としてフランス語なども教育された（Unat 1964:60）[10]。士官学校の参謀科においても、少なくとも外国語を一カ国語はできることが望まれた（Kurşun 1993:98）。参謀科において、軍関係以外の科目として政治史、経済、地理学、法学など社会科学も幅広く学び、さらに軍隊での実習、参謀研修旅行、模擬訓練などの実践的なカリキュラムもあった（Unat 1964:70；Tekeli-İlkin 1993:89）[11]。

このように近代的な新しい学校で、新しい人間が、新しい価値観を持って出現し始めるのである（Mardin 1990:192；Alkan 1992:23）。彼らは外国語を学び、それにより西欧の様々な知識を得、自由や立憲制の理念を知り、また外国人の知人も増えるようになる。このことは青年将校らに大きな影響をもたらすことになり、後に青年トルコ人革命をもたらす原動力となるのである（Alkan 1992:10）。

「青年将校らは戦争に関する知識はあるが銃さえも発砲した経験がない（Tugay 1962:51；Alkan 1992:50）」との指摘は、たたき上げの将校が士官学校出身の将校を知識ばかりで実践がないことを揶揄《やゆ》した言葉である。確かに青年トルコ人革命後、その二者による確執が表面化し、いわゆる「反革命」にまで発展する。

しかしもう一面を考えれば、彼ら士官学校出身者には、近代的な知識は豊富にあった。政治を学び、諸外国語を修得して留学し、自由、立憲の概念を支持するようになったのである。立憲運動や専制打破運動を始め、その帰結として政治に干渉をするようになっていった。まさに彼らはオスマン帝国の近代化の担い手となっていった。このことはオスマン帝国ばかりでなく、非西欧諸国における軍は、先端技術を用い、西欧の知識を習得することによって、近代化推進の役割を果たす場合があるのである（Alkan 1992:10；Şaylan 1978:393-394）。

（4）軍学校の教育とイデオロギー

士官学校のカリキュラムや教育内容から将校が近代化推進の担い手であったことを指摘したが、本節では士官学校の前段階である幼年学校や予科学校の内容についても考察していく。

幼年学校では十一歳から十五歳ぐらいの少年たちに対して教育、訓練が行われた。その目的は、宗教教育、体育、思想教育、軍事教練などを通じて、国家に有為な人材を作り出すことであった（Göl 1995:3）。初年度に教科書やノート、軍服一式や靴下、ベッドのシーツなどが配られた。これらをなくしたりすると弁償しなくてはならなかった。またオスマン軍の伝統を踏襲し、一日五回の礼拝が義務づけられ、怠《おこた》ると当直士官によって警告されるなど、かなり厳しい規律の中で教育された（Göl 1995:5）。

生徒の人数については、例えばトカトの幼年学校では当初は五百人ほどの規模であったが、後には二千人にも達した（Göl 1995:1）。

一八四八年にイラクにオスマン軍の第六軍団が創設され、それに伴い予科学校を作る必要性が出てきて、一八七九年にバグダードに予科学校が作られた（Simon 1991:151-153）[12]。生徒数は一八九八年に二百六十九人、一九〇〇年では二百五十六人であり、その中の三〇～四〇％の者が毎年イスタンブルの士官学校に進んだ（Simon 1991:164）。

このことからバグダードにおける予科学校の生徒はアラブ人も含まれていると考えられるので、オスマン軍の将校の中にもかなりの数のアラブ人が存在していたであろう。また一九一〇年代のアルバニア反乱でオスマン帝国軍のアルバニア人将校が活躍することからもわかるとおり、オスマン軍は二十世紀初頭に入ってもトルコ国民軍とは言い難く、アルバニア人やアラブ人などを含んだ多民族軍なのであった[13]。

後にイラクの政治家となり一九五八年のイラク革命の際に処刑されたアラブ主義者のヌリ・アス・サイドは、一九〇三年に十四歳で士官学校に入学し軍人になった。彼の父は息子を軍人にすることを希望していた。なぜなら文官の将来には、トルコ人でないという障害があったが、軍人の世界にはそれが少なく、現に当時バグダード出身の陸軍大臣や参謀総長がいたのである（林一九七四：三〇八）。青年トルコ人革命後、活躍し「独裁者」とも言われたマフムート・シェヴケットもバクダード出身者であった。このようなことからも、少なくとも将校においてはトルコ人のみであったとは言い難いようである。軍、その中でも特に将校においては、タンズィマートの伝統である多民族共存をめざすオスマン主義的雰囲気が二十世紀になっても続いていた。

士官学校や各種軍学校に入学するということは、社会的上昇のための手段でもあり（Simon 1991:153）、二十世紀に入っても比較的、各民族にも開放されたものであった。そこでは読み書きや軍事的教育もさることながら、政治や外国語など一般的な教科も教え、自由や立憲、民族主義などイデオロギー形成の場でもあったのである。

章のまとめ

多くの近代国家と同じように、オスマン帝国においても列強や帝国内諸民族に対応するために、近代的軍の創設と近代化の担い手としての軍人の養成が急務の課題であった。

士官学校の学生は比較的広範な背景を持っており、特定地域・特定階層に偏重していたとは言えないであろう。このことは二十世紀初頭まで持続しており、オスマン軍は多民族軍であり、いわばオスマン主義の体現者であったとも言えよう。

彼らは近代的な新しい学校で、外国語や政治学を学習し留学をするなど西欧の知識を得て、自由や立憲の概念を学んだ。第二次立憲期に入ると、士官学校出身の将校と兵士上がりの将校との対立が見られた。士官学校出身者は、兵士上がりのたたき上げの将校と比べて、確かに軍事的な経験は乏しかったが、近代的な知識は豊富であった。様々な不満を持つ士官学校出身の将校らは、政治にも影響をもたらすようになり、立憲運動や専制打破運動を始めるようになった。

オスマン帝国において、一九〇九年より一九一三年にかけて内外の情勢は緊迫し、一九一三年一月二十三日のクーデターで統一派がほぼ権力を掌握するまで、政軍関係も多くの角逐があった。他の多くの非西洋諸国と同様に、オスマン帝国においても政治的近代化よりも軍事的近代化が先行した。軍は他の社会勢力よりも凝集性、組織性、機動性に優れ、ある場合には近代化を推進する役割も果たすのである（三谷一九八九：Ⅷ）。青年将校らはスルタン専制打破、憲法復活を要求して青年トルコ人運動を行った。この時期は軍内部においても、政治家においても旧勢力と新勢力の競合期であった。政軍関係の「政」においても、「軍」においてもその構成や性格は多様であり、新旧勢力の対立が見られた。「三月三十一日事件」もたたき上げの将校といわば新興勢力としての士官学校出身の将校の対立といった側面もあった。

第八章　バルカン戦争前の政軍関係

はじめに

一九〇八年の青年トルコ人革命により憲法が復活し、軍や政治において様々な勢力が競合し始めるようになった。この時期から第一次大戦までは、統一派と自由派の対立や政軍関係における様々な角逐が見られた。

一九一二年一月のいわゆる「棍棒《こんぼう》選挙」により議会では統一派が多数を占めてはいたが、すでに一九一〇年頃より統一派の分裂や一九一一年十一月には最大野党の自由派の結成などがあり、分権論を主張するなど、統一派に圧力をかけていた。またこの時期において、アルバニア反乱が活発になり、統一派に対抗する救国将校団の活動や軍人らの政治介入を禁止する問題が議事日程にのぼり、かなり混乱を呈するようになる。さらにこの時期に、大宰相はメフメト・サイートからガーズィ・アフメット・ムフタールに代わり、陸軍大臣はマフムート・シェヴケットから反統一派のナーズムに交替した。まさに一九一二年七月前後の時期は統一派が政権から外れていく過渡期であり、このことが後の大宰相府襲撃事件の原因の一つにもなっていく重要な転機である。

このような重要な転換期でありながら、この時期を専《もっぱ》ら論じたものはあまりなく、オスマン帝国末期、特に二十世紀の政軍関係[1]についての研究はトルコにおいてもあまり見られず、研究の多くは参謀本部や軍関係の学校の教員による戦史や戦略研究である。[2]政治と軍の相互関係や社会状況によって変化する政軍関係を考察するという視点はやや乏しい。[3]

このような研究上の不備により、政治介入禁止法問題が生じるに至った歴史的経緯および党派的対立が明らかにされておらず、またこの時期の中心人物であり、政治にも軍事にも大きな影響力のあったシェヴケットについて、統一派の一員であるというような単純化された一元的な説明が散見される。

したがって本章では、このような研究上の不備を補い、この時期の政軍関係について再検討を加えることを目的とする。具体的には、一九一二年七月前後の時期を中心に、政治介入禁止法やシェヴケット辞任が生じた原因の一つと考えられているアルバニア反乱や救国将校団結成の党派性を示し、歴史的経緯と性格づけを行いながら、禁止法や辞任問題を通して、統一派とシェヴケットの関係を明らかにしていく。

一　第二次立憲期のマフムート・シェヴケット

本節では今後の議論の中心となるマフムート・シェヴケットの主に一九〇八年から一九一一年までの行動を概観し、さらに彼に対する評価をめぐる議論に触れる。彼はバスラ州知事スレイマンの子として一八五六年にバクダードに生まれ、初等教育はバクダードで受け、イスタンブルに行き、一八八二年に士官学校を卒業する。その後九年間ほどドイツで勤務し、一九〇五年より一九〇八年の革命までは大将の階級でコソボの知事に就いていた（Sadrazam ve Harbiye Nazırı Mahmut Şevket Paşa'nın Günlüğü 1988:7-8；Ahmad 1969:179）。シェヴケットは、立憲運動や青年トルコ人運動に直接は参加してはいなかった。しかしいわゆる立憲派に支持の態度を示し、彼らの運動を容認していた（Tahsin Paşa 1931:262）。

「三月三十一日事件」において行動軍の司令官となった彼は一九〇九年四月二十五日にイスタンブルに戒厳令を布告し、反乱を鎮圧した（Özdağ 1991:39）。その三日前の四月二十二日には、国会議員の多くはイスタンブルを脱出し、行動軍の前線司令部が置かれていたイェシル・キョイに集結し、上下両院で構成された総議会を開設し、議長に上院議長の前大宰相サイートが就任した。彼は、前線司令部に到着したシェヴケットと前日の二十一日に会見し、議会は行動軍の影響下に置かれた。

ここに統一派は再び議会を勢力下に入れることに成功したのである。総議会は「三月三十一日事件」の原因が、確たる証拠がないまま、アブデュルハミト二世にあるものとして、スルタンの廃位を四月二十七日に決定した（設楽一九八三：八一六―八一七）。

その後、シェヴケットは五月十八日には第一、二、三軍の総監に任命された（Türkmen 1993:141）。戒厳令の期間も彼の提案で一九一一年の二月までさらに延ばされた。彼はほとんど独裁者のような存在として見られ、イスタンブルに入った後、統一派によってメフメト二世に比肩する名声を与えられた（Türkmen 1993:141）。

一九一〇年一月十二日に統一派寄りと見られるイブラヒム・ハックが大宰相となり、新たな内閣を構成した。シェヴケットも陸相となり、その後いくつかの内閣で陸相を一九一二年七月九日まで歴任し、軍の改革や整備にも尽力した（Swanson 1970:92-96 ; Eralp 1989:122-127）。

このようなシェヴケットに対する評価は様々なものがあり、紋切り型で一元的なものが多い。歴史家のショーは、シェヴケットを「ノンポリ軍人」（Shaw & Shaw 1977:295）と表現している。さらにバーナード・ルイスも、彼の主な関心は防衛にあり政治にはなく、彼の干渉の政治的結果として統一派の権力への復帰を促進したと述べる（Lewis 1968:219）。シェヴケット本人は、自分が独裁者になることは望まず、単なる軍人であり、自分の仕事は軍の改革であり政治に近づくことではないと述べている（Türkmen 1993:141）。さらに議会においても、私は独裁者ではない。確かにこの国家に権力や政府が存在していなかった十日から十五日の間においては、政府の運命は私の手中にあった。その時は自分の命令により思いのままに銃殺刑に処することができた。このことは否定しない。だがその時でさえ、手中にあった権力を濫用したことはないと主張した（Meclis-i Mebusan Zabıt Ceridesi 1911.11.8:213）。

だが後に見ていくように、一連の彼の行動を見てみると、彼の言葉を完全に信用するわけにはいかない。そもそも「ノンポリ」や独裁者といった用語は、政治的非難に用いられ、非常に曖昧《あいまい》な用語である。また時代やオスマン帝国の内外の情勢が彼を「ノンポリ」にしておくことを許さなかった。特に統一派との関係や駆け引きにおいて、彼が望もうと望むまいと、また当初の意図と反していたとしても、相当、政治や権力闘争にかかわらざるを得なかった。

二　一九一二年のアルバニア反乱

一九一〇年頃より、統一派にとっては政治的に多難な時期を迎え、統一派の分裂や野党の台頭が見られた。さらに一九一二年になると、政治介入禁止法問題に影響を与えたアルバニア反乱や救国将校団の台頭が見られた。

一九一一年十一月に結成された自由派は、翌月に行われたイスタンブル選挙区の補欠選挙で統一派の立候補者を破った。統一派は形勢を挽回すべく様々な画策をするが失敗し、翌年の一月に議会の解散総選挙に訴えた。これが「棍棒選挙」と呼ばれる選挙であり、統一派のあらゆる手段に訴えての選挙干渉の結果、新しい議会はほとんどを統一派が占めることになった（新井一九九五：一二〇）。この「棍棒選挙」は、挙国一致に基づく対外的危機の打開に固執する統一派と、その強権的政治手法への抵抗という一点で共闘した反対派諸勢力との間で戦われた。その際の統一派の意図は反対派の排除にこそあり、必ずしも非トルコや非ムスリムの排除にはなかった。また少なからぬ非トルコ、非ムスリムの政治家が統一派への支持の立場を守るなど、まだこの時期においては、バルカン戦争後のようなイデオロギー対立の側面は少なかった（藤波二〇一一：二三四）。

この選挙結果によって、百人を超えていた統一派に反対する議員が五人になってしまった。作家のアルカンによれば、落選者の中にはアルバニア人も多く含まれ、このことがアルバニア反乱の一つの要因になった（Alkan 1992:123）。歴史家のアフマッドによれば、二百八十四議席のうちほとんどを統一派が占めることになった（Ahmad 1969:104）。また歴史家のアクシンによれば、二百七十人の当選者のうち六人のみが反対派であった（Akşin 1987:194）(4)。論者により多少の数の違いはあるにしても、いずれにしても統一派の圧勝は間違いなく、その後のアルバニア反乱や国内の政局に大きな影響をもたらすのであった。

そもそもアルバニアの民族覚醒は比較的遅く、一八七八年三月のサン・ステファノ条約により大ブルガリアが出現し、それによりアルバニア人の住む地域が分断されたことに始まる（Gawrych 1980:26；Skendi 1967:31-33）。だがその後、六月にプリズレン同盟が結成されるが、それは単なるアルバニア民族主義の台頭ではなく、様々な要因によりもたらされた（Gawrych 1980:38）。一九〇八年の第二次立憲革命はアルバニア人からも当初は歓迎されたが、中央集権主義が強まってくると次第に分権制を要求するなど反乱が続発するようになった。

一九一一年から一二年の冬にアルバニア一斉蜂起《ほうき》の準備が進められ、一二年の五月のミルディト族の反乱を皮切りに、東はコソボ州西部まで、南はコルチャ、デバル、エルバサンといった地域まで反乱は拡大した（Dimitrije & Fischer-Galati 1981=1994:205）。

この反乱には、統一派に反対する将兵たちも参加し、第二次立憲革命の口火を切ったニヤズィが行ったように、一九一二年六月二十二日にマナストゥルで反旗を翻《ひるがえ》した。人数が七十人にも満たない反乱ではあったが、オスマン政府に大きな衝撃をもたらした（Birinci 1990:165；Akşin 1987:199；Alkan 1992:125；Kuran 1948:273）(5)。

彼らは内閣の打倒、議会の解散と新しい選挙、役人のアルバニア人からの任命、アルバニア語の承認等を要求した（Alkan 1992:126）。またトルコ人を含む将校の一部は、祖国の救済者という秘密の将校団を結成し、タラート、ジャビッド、シェヴケットの閣僚辞任の要求や地方分権化、新しい選挙の要請などを主張した（Swanson 1970:144 ; Helmreich 1938:94-95 ; Skendi 1967:430）。不穏な情勢はルメリー全土にまで波及し、軍隊からの脱走者が相次ぎ、軍の命令に服従しない者も発生した（Alkan 1992:128 ; Childs 1990:148）。

さらに統一派に反対する自由派の政治家の一部もこの反乱に関与するようになる[(6)]。ルザ・ヌールは後に回想録で、アルバニア反乱の指導者たちと手紙のやりとりをしていたことを明らかにした。さらに、反乱を煽動したことは誇りであり、不正に対する反乱は正義であり、アルバニア人が国を統一派から守るための反乱であった、とヌールは述べている（Nur 1968:377-378）。さらにプレンス・サバハッティンも経済的に支援をしていたようである（Birinci 1990:166 ; Alkan 1992:125）[(7)]。このことからもアルバニア反乱が、単にアルバニア人による「民族」反乱ではなく、オスマン帝国内の党派的対立でもあったことも指摘できよう。

オスマン政府は事態の打開をはかるべく特使を派遣し、アルバニア側と交渉させた。一九一二年八月八日に特使は、十四箇条のアルバニア側の要求を政府に送った。これには、ルメリーの兵士はルメリーで兵役に就くこと、以前に押収された武器が戻されること、教育や言語の自由、道路や鉄道の整備、反乱で捕らえられた者の恩赦、アルバニア人を弾圧した前大宰相イブラヒム・ハック、サイート内閣の弾劾《だんがい》などがあった（Bayur 1991c:318-320；Shaw & Shaw 1977:293；Skendi 1967:435）。

オスマン政府は一定の譲歩はしたものの、軍事的な問題や武器授与に関するものは容認しなかった。もしアルバニア人が兵士として彼らの故国だけで服役するとなると、帝国軍の統一が瓦解《がかい》する恐れもあるからである（Sugar and Lederer 1969=1981:439）。さらにアルバニアへの譲歩がバルカン地域ばかりでなく、アラブ、クルド、アルメニアなどの他の民族へも波及しかねない恐れもあったのである（Mr. Marling to Sir Edward Grey）。

このような状況の中、アルバニア側は八月中旬にはスコピエを陥落させ、サロニカにまで迫る勢いを見せていた（Bayur 1991c:321）。ここへきて、オスマン政府は反乱勢力のほとんどの要求を受け入れ、アルバニア反乱は一応沈静化した。

元来アルバニアの地域はオスマン帝国に多くの人材を提供し、密接な関係を持っていた。民族の覚醒も遅く、共存の時期は比較的長かった。(8) だがそのアルバニアですらも、帝国につなぎ止めるのは難しくなりつつあった。アルバニア反乱は、単にアルバニア人による民族蜂起ではなく、バルカン諸国や列強の思惑が重なり、またオスマン帝国の内政の主導権争い、「棍棒選挙」によるアルバニア人の議席喪失、統一派と自由派の確執も大きく関与していたのである（Alkan 1992:130）。自由派の一部は、アルバニアでの不満をさらに煽動し、統一派の追い落としをはかった。また反統一派の軍人の一部が反乱に参加したことは、オスマン政府や軍にも強い衝撃をもたらし、政治介入禁止法問題にも発展する。

軍人にはアルバニア出身者が多く、アルバニア反乱が激化する中で、多くの青年将校は反統一派に回った。この反乱がバルカン戦争の遠因ともなり、エンヴェルらの権力奪取を促した背景ともなる（藤波二〇一一：七二）。

さらに次に述べる反統一派将校を中心にした救国将校団の結成は、このアルバニア反乱と時を同じくして起こったことであり、統一派支配への対抗の意思表示であった。

三　救国将校団の結成と活動

一九一二年の五月から六月にかけて反統一派を中心とした将校によって救国将校団が結成された（Tunaya 1952:345）。彼らは七月十八日に軍事審議会に文書を送付し、憲法を遵守《じゅんしゅ》した新しい選挙を行うこと、様々な影響から独立したキャーミル内閣を作ることを要求した（Alkan 1992:134）。さらに彼らは七月二十五日に以下のような声明文を公《おおやけ》にした。内閣は早急に総辞職し、ヨーロッパの信頼を勝ち取るために、高潔で有能な人物からなる内閣を作ること、政府へ軍の介入をさせないこと、議会を解散させ、憲兵や警察の干渉のない選挙を行うこと、軍隊の昇級は在任期間や能力によって行われるべきであることなどである（Alkan 1992:137-138 ; Birinci 1990:170-171）。

これらの声明文を見ても明らかなように、当時の統一派支配に対抗し、軍から政治を除去する目的で結成されたのが救国将校団であり、またアルバニア反乱における要求と一部符合する点もある（Shaw & Shaw 1977:291）。統一派は比較的若手の将校が多かったのに対して、それへの不満を抱く人々、比較的高齢の将官や司令官、スルタンに忠実な人々によって救国将校団は作られたのである（Daver 1989:106 ; Alkan 1992:160）。

これらの目標を掲げ、彼らは最大野党である自由派に接近する。資金の多くはプレンス・サバハッティンから出ていたと言われている（新井一九九五：一二〇）。アフマッドによれば、救国将校団は自由派の延長部分であり、ナーズムやサバハッティンと関係があったと考えられている（Ahmad 1971:165-166）。

確かに自由派と救国将校団は深くかかわっていたが、同じ組織の一部局であったわけではない。救国将校団の綱領が出版された新聞が「自由と連合新聞」と呼ばれていたので、自由派と救国将校団に関係があるという印象が極端に広がったのである。また救国将校団の様々な運動が自由派の名において行われたことはなく（Alkan 1992:141-142）、自由派も将校団の運動に直接、役割を担ったわけではなかった（Birinci 1990:169）。

このように自由派と救国将校団は直接の関係はそれほど強くないが、互いに有形無形の援助を行い、反統一派という点で一致していた。

将校団は統一派に対抗するために、ナーズムに近づき、後に詳しく述べるようにシェヴケットを陸相から追い落とした。その後、一九一二年七月二十二日には軍の信頼の厚いガーズィ・アフメット・ムフタールが大宰相になり、ナーズムは陸相に就いた。内閣は強力な布陣によって「大内閣」とも呼ばれた[9]。八月五日には統一派の拠点である議会が解散され、救国将校団と「大内閣」は統一派を権力から遠ざけることを現実のものとしたのであった（Tunaya 1952:349）。

四　マフムート・シェヴケットと政治介入禁止法問題

二節と三節で見てきたように、一九一二年の七月前後の時期はアルバニア反乱が激しくなり、また救国将校団が結成され、自由派の軍人を中心に統一派に対して圧力が加えられていた。このような中、軍人の政治介入禁止の法律が議事日程にのぼった。このことは、反乱にかかわった将校や政治と何らかのかかわりを持っている軍人にとって厳しい脅威となった。シェヴケット陸相によって準備されたこの法案は六月二十六日に議会へ送られた（Alkan 1992:144）。三十日にはシェヴケットがいくつかの新聞にこの法案に関する通知を載せた。そこには、アルバニア人将校の反乱は政治に干渉するという悪しき前例をもたらすものであり、軍人の政治への干渉を禁止する法案が大宰相府へ送られることが明らかにされた（Akşin 1987:199-200）。

七月一日に下院でこの法案についての審議が行われ、早くも翌二日には下院を通過した。十月八日には臨時法として発効し、十月十日には「タクヴィン・ヴェカイ」誌上で発表された（Takvim-i Vekayi 1912.10.10）。その内容は以下のとおりである。デモに参加し、政治にかかわった将兵は二カ月から四カ月間収監され、所属する軍団は変更される。再び違反した者は軍隊から追放され、二カ月から六カ月の収監。下級将校、下士官、兵士は六カ月の禁固の後、登録を抹消される。政府によって承認されたもしくは未承認の政治団体に加入した者は軍隊から追放され、二カ月から六カ月の間収監される（Alkan 1992:145 ; Swanson 1970:146）。

この政治介入禁止法をめぐって様々な議論が行われた。自由派のルトフィー・フィクリは、この法律について、完全に政府は我々寄りであると支持していた。彼によれば、軍人が政治やデモに参加しないことは必要ではあるけれども、救国将校団の活動がこの法案によって妨《さまた》げられないようにすべきであると擁護もした。統一派のイスマイル・ハックは、政府によって性急にこの法案がもたらされるべきではないと牽制した（Alkan 1992:145-146）。

本来この法案はそれほど必要なものではなかったと言われている。将校の政治への干渉は基本的には禁止されていた。だがこれは統一派の将校には完全には適用されていなかった。これを改め、統一派を牽制し、多くの者に再度徹底を促すために法律として公布しようとしたのである（Akşin 1987:200）。反乱には自由派の将校が参加していたので、本来は彼らを取り締まるためのものであったが、同時に統一派をも監視下に置こうとするものであったのである。統一派の議員のイスマイル・ハックがこの法案に抵抗を示し、自由派のルトフィー・フィクリが好意的に受け止めていることはそのことを象徴している。

この法案をめぐる状況の合間に、内政面でも多くの動きが見られた。七月九日にはシェヴケットが陸相を辞任し、サイート内閣も十六日に総辞職をする。二十二日にはガーズィ・アフメット・ムフタールが大宰相に就き、八月五日には議会が解散させられる。ムフタール内閣はスルタンの勅令や様々な臨時法令によって、単に軍人だけではなく、公務員にも政治と関係を持つことを禁止する一連の措置を講じた。さらに全ての軍人の選挙権と被選挙権行使を禁止した（Alkan 1992:145-146）。

シェヴケットはやや統一派寄りと見られる軍人ではあるが、やはり下級将校らのいわゆる青年トルコ人とは軍人の政治介入に対する意識はかなり異なっていた。彼は、軍の政治への関与は軍の統一性や規律を損なうので、下級将校が政党や政治団体との提携をやめることを期待していた（Ahmad 1969:55）。シェヴケットら高級将校は第二次立憲革命の頃には、パシャの称号を持つ将軍であり、職業軍人としての意識も強かった。したがって若手将校らが政治に介入することに対して快く思わず、さらにアルバニア反乱や救国将校団の活動の影響もあり、政治介入禁止法の制定に努力するようになった。

一方、統一派等の下級将校らは近代西洋的な技能と知識を持ち、第二次立憲革命の過程で高度に政治化した新しいタイプの軍人であった（鈴木一九八九：二〇六―二〇八）[10]。このように、シェヴケットと統一派の人々は年齢、階級、スルタンへの忠誠、立憲革命への関与、職業軍人としての意識などの様々な相違があり、軍人の政治介入問題への対応は異なっていた。したがって、シェヴケットと統一派は深い関係にあったと言われがちだが、政治介入禁止法問題を見てもわかるとおり、常に良好な関係にあったわけではないのである。このことは次節のシェヴケットの陸相辞任問題を見ても理解できるであろう。

五　マフムート・シェヴケットの陸相辞任問題

統一派のシビリアンのリーダーであるタラートは、アルバニア反乱や救国将校団問題を解決するため、また「三月三十一日事件」以来何度か衝突したシェヴケットから自由になるために動き出した。一九一二年七月七日にはアスム外相、タラート、ジャビット、ナーズムがアスム外相の家で、シェヴケットの代わりに反統一派のナーズムを陸相にするための話し合いをした。同日、統一派中央委員会で、シェヴケットの陸相辞任要求を決定した（Akşin 1987:200；Bayur II-IV 1991:213）。同時にタラートは次期陸相にナーズムを充《あ》てようと画策した。これには、反統一派のナーズムを陸相に据えることにより、アルバニア反乱や反乱将校をなだめ懐柔し、またサイート内閣を守るといった意味があった（Ahmad 1969:106）。

統一派の中でもジャビットなどはナーズムを後継に据えることに対し批判はあったが、シェヴケットの辞任を決定している（Bayur 1991b:213；Swanson 1970:147-148）[11]。タラートは次にシェヴケットに対して財政の取り扱いの不正についての中傷キャンペーンを始めた。さらにタラートらは横領問題を口実にシェヴケットを陥《おとしい》れ、就任を渋るナーズムを陸相にしようと画策する（Swanson 1970:148）[12]。ついに七月九日にシェヴケットは陸相を辞任し、七月二十二日にはガーズィ・アフメット・ムフタール内閣が成立し、ナーズムが陸相に就任した。

一九一二年のこの時期、統一派をめぐる状況は困難を極めていた。自由派が台頭し、統一派に反対する救国将校団も結成され、アルバニア反乱は加熱する一方であった。また前節で見たように政治介入禁止法問題で、統一派とシェヴケットの政軍関係に関する認識の差があらわになり、しばしば対立的様相を見せる。これらのことが主たる要因となって、シェヴケットの陸相辞任問題が持ち上がったのである。

統一派のタラートらは、シェヴケットを失脚させ、反統一派のナーズムを陸相にした。シェヴケットを犠牲にすることにより自由派を懐柔し、さらにタラートは自身の主導権確保も目論むなど、シェヴケット辞任により一気に問題を解決しようとしていた。統一派にしてみれば、この困難な時期、シェヴケットとナーズムをすげ替えることに生き残りをかけていた。また強力な権力を有するシェヴケットの政治基盤を破壊する目的もあった。シェヴケットにしてみれば、反乱沈静化のための反乱勢力への最後の譲歩として自らの辞職をかけたのであろう（Alkan 1992:148；Ahmad 1969:107）。このようにアルバニア反乱や救国将校団台頭により持ち上がった軍人の政治介入禁止法であったが、シェヴケットと統一派との間の認識の差が露呈し、対立が激化。ついにはシェヴケットの陸相辞任にまで至ったのである。

六　サイート内閣からムフタール内閣へ

前節で見てきたように、七月九日にシェヴケットが陸相を辞任する。アルバニア反乱や救国将校団の活動などがあったが、十五日に議会でサイートの信任投票が行われ、百九十四対四で承認された（Ahmad 1969:107）。しかし将校団は、憲法を遵守した新しい選挙を行うこと、キャーミル内閣を作ることを要求して行動に出た。そこで信任のわずか二日後の十七日に、サイートは辞職をすることになる（Alkan 1992:133-134）。スルタンが辞職の理由を尋ね、信任投票の結果のとおり、議会はサイートを信任しているではないかと述べると、サイートは、議会は私を信任しているが、私は議会を信用していないと述べた（Türkgeldi 1987:55）。サイートは憲法の改定問題などを通じて議会に対して強い不信感を持つようになり、さらに反乱や将校団の台頭など内外の難局により大宰相を辞することになった。

救国将校団の狙いは、ナーズムを陸相にし、反統一派のキャーミルを入閣させることであった。これは思惑どおりいき、七月二十一日に大宰相に軍の信頼の厚いガーズィ・アフメット・ムフタールが就いた。ここに四年間にわたって政権のほぼ中枢を担ってきた統一派が、しばらくの間、後景に退くことになるのである（Akşin 1987:204；Bayur 1991b:233；Lewis 1968:224）。

最初の閣議において、ムフタールはナーズムに、統一派もあと三、四日の命であると述べた（Ahmad 1969:109）。この内閣は統一派を排除し、反統一派、特に保守的な将校や自由派の人々と連携を深めていった（Kayalı 1997:122-123 ; Macfie 1998:59）。

七月二十四日に救国将校団は下院議長のハリルと宮内府書記官長のハリット・ズィヤに文書を送り、議会の早期解散を迫った（Alkan 1992:136）。八月五日には議会は解散させられ、統一派は活動拠点を失う。その後再び戒厳令が布《し》かれ、統一派の機関誌「タニン」が休刊に追い込まれ、統一派は拠点をイスタンブルからサロニカに移した（Mr. Marling to Sir Edward Grey）。統一派が抑圧され、権力から遠のき、また内外ともに大きな問題を抱える時期を迎えることになる。このことは一九一三年一月二十三日の大宰相府襲撃事件の大きな要因にもなるのである。

章のまとめ

従来の研究では、アルバニア反乱や救国将校団問題の党派性やそれらが政治介入禁止法問題にもたらした影響は明らかにされず、また統一派とシェヴケットの親近性が強調され、政治介入禁止法やシェヴケットの辞任の歴史的意味が曖昧にされてきた。

本章によって明らかになったのは以下の点である。アルバニア反乱や救国将校団の台頭は、自由派の一部による統一派支配への抵抗といった側面も有し、統一派と自由派の党派的対立でもあった。そのような自由派の抵抗を沈静化させる目的で作られた軍人の政治介入禁止法ではあったが、統一派をも統制下に置くことを意図したものでもあった。このような経緯の中、統一派、特にタラートとシェヴケットの対立が表面化し、シェヴケットの陸相辞任工作がなされたのである。つまり今まで論じられていたほど統一派とシェヴケットの関係は一義的で良好なものではなく、両義的で矛盾と敵対を示すものであった。

そもそもこの時期の以前からも、統一派とシェヴケットはしばしば対立していた。一九〇九年の「三月三十一日事件」において統一派とシェヴケットは共闘したと見られているが、それは統一派を擁護したのではなく、単に憲法を擁護したのであろう (Zürcher 1994:105)。憲法擁護の立場から、もしくは旧体制に反対する立場から、利害を同じくする統一派と一時提携を結んだという側面もある。彼は統一派のメンバーではなく、むしろ将校が秘密結社に所属することを禁じるためにしばしば統一派と対立していた。またエンヴェルらの統一派とシェヴケットは強い中央集権政府を望んでいる点では一致していたが、敵対しライバル関係にあった (Gawrych 1986:322)。さらに後の一九一三年一月二十三日の大宰相府襲撃事件後にシェヴケットは大宰相に就任するのであるが、その期間中においてすら統一派との間で摩擦《まさつ》が見られた（Alkan 1992:200-201）[13]。「三月三十一日事件」後、シェヴケットは軍においても政治においても大きな権力を持ち、統一派をコントロールしようとしていた。統一派の方も互いの利害や目標に共通点を見出し、彼を陸相としてある程度支持していたことは確かであろう（Türkmen 1993:142-143）。だが今まで見てきたように、シェヴケットを単なる統一派の擁護者と捉えることには一定の留保が必要であろう。政治介入禁止法問題や陸相辞任問題では、シェヴケットと統一派は対立すらしていたのであった。

統一派は議会を基盤とすることで辛うじて軍首脳、とりわけシェヴケットの許容する範囲内で改革を推進することができたにすぎない。そもそも統一派内部も一枚岩ではなく、軍人が優位を占めたわけではなく、タラートやハリル、ナーズムなどの文官勢力も大きな役割を担ったのである（藤波二〇一一：七二）。

一九一二年七月前後のこの時期は、統一派から自由派を中心とする人々へ権力が移行した過渡期であった。シェヴケットの退陣後、自由派の人々を中心とするムフタール内閣、ついでキャーミル内閣が成立する。一九一三年一月の大宰相府襲撃事件まで、これらの内閣がバルカン戦争などの内外の難局にあたり、統一派は政権の外で様々な画策をするのであった。

第九章　バルカン戦争期のイデオロギーの変遷

はじめに

　ここでは、現在のナショナリズム問題の淵源を考察するために、バルカン戦争の歴史的意味とオスマン帝国におけるイデオロギーの変容とその要因を明らかにする。

　本章の目的は、バルカン情勢とオスマン内政および軍の動向がバルカン戦争にどのように影響したのかを示し、オスマン主義からトルコ主義への移行などイデオロギーや体制の画期であったことを明らかにし、転換期としてのバルカン戦争の歴史的意味をバルカン諸国、オスマン帝国、国際政治的観点等から考察することである。

　バルカン戦争期において台頭したナショナリズム、総力戦、さらに帝国から国民国家への移行に伴う諸問題は、現在においても大きな負の遺産をもたらしており、このような現代的観点からもこの時期の研究は重要であろう。現在の国民国家を前提としたバルカン諸国やトルコ共和国のいわゆる「民族主義史観」の言説を相対化する視点も提示できよう。

なおバルカン戦争とは、一九一二年十月から一九一三年五月までの第一次バルカン戦争と、一九一三年六月から八月までの第二次バルカン戦争の総称である。第一次では、ブルガリア、セルビア、モンテネグロ、ギリシアの同盟軍がオスマン帝国と戦い、オスマン帝国が負け、第二次では同盟国間でマケドニアの領有をめぐって戦い、ブルガリアが負けたのである。

一　バルカン戦争期のバルカン情勢

十九世紀を通じて、バルカンの諸民族はオスマン帝国からの独立を達成していく。露土戦争の後、ビスマルクの仲介により成立した一八七八年のベルリン条約によって、セルビア、モンテネグロ、ルーマニアの独立が達成され、ブルガリアは公国として自治が認められた。これらバルカン諸国はそれぞれ近代化を進め、これに伴い相互に軍事力の強化を競った。こうした情勢に加えてヨーロッパ列強の利害関心が絡み、バルカン地域は緊迫した事態が続いた（柴一九九六：四六）。

バルカンにおける勢力均衡《きんこう》は、一九〇八年の青年トルコ人革命により変化が見られた。革命の混乱に乗じて、ブルガリアは独立を宣言し、オーストリア＝ハンガリーはボスニア・ヘルツェゴビナを併合した（Kayalı 1996:301）。この併合はロシアを強く刺激し、ロシアとオーストリア＝ハンガリーは、バルカンの地で政治的リーダーシップをめぐって鋭く対立した。またこの併合によりバルカン諸国は帝国主義に対する無力感と連帯の必要性を感じ始め、一九一二年のバルカン同盟への道のきっかけともなった（The Other Balkan Wars 1993:4 ; Dimitrije & Fischer-Galati 1981＝1994:199）。

バルカン諸国はマケドニアをめぐり鋭く対立していた。歴史家ディミトリ・ジョルジェヴィチによれば、この地は十九世紀の八〇年代以降バルカン諸国において抗争の焦点とも言える地域であった。バルカンのナショナリズム、列強の帝国主義など錯綜《さくそう》する内外の諸要因が複合的に作用して、マケドニア問題は生まれた（Dimitrije & Fischer-Galati 1981＝1994:180）。

ハサン・ウナルによれば、バルカン同盟を最も積極的に推進したのはブルガリアであった。オスマン帝国の側もブルガリアに対しては強い警戒感を示し、ブルガリアとの戦争が不可避であるということは、すでに一九〇八年のブルガリア独立宣言以来言われていた（Ünal 1998:150,166）。バルカン同盟はロシアの煽動によるところが大きく（Kialy 1987:401）、フランスもそれが自国にとって有益であると判断していた（Ülman 1984-1985:286-288）。このようにして成立したバルカン同盟は、列強の双極的均衡を崩し、国際場裏に第三勢力を生み出した。一八七八年のベルリン会議の時とは異なり、バルカン諸国はもはや西欧国際体系の単なる客体ではなくなったのである（Miller 1969:45,50）。

その後一九一二年九月三十日にバルカン諸国は動員令を出し、十月八日にモンテネグロが宣戦布告し、第一次バルカン戦争が始まった。列強はオスマン帝国が勝つであろうと予想していた。オスマン帝国にとっては、列強との戦争ではなく、かつてのオスマン帝国領ないし属国であった国々との戦争であるので、オスマン帝国が勝つであろうと内外の人々は考えていた（Ginio 2005:169）。

ロシア外相サゾノフは、もしオスマン帝国が勝てば、バルカンにおいてオーストリア＝ハンガリーの干渉がさらに強まるであろうと危惧していた（Dutton 1998:18；Miller 1969:29、北島一九七五：三一八）。したがって列強は戦争が限定的なものになることを望み、もしオスマン側が勝っても、領土や勢力均衡の変更は認めないとしていた。しかしその後、オスマン帝国の敗北が濃厚になると、列強は領土の変更を認めるようになり、その結果、多くの混乱がもたらされた（Miller 1969:48,56、北島一九七五：三一九、高橋一九八八：二五一―二五二）。

二　大宰相府襲撃事件の要因

オスマン政府は、十月十七日にまずトリポリ戦争で戦っているイタリアと休戦し、外交交渉に長《た》け英国との太いパイプを持つ反統一派のキャーミルを十月二十九日に大宰相に据えた。これは交渉によって戦争を終わらせる方針を示すものであった。国内では反統一派が勢いを増し、戦況は敗色が濃かった。オスマン軍は早くも十一月初旬にはチャタルジャの防衛線まで後退し、八日には統一派の本部のあるサロニカが陥落した（新井一九九五：一二一、GATSEBA2）[1]。

キャーミルは戦争を交渉によって終わらせるため、戦争継続を強硬に迫る統一派を弾圧・逮捕した。列強はオスマン帝国の敗北が明らかになると、国境の変更を認めるようになり、その結果、バルカン諸国の利害が前面に出るようになった。ここに至り、バルカンにおける勢力均衡が著《いちじる》しく崩れることを懸念した列強の斡旋《あっせん》により休戦が決定し、十二月三日にオスマン帝国は休戦案に署名した。

十二月十七日からロンドンで、英国外相エドワード・グレイを中心に、まず列強の駐英国大使による会議が始まった。ここでは、セルビアのアドリア海への進出問題、アルバニア独立、エーゲ海の島嶼《とうしょ》問題などが話し合われた。アルバニアの国境画定問題ではオーストリア＝ハンガリーとロシアの間で対立があり、結局国境画定によりセルビアのアドリア海への領土拡張は認められず、セルビアは大きな不満を持つこととなった（Helmreich 1938:251-252,255）。

当初、オスマン代表団はエディルネ割譲《かつじょう》に反対していた。しかしもし戦争が再開すれば、ロシアが中立でいることはありえないため、戦争に勝てる公算はなくなる。したがって列強の意見に従わざるを得なかったオスマン帝国は、一九一三年一月二十二日にエディルネをブルガリアに譲ることを受諾した(Helmreich 1938:260)。だがエンヴェルら統一派の若手将校は、まだ陥落していないエディルネを割譲するこの内容に強く憤慨し[2]、翌二十三日に大宰相府を襲った。このクーデターで、陸相のナーズムを射殺し、大宰相のキャーミルを辞任させ、後任の大宰相に親統一派のマフムート・シェヴケットを充てた。

この事件の背景として、まず国際政治の面では当然、バルカン戦争の影響が考えられる。チャタルジャ防衛線まで後退し、サロニカも落ち、オスマン帝国のかつての首都であったエディルネまで落ちようとしている状況を見て、将校らは強い焦りと不安を隠せなかったのであろう。

将校らの軍指導部、政治指導者への不満は相当なものがあり、これはなにも統一派のみに限られたわけではなかった。クーデター計画は統一派のみが描いていたわけではなく、政権を担っている自由派も一九一三年一月二十五日に大宰相府を襲う計画をしていたと言われている。もし統一派がこれを行っていなかったら、二日後に自由派がクーデターを行っていた可能性も否定できない(Alkan 1992:173 ; Birinci 1990:198)。

このことはこの事件の原因を考察する上で重要である。大宰相府襲撃事件は、エンヴェルら統一派の若手将校がバルカン戦争におけるエディルネ割譲に憤慨して起こしたと言われがちである。しかし次に述べるような内外の情勢の他、統一派の将校だけではなく政治家一般にも、時代の閉塞状況に対する不安や不満が充満していたことによって起こったのである。

英国もクーデターがいつ起きてもおかしくないと、オスマン帝国の危険な状況を感じていた(Turfan 1983:472,480)。この英国の外交文書の日付は一九一二年十二月二十六、二十七日であり、エディルネ割譲の情報が届く前であることからも、統一派の若手将校は、エディルネ割譲のみが理由で突然クーデターをしたのではなく、その他の多くの理由や社会の雰囲気に後押しされながら決起したことがわかる。

列強はほとんどがバルカン同盟側につき、ロシアやフランスは公然とそちらを支持していた(Bayur 1991a:262-263)。バルカン戦争において、オスマン帝国はヨーロッパ側の領土の約八〇%を失い、四百万人ものオスマン臣民を失った。このようないわば地政学的な変化が引き金ともなり、クーデターが起こされた(Kayalı 1996:301)。対外的敗北によって軍のフラストレーションが高まったのである。

統一派をめぐる疎外、分裂状況もクーデターに走らせた大きな要因である。さらに内政を見てみると、政府は弱体であり、スルタンと大宰相の間にも反目が見られた(Bayur 1991a:262)。また経済状態も非常に悪く、一九一三年の年間インフレ率は三〇〇%にも達し、一般の人々も何らかの変革や不満のはけ口を求めていたに違いないであろう（Macfie 1998:91）。バルカン戦争開始に熱狂的になった民衆の姿を見ればその一端が理解できる。さらにエディルネを救うためではなく、単に政権を奪取するためにクーデターを起こしたというような見解すら存在する（Bayur 1991b:281）。

大宰相府襲撃事件の後に、バルカンにおいて戦闘は再開されたが、結局オスマン帝国は敗北し、五月末にはロンドン条約が結ばれた。同条約でオスマン帝国のバルカンにおける領土は大きく後退した。

その後バルカン同盟内で特にセルビア、ギリシア、ブルガリアの三国のマケドニアをめぐる領土要求が重複し、新たな衝突を呼んだ。六月にはセルビアとギリシアはブルガリアに対抗する同盟を結び、さらに両国はモンテネグロ、ルーマニア、オスマン帝国とも結んだ。ブルガリアのセルビアとギリシアに対する敵意は強まり、六月二十九日にブルガリア軍はマケドニアでセルビアとギリシアの部隊を攻撃し、第二次バルカン戦争が開始された。周囲から攻撃を受けたブルガリアはすぐに敗北し、八月にはブカレスト講和条約が成立した。だがどの国の領土要求も全て満足のいくものとはならなかった。オスマン帝国は第二次バルカン戦争においてエディルネまで領土を回復したものの、バルカンからの撤退は決定的であった（今井一九九五：八四―八五）。

三　バルカン戦争期のデモ

従来の研究では、バルカン戦争や第一次大戦においてオスマン帝国は受動的な客体として、単にバルカン諸国や列強に対する応戦として描かれることが多く、主体的に戦争に進んでいく叙述が少なかった。また三頭政治などの言葉に象徴されるように、特定の個人のイニシアティブで戦争への道を進んだとの評価もしばしばなされている（Aksakal 2008:1,11,90）。しかし諸国によるオスマン帝国領土の蚕食《さんしょく》という国際政治的側面やオスマン内政の側面、さらにオスマン軍の観点から見ても、主体としての戦争遂行要因は存在する。また多くの民衆を巻き込んで戦争へ進むなど、単なる客体ではなかった。

バルカン戦争が開始される前後、オスマン帝国においても戦争開始への好戦的雰囲気が漂《ただよ》っていた。学生らは戦争賛成、ベルリン条約二十三条に反対するとのスローガンを掲げて、デモを行った（Aktar 1990:90,124）。一八七八年のベルリン条約二十三条には、クレタ島およびオスマン帝国ヨーロッパ部における行政改革条項が書かれていて、この時期、列強もバルカン諸国もこの地域の行政改革を迫っていた（入江一九六四：一六六）。それに対して学生らは不満を募らせていた。

十月八日にはモンテネグロがオスマン帝国に対して宣戦布告していたが、十月十日に、オーストリア＝ハンガリー、英、仏、露、独のイスタンブル駐在大使は共同通牒《つうちょう》で、二十三条とそれに関係するオスマン帝国の法律を援用して、オスマン帝国ヨーロッパ部の行政改革を迫った（Sir Edward Grey to Sir F. Bertie)。同様に十三日には、ブルガリア、ギリシア、セルビアのバルカン諸国がオスマン帝国に改革を迫り、行政的自治や選挙による地方議会の開設、教育の自由等を要求した（Sir H. Bax-Ironside to Sir Edward Grey)。このような列強、バルカン諸国の動きに前後して、オスマン帝国においで学生らのデモが行われた。

最も大規模な学生デモはバルカン情勢が緊迫してきた十月に入ってからであった。十月三日には、学生協会が朝からデモを行い、まず陸軍省に行った。そこで学生の代表は、ここにいる学生は皆愛国心という同じ目的を追求している若者であり、私たちは宣戦布告を望んでいると主張した。その後ユルドュズ宮殿に向かう途中で、キャーミルと陸相のナーズムの車に出会った学生らは同様に戦争を望んでいることを訴えた。宮殿前には一万人もの学生が集まり、学生らが祖国を敵の攻撃から守るために血を犠牲にすることを述べると、スルタンもオスマン帝国のスルタンであることを誇りに思うと返答した。その後学生らは各国大使館にもデモを行い、英国万歳、ルーマニア万歳、忌々《いまいま》しいブルガリア、忌々しい恩知らずのギリシアなどと叫んだ（Aktar 1990:86)。

翌日の十月四日には、午前中に現在の政権を維持している自由派の人々、午後には統一派の人々を中心としたデモが行われた（Andonyan 1975:206）。午前中にスルタン・アフメット広場で自由派支持の人々は、政府支持のデモを行い、その後英国大使館に行き、バルカン諸国に対して英国がオスマン帝国を擁護することを希望すると訴えた（Aktar 1990:87,108）。「イクダム」紙や「サバーフ」紙の論調も、列強がバルカン諸国に圧力をかけ、干渉することを希望していた（Andonyan 1975:207）。

午後からは統一派支持の学生らがデモを行った。スルタン・アフメット広場で開催された大会では、まずタラートが、その後、トルコ主義の提唱者であるユスフ・アクチュラがスピーチをした。スピーチの後で、国際的に困難な状況に対して、全てのオスマン人が団結しなければならないことなどを決議した。このデモには、学生や統一派支持の様々な団体が参加していた（Aktar 1990:87, 109-110）[3]。デモは宮殿にも向かい、戦争を望んでいることが主張された（Aktar 1990:88）。

十月七日にも学生と統一派支持者とのデモが大宰相府前で行われた。学生の中には、学生の軍隊を作る必要があると訴える者もいた。しかしモンテネグロとの戦争が差し迫ると、この日の夕方に、ルメリー、イスタンブル州とチャタルジャ県に戒厳令が布かれ、このデモに関係した者は戒厳令法廷に送られた（Aktar 1990:89）。

学生らのデモはベルリン条約二十三条に、また現在の列強やバルカン諸国による圧力に反対するものであった。自由派支持の人々は問題を外交で解決し大国の干渉を望んでいたが、統一派を支持する人々はバルカン戦争に好戦的であった（Aktar 1990:92,134）[4]。

これまでの研究ではオスマン帝国は単なる受け身で、戦争に巻き込まれたとするものが多かった。しかし、党派的な違いは若干あるが、学生や民衆のかなりの部分は好戦的雰囲気で興奮していた。東方問題（オスマン帝国の衰退を利用した西欧による中東への侵出問題）に象徴された列強の圧力、バルカン諸国の台頭によるオスマン領土の減少、インフレによる社会不安などにより、戦争を不満のはけ口として望んでいた[5]。総力戦となったバルカン戦争であったが、戦争前多くの人々は戦争の激しさを未だ実感できず、好戦的態度をとった。しかし、身近に戦争を体験し、四十万人の難民がアナトリアに向かったことにより、総力戦の厳しさが実感され、バルカン戦争後、詩や物語、絵ハガキなどで悲惨さが伝えられるようになった（Dinç 2008）。

四　軍の動向と弱体化要因

このような状況の中で、オスマン軍は一九一二年九月二十二日に準動員体制をしいた。それに対してバルカン同盟側は、オスマン帝国軍の予備役軍が召集されたのを口実に九月三十日に動員令を発令した。さらにオスマン帝国は十月一日に総動員令を発令した（GATSEBA5）[6]。十月五、六日付でナーズム陸相からルメリーの東部軍団司令官宛にバルカン諸国が宣戦布告してきそうなので、十分警戒し準備をしておくようにとの命令が下っている（GATSEBA3）。十月八日にはモンテネグロが宣戦布告をしてきたのに伴い、スルタンの名で直ちに大使召還をした（GATSEBA4）。十月十三日にはブルガリア、セルビア、ギリシアがオスマン帝国に対して共同通牒を突きつけ、十七日にはこれら諸国は宣戦布告した。

しかし、オスマン帝国では動員がうまく行われておらず、戦える状態ではなかった（Türkgeldi 1987:58）。九月二十九日付の政府への文書では、兵士は大変疲弊しており、兵器も足りず、このような状態を脱するのに最低でも五年は必要であると述べられている（Uçarol 1989:275）。東部軍団の司令官であるアブドゥラーは、ブルガリアとの戦争は避けるべきだと公然と言っていた（Türkgeldi 1987:59）。サロニカに駐屯している西部軍団の司令官アリ・ルザの文書によると、西部軍団では四つの方面で戦線が開かれていて、物資や兵員が足りないので補給と援軍を求める要請が、戦争が開始されたばかりの十月十八、十九日付で行われている（GATSEBA1）。この点は前節で見た学生らの好戦的な雰囲気とは対照的で、軍の現実を知っている高級将校らはバルカン戦争に悲観的であり、オスマン軍の敗北がある程度予想されていたのである。

バルカン戦争の緒戦での敗北によって、大宰相や陸相ナーズムに強い批判が及んだ。それ以前の七月九日のマフムート・シェヴケットの陸相辞任によって、参謀の配置換えがあり、ナーズムのもとでは、動員や戦略計画がまだ準備できていなかった（GATSEBA6；Shaw & Shaw 1977:292）。このような配置換えの影響もあって、軍はナーズムのコントロール下にはなく、戦争敗北でさらにナーズムへの圧力が高まった（Swanson 1970:179）。

このように一九一二年九月三十日にバルカン諸国は動員令を出し、十月八日にモンテネグロが宣戦布告し、第一次バルカン戦争が始まった。戦争前からオスマン軍は問題点が露呈し、緒戦より敗北を重ねるのであった。

バルカン戦争におけるオスマン軍の敗北および弱体化の原因はいくつか考えられる。まず兵士の数の違いが挙げられる。オスマン軍約二十九万人に対してバルカン同盟軍は約四十七万四千人であった（Soyupak 1987:159）[7]。オスマン軍の動員令が遅れ、兵士の動員が整わないうちに戦争が始まってしまった。予備役軍や郷土防衛軍の中には銃の使い方さえ知らない者がいたとされている（Enginsoy 1989:196）。

司令官と将校の対立も生じ、軍の統一も欠きがちであった。その要因として、第二次立憲期における陸軍士官学校出身者と連隊上がりの将校との対立や、高級将校と青年トルコ人革命を担った若手将校との確執が存在した（Alkan 1992:167）。有効な将校団の欠如や、予備役の大隊には二人の将校しか配属されていなかったことなど、軍の機構面での未整備も目立っていた（Helmreich 1938:204)。

また戦争直前に、およそ七万五千人の経験ある兵士を退役させていたことも大きく影響している（Türkgeldi 1987:57；Uçarol 1989:267)(8)。オスマン軍は兵員数、練度《れんど》、志気、武器、弾薬、その他多くの点でバルカン軍より劣っていたのである（Soyupak 1987:159)。

軍の弱体化の要因として、オスマン帝国の内政問題も存在する。軍が内政問題に引きずられ、内政の確執が直接軍に影響し、軍の混乱を助長した。若手の将校と高級将校との対立の他に、統一派と自由派との政治的対立が軍に大きく影響した。

また外交的側面として、列強によってオスマン帝国が侵食され、半植民地状況のもとでの財政的逼迫《ひっぱく》も大きな要因である。歴史学者のR・ホールによれば、タンズィマート改革以後、兵士に非イスラーム教徒や非トルコ人がさらに多く入り、命令伝達等における言語問題が生じ、さらには忠誠心の減退も見られた。多民族・多宗教のオスマン帝国は、ナショナリズムにうまく対応できず、近代国民国家型の軍を創設することは困難だった（Hall 2000:18-19)(9)。

藤波伸嘉によれば、「バルカン諸小国」に軍事的に敗北する筈《はず》はないと考えていた多くのオスマン人の期待を裏切り、陸相交代による戦争計画受け継ぎ時の混乱、親統一派将校の更迭《こうてつ》、アルバニア反乱や救国将校団結成による多くの佐官級軍人の脱落などの要因もあり、オスマン軍は緒戦から大敗を喫した（藤波二〇一一：二七四）。

このように戦争への世論が高まる中で、軍事的整備が整わないまま、バルカン戦争に突入した。軍や内政においても混乱をきたす中で、総力戦体制を作れなかった。またこの時期、政治と軍はかなり一体化しており、バルカン戦争敗北は内政にも大きな影響を与えた。また次節で見るように、バルカン戦争はオスマン帝国のイデオロギー、内政においても大きな画期であった。

五　オスマン主義の持続と変容

バルカンにおけるナショナリズム[10]は十九世紀に入って醸成《じょうせい》され、バルカン諸国建国のイデオロギーとなった。しかし、柴宣弘によれば、セルビアやギリシアで生じた蜂起は初めからナショナリズムに基づくものではなく、蜂起の過程で民族解放の性格を帯び、さらに列強がこれらの蜂起に関与することによって民族解放の色彩が強まったのである（柴一九九六：三八）[11]。

このようなナショナリズムの台頭に対して、オスマン帝国はオスマン主義を掲げて対応した。一八三九年からのタンズィマート以後、スルタンやオスマン帝国に対する忠誠心を育成し、多民族・多宗教からなる帝国を維持するイデオロギーであるオスマン主義の育成がはかられた。オスマン主義とは、オスマン帝国全住民の平等を基礎に、彼らをオスマン国民として一体化させようとするイデオロギーであり、タンズィマート以降、宗教・民族の差にかかわらず、全て住民を平等に扱うことを定めたものである（新井二〇〇二b：二二八）。オスマン主義は、最終的に帝国の維持に失敗した脆《ぜい》弱《じゃく》なイデオロギーとされているが、可能な限りの多様性を容認することによって、分離主義を抑制し、国家の統合を維持するイデオロギーでもあった（佐原二〇〇三：一三九）。また民族的なものを政治化させない装置でもあり、一定のコスモポリタンの雰囲気も都市においては見られた。

このようなオスマン主義のイデオロギー教育は様々な教育機関においてもなされていた。

一九一三年の中学校二年の教科書には、「ムスリムであろうとなかろうと、この祖国の全ての子どもは全てオスマンの兵役を務めるであろう」（Haydar 1913:20）[12]と書かれている。一九一三年の時点ですら、宗教にかかわらずオスマン帝国の臣民としての兵役を勧めるオスマン主義がまだ生きていた。

一九一二年の教科書には、「オスマンの旗のもとに集まった国民（millet）をオスマン国民と言う。これはトルコ人、アラブ人、アルバニア人、ギリシア人、アルメニア人、クルド人、ブルガリア人やその他の民族からなっている。それらの人々はオスマン人と呼ばれている」（Kohen 1912）とある。

また一九一一年の教科書にはムスリムのみならず、キリスト教徒さえ視野に入れて述べられている。「オスマン主義とは単にムスリムだけのものではない。オスマンの旗のもとに集った者はオスマンの法に従うオスマン人なのである」(Süleyman-Köprülü 1911:98)。

さらに一九一三年の教科書には、戦争に関する内容があり、そこには戦争ごっこをする子どもたちが描かれている。キリスト教徒の子どもたちに対して、全てオスマン人であり、この祖国のために我々は軍人になるのであり、オスマン主義や愛国心の名でこの訓練を招集した(Seyyidi 1913:34-35)、と述べられている。

このようにオスマン主義は様々な民族のムスリムだけではなく、キリスト教徒すらも包含するものであり、それが学校で教育されていた。このことは、オスマン主義が浸透せず、もしくは各民族の動きが台頭しているので、上からオスマン主義を教育する必要があったとも捉えることはできよう。しかし、バルカン戦争前にはトルコ主義はまだ議事日程にのぼってきていなかった。少なくともオスマン帝国の教科書にはバルカン戦争まで、オスマン主義のイデオロギーが公式に存在し続けたのである(Doğan 1994:87-88)。

また統一派はトルコ主義を最初から鼓吹《こすい》していたわけではなく、一九〇八年の革命後当初はオスマン主義の政治イデオロギーを奉じていた(Turfan 1983:161)[13]。エンヴェルは一九〇八年九月一日付の「タイムズ」紙のインタビューに答えて、信仰や信条にかかわらず全てのオスマン市民は兵役の任務を負うべきであると述べている（The Times, 1908.9.1 ; Kansu 1997:160）。これはトルコ国民軍でもムスリム軍でもなく、オスマン国民軍の創設をめざしていることを公式に表明した発言であろう。

革命蜂起に大きく貢献したニヤズィも革命の際ブルガリアの村で、キリスト教徒もオスマン帝国の一員であり、トルコ人、ブルガリア人、ワラキア人、ギリシア人、アルバニア人など全ての我々の同胞がスルタン専制に対して蜂起しようと呼びかけた（Bayur 1991b:173-174 ; Yetiş 1989:56）。

これらの発言は、戦略的意味合いもあったのであろうが、統一派が明らかにオスマン主義の立場に立つことを公式に示したものであった。統一派の運動は宗教や民族を超えたものとして当初は始まったのである（Karpat 1975:279）。

第二次立憲期において、非ムスリムもオスマン政界で活躍する限り、スルタン大権やイスラーム国教条項を承認していた。一部のアラブ人が英国の支援を受けて展開した「アラブ人カリフ論」もあまり反響を呼ばなかった。つまりムスリムであれ非ムスリムであれ、ウラマー（イスラーム法学者）であれ社会主義者であれ、スルタンを戴きイスラームを国教とする立憲君主制という政体はすでに自明の与件だった。オスマンという国民性と臣民個々人の民族性は理論的にも現実にも両立すると考えられていた。当時の言説空間において、トルコ人、非トルコ人の双方が、民族主義、宗派主義は基本的に否定されるべきものと見なしていた。

バルカン戦争開始以前は、帝国の枠組み自体を否定する形でアルバニア国家独立を求めたものは皆無に近かった。独立アルバニア初代首相となる元ベラート選出議員、イスマイル・ケマルですら、一九一二年七月の時点でなお、オスマン帝国からの分離独立の意図はないと述べている。

だがトルコ人が「オスマン化」と見なすものがしばしば非トルコ人には「トルコ化」と映る。そこで非トルコ人が、トルコ人はオスマン人の公益の名の下にトルコ人の個別的利益を貫徹しようとしていると批判すると、トルコ人は、自分たちの真摯《しんし》な行動が曲解されていると憤慨するような負の連鎖が次第に出てくるようになった（藤波二〇一一：三八―五二、二七三）。

バルカン戦争期において、反統一派政府の弱体化、戦線における敗北、混乱などに乗じて、統一派は様々な煽動活動を行い、自らが権力を握るために、多くの人々にイデオロギー的影響を与え始めていった（Turfan 1983:168）。

統一派のタラートは、エディルネの防衛にあたっているアナトリアから来た兵士に向かって、「このルメリーはあなた方自身の祖国ではない（Danışmend 1961:392 ; Yetiş 1989:59）」と述べた。この発言はオスマン帝国のイデオロギーを考える際にも非常に重大な発言である。ルメリーがオスマン帝国の祖国でない、もしくはアナトリアとルメリーを違う祖国として考えることはオスマン帝国史上なかったことである。(14)

バルカン戦争は、国際情勢においても内政においても、そしてイデオロギーにおいても、大きな転機となった。バルカン戦争後に、その衝撃の大きさゆえ、敵の勝利とオスマン帝国の敗北を分析した多くの書籍が出版された。また戦争の悲惨さを心情に訴え、愛国心を高揚させる詩や物語などが数多く出版された（Akyüz 1994:252；Çakır 2007；Ceyhan 2008）。バルカン戦争を境に、オスマン主義の理念が破綻《はたん》し、トルコ主義的傾向が醸成されていくことになった（Doğan 1994:89-90；Çakır 2007:222,227）。

バルカン戦争後、軍の影響力はさらに増し、政治に介入する集団から政治そのものを支配する集団へと変化していく（Turfan 1983:210）。だが軍に入るということは、社会的上昇の手段でもあり、比較的非トルコ人や非ムスリムにも開かれたものであり、軍自体はある時期までオスマン主義を体現する存在であった。

ここまで見てきたように、一九一三年頃までは軍ばかりでなく、様々な学校の教科書においてもオスマン主義の教育がなされていた。しかし、バルカン戦争は、タラートの発言に象徴されるとおり、オスマン主義からトルコ主義への一つの転換点の始まりとなった。バルカン戦争でバルカン地域の大半を失ったことがトルコ主義誕生に大きな影響を与えたのである。

六　バルカン戦争の歴史的意味と画期性

このようなバルカン戦争の歴史的意味として、歴史家J・レイマークは第一次大戦が「第三次バルカン戦争」として始まったとして捉え、バルカン戦争とこれに続く第一次大戦を継続したものと見ている（Remak 1971）。柴も同様に、「サライェヴォ事件ではじまった第一次大戦は、一九一二―一九一三年のバルカン戦争の継続としてとらえることができる。史上初めて、世界のすべての地域を巻きこむ世界大戦は、バルカンをめぐる局地戦争として開始された」（柴一九九七：二六―二七）と述べている。

バルカン諸国の側から見ればバルカン戦争は、独立を獲得した後、領土拡大をはかってナショナリズムを追求してきた諸国が現実に初めて大規模に戦った戦争であった。独立獲得以降、文化教育政策を含めてナショナリズムに訴え、領土の拡大をめざして軍備拡張を競ってきたバルカン諸国が、残されたオスマン領土をめぐって争った戦争であった。戦勝国のナショナリズムは高揚し、敗戦国となったブルガリアとオスマン帝国は失った領土を求めることになる。第一次大戦はバルカンの文脈においては、このバルカン戦争の延長線上にあると言えるであろう（木村一九九八：二四二）。

オスマン帝国におけるバルカン戦争の位置づけについて、知識人の一部はバルカン戦争にかなりの衝撃を受け、十字架による三日月に対する十字軍の戦争、つまりキリスト教によるイスラームに対する十字軍の戦争と見なしていた（Tunaya 1989:463）。オスマン帝国にとって、バルカン戦争から続く第一次大戦、トルコ独立戦争は一連のものであり、一九一二年から一九二二年までの「十年戦争」であった。[15] これらの戦争は、列強によって領土を蚕食されていく東方問題の帰結であり、いわば列強に対する解放戦争、抵抗戦争、反帝国主義戦争という側面も有していた。その一方で、オスマン帝国支配下の地域においては、オスマン中央政府が抑圧の主体であった側面も存在していた（新井二〇〇一：一三七、Aksakal 2008:19 ; Erol Köroğlu 2007:46）[16]。

バルカン戦争により、帝国から国民国家へ、さらにはオスマン的共存体制から中東諸国体制への移行がもたらされた。この戦争はオスマン帝国にとり、準備が整わない中で結果として初めての総力戦となり、また特にバルカンではナショナリズムを求心力にしたイデオロギー戦争でもあった（Ginio 2005:156 ; Tunaya 1989:585）[17]。民衆自身が身近に戦争を体感しながら参加し、当事者となった。イデオロギー戦争は、信条価値で争うので、非常に激烈で凄惨《せいさん》な戦争となる。残虐行為は日常化し、四十万人もの難民がアナトリアに押し寄せ、悲惨な戦争体験の言説がさらなる暴力と復讐を再生産させ、トルコ主義を準備することになった（Aksakal 2008:14,23,191 ; The Other Balkan Wars 1993:269）。

バルカン戦争後のムスリム・トルコ人には、自分たちは立憲主義に基づく公民的統合のため民族主義的行動を自制したにもかかわらず、非ムスリムと西洋列強とに、ともに裏切られたという感覚が刻印された。バルカン戦争敗北を機に、オスマン世論は次第に宗派主義、民族主義の方向にかじを切ることになった。長らく帝国の中核地域であった「ローマの地」即ちルメリーを追われたオスマン帝国は、自らの祖国として、改めて「東方」即ちアナトリアに目を向けざるを得なくなった。その後次第に、アラブ重視の姿勢が言論空間で展開されるようになる。

だがルメリーを失ったとはいえ、オスマン帝国領にはなお多種多様な民族や宗教に属する人々が居住しており、したがってまた、オスマン国民がなお多民族多宗教からなることも自明であり、その統合はやはり立憲主義に基づいて実現されるべきとされた。「諸民族の統一」の理念はバルカン戦争後も一定程度存続し、それどころか少なくとも建前としては、第一次大戦後のイスタンブルにおいてすら、なお命脈を保っていた（藤波二〇一一：二七八―三〇三）。このようにバルカン戦争後、一挙にトルコ主義が形成されたのではないのである。

バルカン諸国の存在やナショナリズムが大国中心の国際政治に大きな影響を与えたことは、東方問題の歴史の中でこれが最初であった。そのような利害や要求を列強が利用したり、取り込んだりすることにより、さらに問題が複雑化するようになった。バルカン諸国が主体性を発揮するにつれて、大国は諸小国をそれぞれの同盟体制内に編入しようとした。しかしその代償として、これら諸小国の局地的野心に支援を約束しなければならなかった（今井一九九五：八五、Joll 1984=1987:86）。このように国際政治の観点ではバルカン戦争は、ヨーロッパのバランス・オブ・パワーや十九世紀のヨーロッパの協調を破壊するものであり、その後、第一次大戦へと導かれていくことになる（Helmreich 1938:458）[18]。

章のまとめ

オスマン帝国は列強やバルカン地域に対して、オスマン主義で対応した。現在のバルカン諸国やトルコにおいても、民族主義史観等によりオスマン支配が抑圧的であったとされる言説がある。しかしオスマン支配の両義性やオスマン主義の一定の有効性を見据えることにより、現在の民族主義史観を再考することもできよう。

トルコ人、非トルコ人双方が、帝国解体後の各々の国民国家の枠組みに適合する新たな正統性を立ち上げようと試みる中、オスマンという共通の過去は忘却の対象となった（藤波二〇一一：三〇八）。

バルカン諸国においては、バルカン戦争で初めて大規模かつ相互に戦い、その後さらにナショナリズムが高揚した。オスマン帝国にとり、バルカン諸国は旧帝国領土であり、勝利はそれほど困難ではないと考えられていたが、緒戦より敗退が続いた。近代国民国家型の軍が作れず、様々な混乱と確執がその原因となった。列強も領土の変更を認めるようになり、さらに混乱は深くなったが、まだ大使会議などを開催することにより、ヨーロッパの協調はある程度機能した。このようにバルカン戦争は、ヨーロッパ協調の最後の機会であった。

オスマン帝国は単に客体として応戦したのではなく、党派的な違いはありながらも、時代の閉塞感から好戦的雰囲気に包まれていた。統一派を中心とした政治家や若手将校は、バルカン地域での勤務が長く、ナショナリズム台頭に悩まされ、武力を用いての解決に帝国の存亡をかけていた。

一方、オスマン軍の状況は戦争への準備ができておらず、軍内部でも様々な齟齬《そご》があった。また混乱する内政の影響も受け、軍内部に色々な亀裂が生じた。オスマン主義を体現し、多民族多宗教の軍が、ナショナリズム萌芽《ほうが》期に適合できず、軍への忠誠心が薄れていき、敗北につながった。

バルカン戦争を通じて、オスマン主義が後景に退き、トルコ主義的傾向が強まっていった。ルメリーはオスマンの祖国ではないとのタラートの発言は、それを象徴するものであった。

従来のトルコや中東研究において、第一次大戦やオスマン帝国の崩壊が転換期とされることが多かった。しかしこれまで見てきたように、オスマン帝国にとって一連の戦争はバルカン戦争より始まる「十年戦争」であり、バルカン戦争は多くの観点から画期であった。それはオスマン主義、帝国の共存システムの終わりの始まりであった。またトルコ主義、現在のポスト・オスマン・シンドロームをもたらした中東諸国体制、民衆を糾合《きゅうごう》する総力戦、イデオロギーとしての凄惨なナショナリズム戦争の始まりの始まりでもあったのである。

第十章　「中東問題」の起源としての第一次大戦

はじめに

二〇一四年は第一次大戦勃発百周年であり、国内外において様々な学術的成果が出された(1)。研究成果は多様化してきており、第一次大戦を一九一四年から一九一八年のヨーロッパを中心とした戦争ではなく、一九一一年もしくは一九一二年から一九二三年を一連の戦争と見なし、中東やアジアさらには全世界に大きな影響をもたらした戦争と捉えるようになってきつつある。

しかし、多くの成果がヨーロッパ中心史観を未だに抜け出しておらず、オスマン帝国の視点からの第一次大戦研究は少ないのが現状である。

また二〇一六年はサイクス・ピコ協定から百年であった。この協定により恣意的《しいてき》な国境線が引かれ、現在の中東における諸問題が生み出された。列強によって作られた領域国民国家の限界と暴力性が現在あらわになっている。東方問題を起源とする第一次大戦期に作られた中東諸国体制の限界が露呈し、それが崩壊しつつある（岩木二〇一六a：一七一一八）。現在は新しい中東イスラーム世界の平和共存の枠組みを作り出す過渡期である。

「ユダヤ教、キリスト教、イスラームの数千年にわたる怨念《おんねん》の歴史」などとよく言われるが、これは間違いである。中東においてこれらの宗教集団は、基本的には共存しており、現在のような大きな紛争は見られなかった。中東における紛争の歴史は短いのであり、せいぜい十八世紀以降のオスマン帝国の衰退に伴ってヨーロッパが進出してきた東方問題からである。その東方問題の最終的な清算が第一次大戦である（Demirci 2014:181）。英仏による委任統治という名の新たな植民地支配により、領域国民国家の諸問題がこの時期に生み出されたのである（Zürcher 2010:153）。

現在の中東におけるイスラエル・パレスチナ問題、中東諸国体制の矛盾、「民族・宗教」紛争などの「中東問題」の起源は、第一次大戦にあると言っても過言ではない。このように重要なオスマン帝国における第一次大戦研究をここでは考察する。

第一節では、第一次大戦とオスマン帝国研究の段階と問題点を指摘し、第二節では第一次大戦前のオスマン外交の多様性と複雑性を分析し、第三節では現在にも影響をもたらしている第一次大戦におけるオスマン帝国や中東の諸問題を扱う。

「中東問題」の起源を分析することにより、現在の諸問題の解決の一助となることを期待する。

一　第一次大戦研究とオスマン帝国研究の現段階

(1) 第一次大戦研究

第一次大戦は日本においてはそれほど重視されていないが、歴史的には重要な画期である。十九世紀的な勢力均衡やヨーロッパの協調が崩れ、人類初の総力戦となり、その惨禍《さんか》からこれも人類初の国際機構が創設された。第一次大戦によりロシア革命が起こり、米国の参戦とその後の米国の台頭がもたらされた。中東の観点においても、第一次大戦は重要であり、現在の中東における様々な問題の起源もこの第一次大戦に存在する。

また第一次大戦後に行われた委任統治という方式は、停戦の条件とされた民族自決・無併合などの原則と大戦中に結ばれた秘密協定とを妥協させるものであり（山室二〇一四b：二五二）、新たなソフトな植民地主義とも言えよう。その植民地主義により、現在の中東に様々な問題が移植され、未だに「ポスト・オスマン・シンドローム」は解消していないのである。

第一次大戦は次のように現代史の起点とも考えられている。第一は近代産業社会における最初の総力戦になったことであり、第二はヨーロッパの凋落《ちょうらく》など国際秩序における力関係の変化をもたらしたことである（池田二〇一四：四―七）。ロシア革命により世界初の社会主義政権が生まれ、米国の参戦によりヨーロッパ史が終わり、世界史が始まったとも言われている（山室二〇一四b：二四七）。

さらに第一次大戦は、次のような三つの危険性を改めて認識させるものであった。第一は国家主権の絶対性を前提として交戦権を自由に発動できることの危険性、第二は他国との同盟の連携によって勢力均衡をはかる個別的安全保障が相互に歯止めを失うことの危険性、第三は主権国家間が紛争状態に入った時に外部の調停機関が存在しないことの危険性である。

このような第一次大戦の惨禍を繰り返さないために、勢力均衡を否定し、国家主権の絶対性を否定する国際連盟という国際機構が設立された。ここにおいて植民地や不平等条約体制を強《し》いてきたウェストファリア体制に基づく「近代」から、国家主権を相互に制約する「現代」へと転換するのである（山室二〇一四b：二五一―二五二）。

このように重要な第一次大戦であるが、かつての欧米における第一次大戦の研究は、戦争責任論争、原因の研究、帝国主義論等が主流であった[2]。大戦前のヨーロッパ各国の軍拡競争が政治家による外交的解決の選択肢を狭め、軍部主導で大戦に巻き込まれていったという考え方が強かった。しかし一九六〇年代のフィッシャー・テーゼにより、議論は大きく変化し、ドイツ指導層が開戦前から世界強国をめざしてヨーロッパ支配を企図しており、ドイツの開戦意思がサラエボの地域紛争を第一次大戦へと転化させたとされる。さらに近年の研究では、平和的解決のための譲歩よりも軍事的手段による解決を求めたのはドイツだけでなく、オーストリア＝ハンガリーやロシアもそうであったとの見方が強まっている。包囲され、没落することへの恐怖から複数の国が戦争に訴えたのである（中西寛二〇一四：一七）。

日本における第一次大戦の研究も海外での研究動向を反映し、第二次大戦前では主として大戦原因論に関心が集中し、六〇年代以降では大戦下の諸問題に関する研究が活発になった。それとともに研究の方法も深化《しんか》し、これまでの単なる外交史や軍事史の枠を超え、政治・経済・社会の諸現象と関連づけ、総合的に把握し得る国際関係史研究の新しい方法論の樹立をめざす努力が続けられている（義井一九八四：一九二）。

近年の研究傾向として、欧米の学界においても第一次大戦をヨーロッパ戦争とだけ捉える見方に対して異論が唱えられ、グローバルなあるいはトランスナショナルな戦争としての側面が着目されている（山室二〇一四a：五）。

さらに最近の研究では次のような点が注目されている（小関二〇一二：三九、四二）。文化史研究が台頭していること、総力戦化とともに境界線が曖昧になった戦場と銃後のあるいは国家と市民社会の関係を再検討すること、大戦を広く二十世紀ないし現代史の中に位置づけること、大戦経験が人間の精神や感性の内奥にまで及ぼしたインパクトを集合的・個人的なレベルで考察することである。

歴史家のJ・ウィンターによれば、第一次大戦の研究者は四つの世代に分けられる（Winter 2014:1-6）。第一は大戦を直接知っている研究者や軍隊経験者、公職に就いていた者たちである。第二は一九五〇年から六〇年代において政治史とともに社会史に注目した世代である。第三は一九七〇年代から八〇年代において戦争が勝者も敗者も破滅させるという戦争の負の側面を重視したベトナム世代である。第四は現在のトランスナショナルな観点を重視する世代である。

現在では第一次大戦を、軍事史や政治史の枠組みのみのヨーロッパ戦争と捉えるのではなく、様々な観点で幅広い研究が進んでいる。

(2) 第一次大戦におけるオスマン帝国研究

オスマン帝国から見た第一次大戦の研究はそれほど多くはなく、限定的なものである。J・ヘラーは一九八三年の段階で、価値的研究はなされておらず、クラットの論文を除いてオスマン外交政策の研究が欠如していると指摘していた（Heller 1983:x）。そのクラットは、「研究は西欧の史料に完全に基づいており、ある確かな欠落や間違った解釈が必然的に現れている。（中略）バユールの価値的な研究に加えて第一次大戦期のトルコのリーダーたちによって書かれた一連の回想録は歴史家に興味深い材料を提供する」と述べ（Kurat 1967:291）、オスマン側の史料の重要性を示唆している。[3]

確かに当時欧米列強が政治的、軍事的にも強大であり、そのため欧米の動きに重点を置き、欧米の史料により研究が進んだのも理由がないわけではない。だが第一次大戦はオスマン帝国をめぐる東方問題の帰結であり、またバルカン戦争の延長線上にあったことを考えればオスマン帝国やバルカン諸国の側からの第一次大戦の研究も大いに意味があろう。さらに現在の中東、バルカン諸国の様々な紛争の一つの原因も、帝国から国民国家に移行し中東諸国体制が作られた第一次大戦期にあることからも、このような研究は重要である。

最近の研究において、徐々にオスマン帝国の観点で第一次大戦を見ることの有効性が増大しつつある。

そもそも「ヨーロッパ協調」もしくは「ヨーロッパの平和」という言葉は、オスマン帝国を無視したものであり、実際は、露土戦争（一八七七〜七八年）、ギリシア・オスマン戦争（一八九七年）、トリポリ戦争（一九一一〜一二年）、バルカン戦争（一九一二〜一三年）などがあり、決して平和な時代ではなかったのである。またヨーロッパ諸国が植民地等で行った戦争や暴力についても考慮されていない（池田二〇一四：一三）。

近年の研究では、第一次大戦を「未完の戦争」と捉え、大戦のクロノロジーの再考が要請されている。すなわち大戦を一九一四〜一八年と捉えるのではなく、一九一二〜二三年にかけての暴力サイクルで捉えるものである。一九一二年は第一次大戦の契機ともなったバルカン戦争勃発の年であり、一九二三年には中東欧の国境をめぐる暴力が一段落し、内戦を終えたソ連がひとまず安定し、ローザンヌ条約が調印されたのである（小関二〇一四：二七）。ムスタファ・アクサカルは、オスマン帝国の視点から、一九一一年のトリポリ戦争から一九二二年のギリシアとの戦争の期間を「十年戦争」と捉えている（Aksakal 2014 :464-465）。

旧来の一九一四〜一八年の第一次大戦の時期区分は、西部戦線では一定の意味を持つが、実は西部戦線よりも東部戦線と南部戦線の方が損害は大きかった。むしろ、大戦よりも多くの人命を奪ったのは、旧来の大戦の時期からは外れるロシアの内戦、東ヨーロッパの紛争、トルコとギリシアの戦争、エジプト独立戦争なのである。

このように一九一四年以前また一九一八年以後も、いわばパラミリタリー（準軍隊的暴力）な戦闘は存在していた。したがって西部戦線中心かつ旧来の一九一四年から一九一八年の時期区分では限界があるのである。

新しい時期区分である一九一一年のオスマン帝国とイタリアのトリポリ戦争や、オスマン帝国とバルカン諸国の一九一二年のバルカン戦争、トルコ共和国の国境を確定した一九二三年のローザンヌ条約はいずれもオスマン帝国およびトルコ共和国が直接関与しており、新たな時期区分の提示という観点からもオスマン帝国の視点は重要となろう（ホーン二〇一四：三五―三六、ヤンツ二〇一四：一一九―一二二）。

第一次大戦の時期区分による時間的な拡大とともに、空間的な拡大も近年注目されている。西部戦線重視の歴史観が再考されつつあり、オスマン戦線もかなり激烈だったと言われている。オスマン軍の兵士はその約二〇％を失ったが、それは英国やイタリアの倍近くにあたり、市民の犠牲者の約三分の一は中東においてであった（ヤンツ二〇一四：一二〇）。オスマン帝国の広大な領土によって、大戦の戦域は一挙に広がり、百六十万人の兵士を擁するオスマン軍によって英国やロシアの大兵力が釘づけとなり、大戦が世界化した（池田二〇一四：二九、ヤンツ二〇一四：一二六）。オスマン戦線には、オーストラリア、ニュージーランド、南アジア、北アフリカ、セネガル、スーダン、フランス、英国、ウェールズ、スコットランド、アイルランド、アラブ、トルコ、クルド、アルメニア、コーカサス、ドイツ、オーストリアなどの多くの民族が参加し、最も「国際的な」戦争となった（Rogan 2015:xvii）。

このように、時期区分と戦域の拡大という両方の観点からも、オスマン帝国における第一次大戦を考察することは重要であろう。従来の第一次大戦観を相対化する視点を投げかけているのである。

二　第一次大戦前のオスマン外交

(1) 列強とオスマン帝国

　オスマン帝国とハプスブルク帝国は十六世紀初頭以来長らく抗争を続けてきた宿敵であった。一六八三年の第二次ウィーン包囲の失敗は、両者の力関係の分水嶺《ぶんすいれい》となり、以後オスマン帝国は敗北を重ねることとなる。一六九九年のカルロヴィッツ条約でハンガリーの大半を失い、一七一八年のパサロヴィッツ条約ではハンガリーの全土を失い、ベオグラードも一時的に失い、以後オスマン帝国はむしろハプスブルクの攻勢に脅《おびや》かされることとなった。ハプスブルク帝国を仮想敵とするのはオスマン帝国だけでなくフランスも同様であり、十六世紀には強国オスマン帝国にフランスが救援を求めることもあった。だが十八世紀になると強国となったフランスにとって、オスマン帝国に期待するのは、ハプスブルク帝国を背後から攪乱《かくらん》することであった。

　十九世紀に入ると、ハプスブルク帝国は、ロシアの南下に不安を覚え始め、一八五三年に始まったクリミア戦争では、英仏とともにオスマン帝国側に立ってロシアと対立するようになった。オスマン帝国にとり、フランスは古くから友邦国であり、ハプスブルク帝国はライバルであったが、十八世紀初頭からは南下政策を行うロシア帝国も次第に敵国となっていった（鈴木董二〇一四：二三六―二三九）。

一八三九年からのムスリムと非ムスリムの法のもとの平等を謳《うた》ったタンズィマートの改革とクリミア戦争で、英仏がオスマン帝国を支援したことにより、オスマン帝国も「ヨーロッパの協調」のメンバーに入った（Hanioğlu 2008:73、藤波二〇一四b：六八）。さらに一八七七年から始まった露土戦争の戦後処理を行ったベルリン条約も大きな分水嶺であり、セルビア、ルーマニア、モンテネグロの独立、ブルガリアの事実上の独立、ボスニアやキプロスの占領が定められた。それは帝国解体の終わりの始まりであり、その後の第一次大戦まで続いていく（Yavuz 2013:3、藤波二〇一四b：六八―七〇）。

オスマン帝国は、「ヨーロッパの協調」を実現させるための分銅《ふんどう》として機能させられ、列強諸国の勢力均衡を実現すべく、その相互対立をオスマンの犠牲のもとに精算する過程がいわゆる「東方問題」だった。一九一二年からのバルカン戦争を経たオスマン帝国のヨーロッパからの駆逐《くちく》は、オスマン帝国を犠牲にした均衡の維持を困難にさせ、それが第一次大戦を招くことによって、ついには十九世紀の国際秩序の崩壊を引き起こした。いわば第一次大戦は「東方問題」の最終的「解決」となったのである（藤波二〇一四a：一九一―一九二、Macfie 1998:234；Demirci 2014:181）。

オスマン帝国にとって、十六世紀以来の宿敵であるハプスブルク帝国、十八世紀以来対立を深めているロシアだけでなく、十六世紀以来友邦であったフランスも二十世紀初頭においては外交的には疎遠化しており、フランスはむしろ「歴史的シリア」への関心を深めていた。またクリミア戦争でともに戦った英国も信頼できない状況となっていた。そうした中、ドイツ帝国のみがオスマン帝国領に経済的に大きな利害を見出し、また英国への挑戦のため、オスマン帝国へ接近してきたのである（鈴木董二〇一四：二四九―二五〇）。

（2）第一次大戦直前のオスマン外交

ここでは、第一次大戦直前のオスマン外交について考察する[4]。

第二次バルカン戦争で、エディルネを辛うじて取り返したことにより、統一派はさらに力をつけ、中央集権的なトルコ主義のイデオロギーを徐々に強くしていく（Tunaya 1989:477）[5]。またバルカン戦争での教訓は、オスマン帝国は自身が守らなければならず、ヨーロッパはほとんど介入してくれないということだった（Ahmad 1985:296）。バルカン戦争は帝国の外交的孤立を暴露し、統一派はこのまま孤立を続けたら帝国が崩壊してしまうということを確信した。基本的には彼らは孤立を続けるよりも、何らかの同盟を受け入れることを準備し出した（Zürcher 1993:116）。さらに軍の近代化も痛感し、ドイツからリーマン・フォン・ザンデルス将軍を招聘《しょうへい》し、オスマン第一軍司令官に任命した（Shaw & Shaw 1977:308）[6]。

この時期よりドイツのオスマン帝国に対する影響がさらに強まるが、多くの者がドイツ支持、同盟支持というわけではなかった。またドイツの側でさえ、一九一四年春の段階ではトルコとの同盟に疑問を持っていた（Kurat 1967:293,296）。内閣を構成する重要人物である大宰相サイード・ハリム、海相ジェマル、蔵相ジャヴィットらは協商支持であり、内相タラートですら特にドイツ支持というわけではなかった。つまり、強硬なドイツ支持者は陸相エンヴェル一人であった（Ahmad 1990:60；Trumpener 1968:17；Kayalı 1997:185）。

このような状況の中で、オスマン帝国は外交的努力により孤立を回避し、列強の協力を取りつけようとする。(7) まずオスマン帝国は英国の大艦隊の力を求め、英国への接近をはかる。一九一一年十月に同盟を模索するため、ジャヴィットは英国の海相チャーチルや外相グレイと接触するが、よい回答は得られなかった（Tolon 2006:28）。一九一三年六月、駐ロンドンオスマン帝国大使のアフメット・テブフィッキはアングロ・トルコ同盟問題を新しく持ち出した。だがグレイはその提案を差し戻した。オスマン側は再び英国側と同盟に入るための具体的な計画は持っておらず、結局は失敗した（Ahmad 1985:297）。

次に接近したのはロシアである。伝統的な敵対国であるロシアへの接近のために、一九一四年三月に、トルコ・ロシア友好協会を設立した。一九一四年五月十日には、オスマン政府はタラートをクリミアにあるツァーの別荘に派遣した。ロシアとの友好関係に関して、テブフィッキは、オスマン帝国のアナトリアで最も長い国境線を接しているロシアとの相互理解と友好関係が必要であるとの見解を示している。ツァーとの会見でタラートは、「これは単なる儀礼的公務ではなく、政治的職務も行うためのものである。私たちの代表団は平和と友情の証しである。ロシアと私たちの間で可能な限りの親密な理解に達することを願っている」と表明した。ツァー・ニコライ二世は、「トルコがドイツと関係を結ぶことに対してロシアは承認しないだろう」と牽制をした。ロシア外相のサゾノフは、「ロシアのトルコとの関係の深い政治は、英国とフランスとに及ぶ協定の範囲内で成り立つ。この二つの協定の批准《ひじゅん》をせずにロシアがトルコと二国で協定に達するのは不可能である」とタラートに告げた。この後も話し合いは続けられたが、結局結論は得られなかった（Ahmad 1985:298）。

オスマン帝国が三国協商（英・仏・露）と協定を結ぶ最後の戦略は、フランスとの協力関係であった。これもロシアの場合と同じような方法で進められた。イスタンブルとパリに、フランス・トルコ友好協会が設立され、イスタンブル支部長には親協商派のジェマルが就いた。フランス政府はジェマルをフランスに招き、一九一四年七月十三日にジェマルはフランス外務省を訪れた。もしオスマン帝国が三国協商に入れば、バルカンで孤立しているブルガリアも入るに違いなく、さらに協商国がロシアの脅威から我々を守ってくれるであろうと彼は予想していた（Cemal Paşa 1977:139；Burak 2004:24-25）。だがロシアの場合と同じく、フランスのみで同盟問題を決めることはできず、同盟問題は白紙になった。

ドイツ支持派でさえ、三国協商への参加を受け入れると見られていたが、ジェマルのパリでの交渉が失敗するや、七月二十二日にはエンヴェルは駐イスタンブルドイツ大使のワンゲンハイムに援助を求めるため交渉を始めた。ジェマルの交渉決裂は単なる彼個人の失敗ではなく、ドイツ支持派に勝利をもたらすこととなり、オスマン帝国が三国同盟側（独・オーストリア・伊）に立って第一次大戦に突入する一つの契機となった（Ahmad 1985:298-299）。

当初ドイツはオスマン帝国との同盟にあまり関心がなかったが、ヴィルヘルム二世と軍首脳部は、よい装備を供給し有能な指揮官を多数養成すれば、オスマン軍は十分活用できると判断し、同盟を決意した。こうして一九一四年七月二十二日に、エンヴェルとワンゲンハイムとの間で、秘密防衛同盟条約の締結交渉が始められた。特に八月一日のドイツ参戦後に急ピッチで進められ、翌日の八月二日に同条約が締結された。第一条では、オーストリア＝ハンガリーとセルビア間の戦争において、両国は厳正中立を約束し、第二条では、ドイツがロシアと開戦すればオスマン帝国も対露戦を開始することが謳われていた（高橋一九八八：二六七、入江一九六四：二一七）。だが前日にドイツは対露戦をすでに開始しているので、すでにオスマン帝国は前提条件として対露戦を開始せねばならず、さらに第一条の中立に関してはもはや有名無実であった。またオスマン帝国内において、サイード・ハリム、エンヴェル、国会議長ハリル、タラート以外の閣僚にはこの一連の条約に関することが知らされていなかった（Kurat 1967:297-298；Tuncer 2014:218）。

このようにいくつもの問題を抱えたドイツとの条約であるが、オスマン帝国政府内部ではまだ中立を模索する動きもあった。確かに、この条約の中立宣言とともに、予防措置として同日に総動員令を出したが、政府としては参戦の決意を固めたわけではなかった。ロシアを無意味に刺激しないようにまたロシアとの戦争を避けるために何らかの協定締結に努力した。サイード・ハリムとエンヴェルは、ロシア大使ギエルスや駐在武官レオンチェフと八月五日以後数回会談し、アナトリア東部のオスマン軍を後退させてもよいことなどを提示し、その代わりにオスマン帝国の中立を承認し、五年から十年有効の防衛同盟の締結を提案した。だがロシア政府は、この提案を受諾すればロシアはイスタンブルやボスポラス海峡を支配する野望を断念しなければならないため、外相のサゾノフは拒否の回答をした（高橋一九八八：二六七）。

このように基本的に協商国側は、「ヨーロッパの病人」であるオスマン帝国との同盟関係には興味はなく、戦争による分割も模索していたのである（Tuncer 2014:215-216）。

その後もオスマン帝国は中立維持の努力を続けたが、参戦を決定的にしたのはゲーベン・ブレスラウ事件であった。ドイツの最新鋭巡洋艦ゲーベンと軽巡洋艦ブレスラウは、英国の対独宣戦布告直後に英国艦隊の追跡をかわして八月十日にダーダネルス海峡に逃げ込んだ。この頃オスマン帝国が英国に発注していた戦艦二隻が、引き渡し間際に英国政府に差し押さえられるという事件が起こっていた。オスマン帝国が英国の敵対国になりつつあると見なされたことが理由だが、両艦の建造費はすでに支払い済みであったため、多くの人々は憤激した。オスマン政府首脳は、一方では優秀な軍艦二隻を獲得し、他方では英国に反感を抱く帝国の世論をドイツ側へ有利に誘導するために、これらドイツ軍艦の購入を決定した。ゲーベンはヤウズ、ブレスラウはミディルリとそれぞれ改称され、八月十六日にはオスマン旗を掲げ、ドイツ軍人にはトルコ帽をかぶらせ、イスタンブルへ入港した（高橋一九八八：二六七—二六八）。

この時期、オスマン帝国内では親ドイツ派の勢力が多くのプロパガンダを始め、戦争ではドイツが勝つであろうとのうわさが広まった。特にアナトリアではドイツ支持の世論形成が強かった(Sürgevil 1983:116)。またエンヴェルはヨーロッパで一番強い軍はドイツであり、ドイツが勝利するであろうと考えていた(Tuncer 2014:216)。このように両艦のオスマン海軍編入は、オスマン艦隊の戦力を一挙に強化し、黒海でロシア艦隊と対抗し得る状況を作り出したのみならず、協商側への加担や中立を主張する批判分子を沈黙させ、オスマン帝国の三国同盟側に立っての参戦を促進する大きな要因になったのである（高橋一九八八：二六八）。

三　第一次大戦におけるオスマン帝国の問題

（1）第一次大戦の概要

一九一四年七月二十八日に、オーストリア＝ハンガリーがセルビアに宣戦布告して第一次大戦が始まった。ロシアは七月三十日に総動員令を発令し、三十日から三十一日未明にオーストリア＝ハンガリーが動員令を出し、八月一日にはドイツとフランスが動員令を出した。同じく八月一日にドイツがロシアに、三日にはドイツがフランスに宣戦布告した。四日には英国がドイツに、六日にはオーストリア＝ハンガリーがロシアに宣戦布告し、瞬《また》く間《ま》にヨーロッパに戦争が広まった（Becker 2014:39）。

このように戦争が拡大する中、オスマン帝国には五つの選択肢があった。第一は同盟国側に立ち、すぐに戦争をすること、第二は協商国側に立ち戦争をすること、第三はオスマン帝国の最も危険な敵国であるロシアが入っている協商国と戦う同盟国に物心両面にわたって援助をするが、戦況の結果がはっきりするまで中立を保つこと、第四は同じく協商側に援助はするが、結果がはっきりするまで中立を保つこと、第五は完全に中立を保つことである（Macfie 1998:120 ; Tuncer 2014:212）。

このような選択肢の中、オスマン帝国の安全保障のためにも、いずれかの国の支持を取りつけることは不可欠だと見なされていた。結局は前に見てきたとおり、その地政学的意義を評価してオスマンに接近したドイツが唯一の交渉相手となり、その結果、元来は親英仏派の多かったオスマン帝国も、ドイツとの提携を余儀なくされていった。しかし中立維持派の勢力はなお強かったし、親独派すら参戦そのものを目的としていたわけでは必ずしもなかったので、ドイツのたび重なる要請にもかかわらず、参戦をぎりぎりまで延ばしていた。だがついに、一九一四年十一月十一日に宣戦布告し、直ちにジハードが宣言され、国内のムスリム世論の統一がはかられるとともに、国外特に英仏露支配下のムスリムへの煽動工作も進められていった（藤波二〇一四a：一九七―一九八）。

大戦の推移はオスマン帝国にとって、おおむね不利なものであった。ドイツが対露戦における後方攪乱のため強く求めたコーカサス遠征は失敗に終わり、英国のインドへの道の紅海ルート掌握をめざしたスエズ攻撃も成功しなかった。ジハードの宣言も実質的には戦局に影響を与えることはなかった。ただ一九一五年のダーダネルス海峡制圧のためのガリポリ戦役においては、オスマン帝国は防衛に成功した。この時の司令官であったムスタファ・ケマルは戦勝将軍であるガーズィーの称号を与えられ、後の「国民闘争」においてリーダーシップを発揮する契機となった。その後、一九一八年十月三十日にオスマン帝国はムドロスにおいて、休戦協定を結び、敗戦国となった。さらに一九二〇年八月十日に、列強側の密約を実現するためのセーブル条約に調印させられたのである（鈴木董二〇一四：二五二―二五四）。

（2）アルメニア問題

東方問題とは、中東地域が多宗教・多宗派が共存する地域であることを逆手にとってヨーロッパが介入し、「宗教・宗派紛争」を創出させることでさらなる介入の機会を作り出そうとする動きであった。第一次大戦を通じて、むき出しの植民地主義ではなく、国際連盟の委任統治という「後進」的諸民族が独立できる段階に達するまで監督・指導する役割を「先進諸国」に委《ゆだ》ねるという論法で、列強に事実上の植民地主義を許す制度であった（栗田二〇一四：七―八）。

大戦中の一九一五年のアルメニア問題も、現在の中東特にトルコ共和国に大きな影響をもたらしている。そもそもアルメニア人は紀元前二世紀に建国された古代アルメニア王国の末裔《まつえい》を自認する人々であり、古代王国滅亡後イスラーム諸王朝の支配下に入り、国際的な交易ネットワークを作り、商業の民として活躍した。オスマン帝国においても保護され、支配体制に順応し、スルタンの最も忠実なキリスト教臣民と見なされていた。

十八世紀末から、中東市場は世界経済に包摂され、その結果、ムスリム商人が没落し、代わってアルメニア人らのキリスト教徒商人が台頭した。キリスト教徒商人たちは西欧諸国との取引を通じて富裕化し、地域経済を支配していった。オスマン帝国の支配層は、諸民族の忠誠を確保し、西欧列強にキリスト教徒の保護を目的とする内政干渉の口実を与えないようにする必要があった。そのために、従来のイスラーム国家理念に代わる新たな統合原理であるムスリムと非ムスリムの平等を謳ったギュルハネ勅令を出し、その後全ての帝国臣民をオスマン国家の国民として自覚させるためオスマン主義を国家理念に位置づけた。

しかし、十九世紀末になると、アルメニア人の間にも民族意識が強まり、体制との軋轢《あつれき》も生まれていった。露土戦争後の一八七八年のベルリン条約で、コーカサス南部がロシアに割譲されるなど、オスマン帝国は多くの領土を失った。次第に少数民族政策も転換し、イスラーム主義を強調するようになった。アルメニア人も様々な組織を作り、自由な政治活動ができないため武装蜂起路線を標《ひょう》榜《ぼう》し、要人暗殺や反乱の準備のため武器密輸を進めた。このようにして、一八八〇年以降のオスマン政府のアルメニア人政策には「対テロ戦争」的発想が顕著になるのである（佐原二〇一四：九、三二―三九）。

このような背景の中で、一九一五年からのいわゆるアルメニア人虐殺が起こったのである。強制移送によって多くのアルメニア人が死亡したとされ、その数は百万人以上から十数万人まで様々な説がある。死因は、消耗、飢餓、疾病、物理的迫害であり、それぞれの割合も様々な推計が存在する。アルメニア人の大量死の要因として、行政機関の機能不全や逸脱、戦争による物資の窮乏《きゅうぼう》、バルカン戦争によるアナトリアへのムスリム難民の流入、民衆の間での鬱積《うっせき》した宗教的・民族的対立などがあった（佐原二〇一四：一四―一五、Aksakal 2008: 48）。

またロシア軍の侵攻が懸念されるこの地域から「対敵協力民族」と見なされていたことも要因である。当時オスマン帝国には敵に包囲されているという意識があり、ダーダネルス海峡ではガリポリ戦が始まっており、アルメニア人がロシアと結んでムスリムを脅かしていた（伊藤二〇一四：八〇、Berghahn 2009=2014:41；Kieser 2014:603）。

その後もムスリムとアルメニア人の間では報復が続いた。一九一八年にオスマン帝国はムドロス休戦条約を結び武装解除され、アナトリア南東部はフランス占領下に入った。フランス軍は現地のアルメニア人を武装させて補助兵力として活用し、アルメニア人はこの機に乗じてムスリム住民を迫害した。ムスリム側の抵抗組織も作られ、フランス占領軍とアルメニア人民兵への反撃が始まった。「大アルメニア」の脅威は、ギリシア人の侵略と並んで、ムスタファ・ケマルらの抵抗運動の主要な関心事であった。各地で激戦が繰り広げられ、多くの犠牲者が双方に出た。その後、最終的にムスリム側が勝利したのでトルコの東部領からアルメニア人が一掃されたのである（佐原二〇一四：一六一一八）。

オスマン帝国の近代史は、列強による帝国の蚕食、列強の橋頭堡《きょうとうほ》としてのキリスト教徒の台頭、民族意識拡大による帝国分裂の歴史であった。バルカン戦争から第一次大戦に至る過程で、総力戦の極限状況の中、オスマン領内外で、国家や住民の相互関係の再編が進み、在地の友敵関係も次第に民族に基づくものに収斂《しゅうれん》し、さらには宗教・宗派的な分断が体制化されていくことになった（藤波二〇一四a：二〇六―二〇八）。オスマン帝国崩壊の不安を抱える中、帝国内の敵を根絶させ、均質な国民国家を作るためにマイノリティを同化していった。その後のトルコ共和国建設はトルコ語を話すスンナ派が中心となっていくのである（Kieser 2014:612 ; Yavuz 2013:76）。

オスマン帝国は列強により支配される側であり、そのことが現代の中東の諸問題の要因になっていることは確かである。だがオスマン帝国の特に解体期においては、他民族・他宗教集団から見れば、オスマン帝国は支配する側でもあった。列強により半植民地にされながら、帝国支配をしていたという事実は、日本による沖縄・朝鮮支配や、中国によるチベット・新疆《しんきょう》支配ともある程度のアナロジーで語れるかもしれない（木畑二〇一四：二四、秋葉二〇〇五：一二九、一三六）。列強の介入が強かったオスマン帝国によるアルメニア問題と日本によるアジア侵略等を単純に比較することは難しいかもしれないが、両者を世界史の中で比べてみることもできよう。

(2) 中東をめぐる第一次大戦期の外交

当時、英国はイラクに、フランスはシリアに、ロシアはイスタンブルと東部アナトリアに経済的関心を持ち、ドイツはバグダード鉄道問題によりオスマン帝国に接近していた。オスマン帝国は、当時の植民地の中で最も豊かな土地であり、多くの列強がその権益を狙っていた (Tolon 2006:5,17,265)。

池内恵によれば (池内二〇一六:三四―三五)、一九一六年のサイクス・ピコ協定は、オスマン帝国の最終的な崩壊に際して、中東の新たな国家と国際秩序を形作るという課題に、専ら域外の列強が主体となって取り組んだものである。このように池内はサイクス・ピコ協定を重視しているが、この協定はその後に結ばれた一九二〇年のセーブル条約と一九二三年のローザンヌ条約によって大きく修正されていると指摘し、サイクス・ピコ協定の受け入れを拒む諸勢力が台頭し、それらの勢力の実力による現状変更を受けて後の二つの条約が結ばれ、その結果として現在の中東諸国体制ができ上がっていったと述べている。つまりサイクス・ピコ協定とセーブル条約、ローザンヌ条約をセッ

図4　サイクス・ピコ協定

出典：設樂國廣, 2016,『ケマル・アタテュルク　トルコ国民の父』山川出版社をもとに作成

トにして考えるということである。このようにこれらの条約を一連のものとして捉えることは有効であろうが、その協定の内容と歴史的性格からさらに細かく分類する必要があろう。ここでは諸協定とセーブル条約を一連のものと捉え、それとローザンヌ条約を分けて考えてみる。

まず、一九一五年三月から四月のイスタンブル協定、一九一五年四月のロンドン協定、一九一六年五月のサイクス・ピコ協定、一九一七年四月のサン・ジャン・ド・モーリアンヌ協定の四つの列強による秘密協定を一連のものと見る（Tolon 2006: IV）。さらに一九一五年七月から一九一六年三月のフサイン・マクマホン書簡、一九一六年五月のサイクス・ピコ協定、一九一七年十一月のバルフォア宣言の相互に矛盾する列強によるいわゆる三枚舌外交を一連のものと捉える。[8] この四つの秘密協定と三枚舌外交の帰結がオスマン帝国の分割をめざしたセーブル条約であり、ここではセーブル条約と現在の国境線を確定したローザンヌ条約とを分けて考えていく。つまり基本的には、ギリシア、アルメニア、クルド等の一部の現地勢力と列強により作られたセーブル条約と、トルコ独立戦争により新たに作られたローザンヌ条約を、特にトルコの観点においては、分けて考える方が有効であろう。

まず四つの秘密協定から見ていく（Burak 2004:72-83）。一九一五年三月から四月のイスタンブル協定はコンスタンティノープル協定とも呼ばれ、英仏露による秘密協定であり、ロシアにイスタンブルと周辺の海峡を与える約束であった（Satan 2014:56）。ロシアは海への出口を求めており、イスタンブルや海峡に対するロシアの要求を受け入れたのである（渡邉一九九五：六四）。一九一五年四月のロンドン協定は英仏伊による秘密協定であり、イタリアが英仏の同盟に入れば、ドデカネス諸島、アンタルヤ等を与える約束であった。ロシアがイスタンブルを望んだように、イタリアはエーゲ海に面した都市イズミルを欲していたのである（Bayur 1967:21）。一九一六年五月のサイクス・ピコ協定は英仏露による秘密協定である。四つの秘密協定の中で最も重要だったのがサイクス・ピコ協定であるが（Tolon 2006:55）、これは次の三枚舌外交のところで述べる。一九一七年四月のサン・ジャン・ド・モーリアンヌ協定は英仏伊による秘密協定であり、イタリアがイズミルを含むエーゲ海沿岸を勢力圏とする約束であった。このサン・ジャン・ド・モーリアンヌ協定は、サイクス・ピコ協定を知ってしまったイタリアに対するいわば口止め料であった（Tolon 2006:89）。

次に三枚舌外交であるが[9]、まず一九一五年七月から一九一六年三月のフサイン・マクマホン書簡である。マッカのシャリーフであるフサインと英国のエジプト高等弁務官であるマクマホンが交わした書簡である。第一次大戦中、戦後のアラブ王国建設を計画したフサインと敵国ドイツの同盟国であるオスマン帝国からのアラブ人離反を望んだ英国の利害が一致したことから、二人は各五通の書簡を交わした。一九一五年十月のマクマホン書簡では、パレスチナを含むアラブ地域の戦後の独立を認めた。

次に一九一六年五月のサイクス・ピコ協定である。英国代表サイクスとフランス代表ピコが原案を作成した後、ロシアを交えて協定が結ばれた。それによると、フランスは現在のレバノンとシリア、英国はパレスチナ南部とヨルダンを支配ないし勢力圏とし、エルサレムを含むパレスチナ中部は三国によって国際共同管理されることになった。しかし一九一七年十一月にロシア革命後のボリシェヴィキ政権がその内容を暴露すると、ユダヤ人とアラブ人双方から反発を買うことになった。

最後に一九一七年十一月二日のバルフォア宣言である。英国外相バルフォアがパレスチナにユダヤ人の民族的郷土（national home）を作ることに同意した宣言である。この宣言はロスチャイルド卿宛の書簡の形で、パレスチナの非ユダヤ人共同体の市民的・宗教的権利が侵害されないという条件のもとに出された。

最近の研究では、バルフォア宣言の決定は英国側の都合で進められ、シオニスト側は決定まで受け身の姿勢を強いられていたとされている。ロイド・ジョージ首相は、ユダヤ人は金持ちだという偏見に基づいてユダヤ人に過度の期待を抱いており、彼の強いイニシアティブがあって宣言が出されたとされている。バルフォア外相もキリスト教シオニストであり、熱心にユダヤ人国家建設を支援した。英国がシオニストの大義を支持するという決定的な決断を行った背景には、英国からユダヤ人を追い出すためにシオニズムを支持するというような矛盾に満ちた反ユダヤ主義もあったのである（臼杵二〇一三：一七八―一八〇）。

バルフォア宣言は、英国がそれ以前にパレスチナを独立アラブ王国の一部として約束したフサイン・マクマホン書簡、およびエルサレムなど中部パレスチナを英仏露による国際共同管理としたサイクス・ピコ協定に抵触していた。

アラブ側は、フサイン・マクマホン書簡において、アラブ独立領域の中にパレスチナが含まれており、また書簡がバルフォア宣言に先行していたので、英国の唯一の有効な義務であると主張した（近藤一九九三：一八六）。しかしその後の歴史を見ても、三枚舌外交の中でフサイン・マクマホン書簡が最も反故《ほご》にされたと言えよう（Rogan 2015:281）。

今までの歴史記述においては、「オスマン帝国に対するアラブの反乱」と単純に論じられてきたが、現実のアラブの反乱は、一貫してまとまりのあるものではなかった。オスマン帝国とヨーロッパ連合国を天秤にかけた場合、キリスト教徒のヨーロッパ人に支配されるよりは、同じイスラーム教徒のトルコ人の支配の方がましであるとの考えもあった（Fromkin 2001:175=2004:272）。またオスマン軍の中のアラブ人兵士もオスマン政府に対する忠誠心が厚かった。オスマン軍の中のアラブ人将校の多くは、当時のオスマン政府を構成していた青年トルコ人を支持しており、そうでない少数の将校と言えども、敵を前にして部隊を率いて反乱を起こすことは良心に反すると考えていた（Fromkin 2001:209-210=2004:332）。また多くのアラブ人将校はオスマン帝国の枠中で改革をし、アラブ地域の自治を拡大し、オーストリア＝ハンガリー帝国のようなトルコ＝アラブ二重帝国を構想していた（Rogan 2015:300）。

一九一七年十一月二十六、二十八日の「マンチェスターガーディアン」紙に、ボリシェヴィキ政権が暴露したサイクス・ピコ協定がスクープされた。[10] この報道により秘密協定が白日の下にさらされ、フサインらは英仏列強に裏切られた形となり、動揺が走った。オスマン政府のジェマル海相は、その好機を逃さず、フサインらに反乱を止めさせ、オスマン帝国に戻るように説得した。さらに十二月にはフサインの三男ファイサルに、オスマン帝国の枠内でアラブの完全な自治を与えることを提示した（Rogan 2015:349,357-359）。しかし失敗し、アラブの反乱を止めることはできなかった。

その後、四つの秘密協定と三枚舌外交の帰結としての一九二〇年八月のセーブル条約によりオスマン帝国は広大な領土を失い、ギリシア、アルメニア、クルドなどの現地勢力が実効支配を強めることになった。この条約の前の一九二〇年四月にはサン・レモ会議が開かれており、セーブル条約の骨子はほぼこの会議で決定されていた。

セーブル条約によりオスマン帝国はアナトリアの一部分のみとなり、アルメニアやクルド、ギリシアなどの勢力が多少入ったとはいえ、基本的にはサイクス・ピコ協定で取り決めた勢力図がこのセーブル条約となった。三枚舌外交は相互に矛盾をはらんでいたが、セーブル条約までの秘密協定は一連のものと見ることができるであろう。

一九二三年七月のローザンヌ条約までに、ムスタファ・ケマルをはじめとするアンカラ政府は、ギリシア等の外国勢力をアナトリアから排除し、現在のトルコ国境がほぼ確定した。したがってセーブル条約とローザンヌ条約はかなり性格の異なるものである。ローザンヌ条約の勝者はムスタファ・ケマルであると言われており（Kitchen 2014）、これにより中東地域において、唯一と言ってもよいトルコ人中心の領域国民国家を作ることに成功した。だが領域国民国家の矛盾はクルド問題やアルメニア問題等を生じさせ、現在まで影響を及ぼすことになるのである。

章のまとめ

第一次大戦研究はかなり進んできてはいるが、未だヨーロッパ中心であることは否めない。旧来の一九一四年から一九一八年の時期区分は、西部戦線もしくはヨーロッパ戦争からの視点によるものであった。一九一一年のトリポリ戦争もしくは一九一二年のバルカン戦争は第一次大戦と直結するものであり、いずれもオスマン帝国が戦争主体であった。一九一八年以後もパラミリタリーな戦闘は各地で続いており、一九二三年に至ってほぼ終結を見る。一九二三年はトルコ共和国の国境を確定したローザンヌ条約が締結された年であり、これもオスマン帝国の後継国家であるトルコ共和国が直接関与している。

時期区分のみならず、戦闘地域の観点でもオスマン帝国の視点は重要であり、西部戦線より南部戦線や東部戦線の方が被害は大きく、中東において市民や兵士の犠牲者は甚大だった。オスマン帝国が参戦したことにより、まさに大戦が世界化したのである。このように第一次大戦研究の新潮流としての時期区分と戦域の拡大は、オスマン帝国の影響と言ってもよいのである。

第一次大戦前のオスマン外交研究においても、これまでの研究では西洋側からの研究が多かったため、オスマン帝国の内政や外交の問題は軽視され、結果として単純かつ表面的な叙述が多く見られた。だが実際は、複雑で多様性に満ち、政府首脳も様々な模索をしながら、時には列強に押し切られる形で、また時にはそれらに反抗しながら内政や外交政策を進めてきたのである。

オスマン帝国とドイツとの関係も詳細に見れば、終始変わらなかったわけではなかった。ドイツ支持のエンヴェルの存在や、バクダード鉄道問題などから次第にドイツ支持へと傾くようになる。だが完全にドイツ支持が決定されたのではない。一九一四年の夏まで政府は協商側との協定の締結に外交的努力をした。しかしジェマルの失敗によりその道も閉ざされ、一九一四年八月二日にドイツと秘密防衛同盟条約を少人数の承認のもと結んだ。さらに決定的であったのはゲーベン・ブレスラウ事件であった。この事件によりドイツ側で戦うことが決定づけられた。

アルメニア問題もこのような歴史の流れの中で生じたものであり、今後トルコ・アルメニア両国の研究者による冷静な研究と対話が望まれよう。このアルメニア問題は、均質な国民国家を作ることの矛盾、半植民地国家による帝国内のマイノリティへの差別問題等、日本や中国などの他の国家とのアナロジーの可能性もあり、比較世界史への視点も提供できよう。

東方問題以来、オスマン帝国は、列強による蚕食、列強の橋頭堡としてのキリスト教徒の台頭、民族意識拡大による帝国分裂で悩まされ続けてきた。さらに第一次大戦における英国による三枚舌外交により、ヨーロッパに存在していたユダヤ問題が中東に移植された。英国は委任統治という新

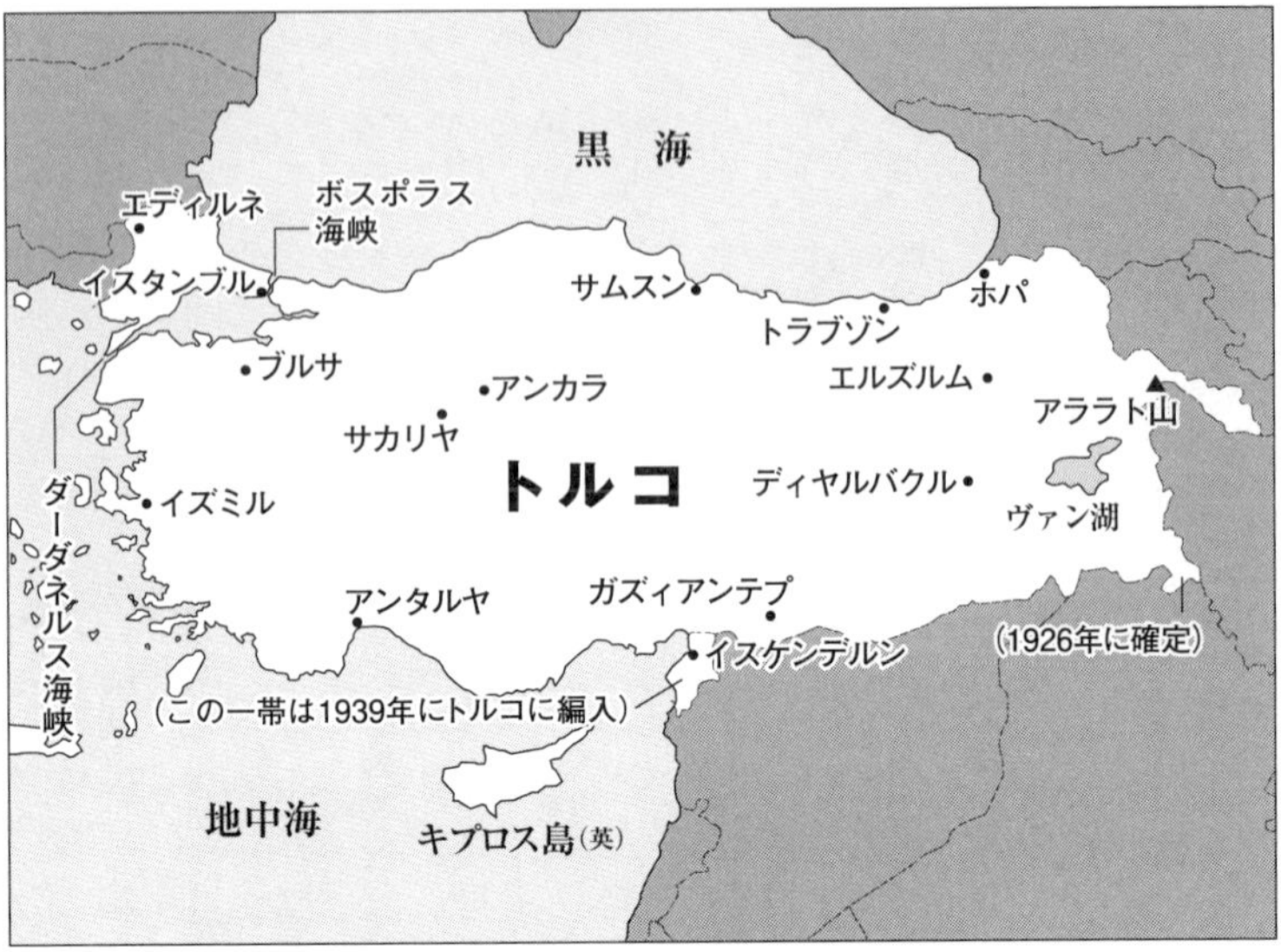

図5　ローザンヌ条約によって定まったトルコ領土

出典：池内恵, 2016,『サイクス＝ピコ協定　百年の呪縛』新潮社をもとに作成

たな植民地主義により、歴史上最大の「帝国」を作り出した。

アラブ地域においてはサイクス・ピコ協定により恣意的な国境線が引かれ、トルコにおいては均質な領域国民国家建設が進められた。だがいずれも現在、機能不全に陥《おちい》っており、様々な形で異議申し立てが行われている。いわば現在は中東イスラーム地域において旧来の国際秩序が崩れ、新しい共存の枠組み作りがなされようとしている過渡期とも言えよう。

第三部

中東イスラームの現在

第十一章　近年の中東イスラーム世界の諸問題

はじめに

本章では、イスラエル・パレスチナ問題の経緯や、最近の国際関係における中東イスラーム世界の紛争要因と米国等の対応の問題点や今後の平和の行方について概観し、現状分析を試みる。

第一節では、現在の中東イスラーム世界での最大の問題であるイスラエル・パレスチナ問題を取り上げる。まず西欧キリスト教世界の構築とユダヤ人差別問題の関係性を指摘し、イスラエルの建国の経緯を見ていき、イスラエル・パレスチナ問題について論究する。

第二節では、九・一一事件以後の米国の対応の問題点を指摘し、世界各地で起こっている米国の政策への反対要因を見ていき、米国の行っている戦争の特徴を考察する。

第三節では、米国による報復戦争の違法性を主に国際法の観点から論じ、国際社会を無視し、単独主義を強める米国の対応を批判する。

第四節では、現在のいわゆるテロリズムについて国家テロにも触れ、近代主権国家の交戦権や領域性の問題を指摘し、近代主権国家システムの限界が露呈しつつある現在、イスラームの開放性や脱領域性が代替の一つとなり得る可能性を指摘する。

一 西欧キリスト教世界とイスラエル

(1) ユダヤ人差別による西欧キリスト教世界の成立

ヨーロッパにおけるユダヤ人差別の起源として、イエス・キリストを殺したのがユダヤ教徒であるという問題がある。一番古いと言われる「マルコによる福音書」(一五章八―一四節)にも、「ルカによる福音書」(二三章一三―一八節)においても、群衆がイエスの処刑を求めたとされている。ところが、最も遅く成立したと言われる「ヨハネによる福音書」(一八章三八―四〇節)では、群衆といった表現ではなく「ユダヤ人」と明示されている。コンスタンティヌス帝が三一三年にキリスト教を公認し、三八〇年にテオドシウス帝がキリスト教を国教とすると、イエスの死の責めをローマ帝国に帰すわけにはいかなくなったのである。ここにローマ帝国によって、「イエス・キリスト殺し」の責任がユダヤ教徒に押しつけられることになった(臼杵二〇一三：六五―六六)。

西欧キリスト教世界の原型はローマ帝国の末期に作られたと言われている。帝国の再統合のためにキリスト教徒の財力や組織力を利用し、キリスト教のヨーロッパ化（脱ユダヤ化）をはかった。キリストを死に至らしめたのがユダという名の一個人ではなくユダ＝ユダヤ教徒全体であるとすることによって、ヨーロッパ＝キリスト教世界を創設し、あわせて外部を代表するものとして、政治的にユダヤ人の枠組みを創設した。ヨーロッパ世界はこうして、非ヨーロッパ世界（オリエント、東方、アジア）の象徴としてのユダヤ人の枠組みを創造した上で、さらに内部で排斥《はいせき》・差別することによって、「キリスト教徒の政治的共同体」としてここに成立した（中堂二〇〇二：八五）。

預言者《よげんしゃ》イエスを神として、先行するユダヤ教や後続のイスラームとの共存と和解の道を自ら閉ざし、ヨーロッパ世界の絶対化をはかる西欧キリスト教世界は、貧しい自然との生態学的共存を拒み、内なる自然と外なる非ヨーロッパ世界の改造と支配に執着しており、現在においてもそれは続いている（中堂二〇〇二：八五―八九）。

またイスラエル・パレスチナ問題は、シオニズムを生み出したプロテスタント的信仰に基づく「ユダヤ人復興」の考え方に支えられながら、西欧キリスト教世界の矛盾であるユダヤ人問題の解決を押しつけた所産であるとも言える。パレスチナ問題の向こう岸にはイスラエル問題があり、イスラエル問題の背後には反ユダヤ主義と親ユダヤ主義が野合したキリスト教シオニズムをも生み出したキリスト教的世界がある（臼杵二〇〇二：一二九）。

イスラエル・パレスチナ問題とは、宗教対立ではなく、土地をめぐる政治的対立である。もともと中東にはユダヤ問題はそれほど存在せず、ユダヤ問題とはヨーロッパにおけるユダヤ人差別問題のことであり、いわばユダヤ問題とはヨーロッパ問題なのである。一四九二年にレコンキスタが完成し、イベリア半島からイスラーム教徒を追い出すと、ユダヤ教徒も同時に逃げ出した。ヨーロッパにいると差別を受けるので、オスマン帝国等にユダヤ教徒は逃げたのである。

中田孝によれば、そもそもイスラエルとはヨーロッパ人がパレスチナに作った植民地であり、住民を征服、虐殺、奴隷化《どれいか》し、植民地化していったヨーロッパ人の移民の最後の波であり、中東におけるヨーロッパの最後の橋頭堡《きょうとうほ》であった。つまりユダヤ人とは、西欧の矛盾であり、西欧の生み出した負の遺産とも言える（中田二〇〇一：四五）。

(2) イスラエルの建国と中東戦争

i イスラエル建国までの流れ

第一次大戦中の一九一六年にサイクス・ピコ協定により、中東地域の線引きが西欧によって行われ、一九二〇年には新たな植民地形態である英国による委任統治が成立した。これらの過程の中で、現在の中東地域は混乱状態となり、イスラエル・パレスチナ問題が生じた（Şahin 2011:351）。その中でも特に英国の果たした役割は大きかった。フランスはマロン派カトリック、ロシアは正教徒の「保護」をオスマン帝国への介入の口実としていたが、英国にはそれが欠けていた。ユダヤ人の入植支援は、こうした口実を作るものとして考案された側面もある。

現実にパレスチナにはユダヤ人は少なく、一九一九年の統計によれば、パレスチナ外で暮らすユダヤ人は千五百万人も存在したが、パレスチナの非ユダヤ人は七十万人であり、それに比べてパレスチナにいるユダヤ人は十万人にも満たなかった。その後の大量のユダヤ人移民を前提として「民族的故郷」を創出させ、それが第一次大戦後には大きな潮流となっていった（向井二〇一四：一四八―一四九）。第一次大戦後、英国は絶頂期を迎え、領土は中東などで占領した地域を加えて、他の帝国と比べても史上最大となった（Fromkin 2001:383=2004:591）。だがその絶頂は衰退の始まりでもあった。

英委任統治の原則はチャーチル白書（一九二二年）に明確にされた。その要旨は、ユダヤ人の民族郷土はヨルダン川以西のパレスチナの一部に当然の権利として建設され、ユダヤ人の移民はパレスチナの「経済吸収力」を限界とするというものであった。一方シオニストの民族郷土作りの原則は、大量移民、土地の征服（土地購入）、労働の征服（ユダヤ人のみの雇用）の三点であり、両者はかなり異なっていた。

第二次大戦後、英国はパレスチナ問題解決を国連に委託した。一九四七年十一月国連総会はパレスチナ分割決議を賛成多数で採択した。この決議の内容はパレスチナをユダヤ国家とアラブ国家に二分割し、エルサレムを国際管理下に置くというものである。ユダヤ人に対する世界的な同情の念と米国の強力な工作とがあいまって、国連総会通過が可能になった。シオニストは、喜んでこの決議を受諾し、アラブ諸国とパレスチナ・アラブ人は不当としてこれを拒否した。

ii イスラエル建国と中東戦争

一九四八年五月十五日、テルアビブでベングリオンによって、イスラエル独立宣言が行われた。国家樹立の根拠を「歴史に当然なる権利（旧約聖書と古代イスラエル王国の存在）」と「国連パレスチナ分割決議」に置いている（平井二〇一二：七〇—七六）。

イスラエル国家が誕生するプロセスは、パレスチナ難民が生まれるプロセスでもあった。独立宣言の少し前、一九四八年四月九日から十一日にかけて、デイル・ヤースィーン村虐殺事件が起こった。百二十人もの死者を出した虐殺事件は、ベギン率いる修正シオニストの軍事組織イルグンが行ったものであり、結果的にシオニストに対する恐怖心をパレスチナのアラブ人に植えつけて、その難民化を促進することになった。またベギンは後にイスラエルの首相になるのであるが、いわばテロリストが一国の指導者になったのである（臼杵二〇〇九：七九、八四）。

その後、一九四八年にはイスラエル建国をめぐり第一次中東戦争が起こった。一九四九年にイスラエル圧勝のうちに終わり、七十万人から百万人のパレスチナ難民が生まれた。

イスラエル政府はユダヤ人口増大とパレスチナ人からの「合法的な」土地奪取のために様々な法的整備を行った。一九四八年十月十五日には、未耕作地開拓のための緊急条項が施行された。それによれば、ある地域を「安全地域」なり「閉鎖地域」と宣言して、出入りを禁止すると、そこが未耕作地となる。その後に、この法律を適用して没収し、耕す意思のある者、つまり近くのユダヤ人入植者に渡すわけである（広河二〇〇二：五〇）。このようにして次第にユダヤ人入植地が増大することになった。

一九五六年にエジプトのスエズ運河国有化に伴う第二次中東戦争が起こり、世界の覇権《はけん》が英仏から米ソへと移行し、その後の中東情勢が東西冷戦の文脈に組み込まれることになった（内藤二〇〇一：六三）。一九六七年の第三次中東戦争におけるアラブ側の惨敗は、パレスチナ人に自らの力でパレスチナを解放する決意を促《うなが》した。この戦争に大勝利したイスラエルは、一挙に支配地域を五倍にし、多数のパレスチナ難民を生んだ。その後の「中東和平」と呼ばれるようになるイスラエルとアラブ諸国との間の和平交渉もこの戦争前の「現状」への復帰を目標としており、第三次中東戦争が現在に至るまでの和平交渉の出発点となっている（臼杵二〇一三：二七八―二八〇）。

　一九六九年にヤーセル・アラファトがパレスチナ解放機構（ＰＬＯ／一九六四年設立）の議長に就任した。一九七三年の第四次中東戦争は、石油輸入先進国のパレスチナ問題に対する態度により、石油輸出を禁止するないし制限するという方針が功を奏し、パレスチナ問題への認識が世界的に大きく変わった。一九七四年の国連総会でＰＬＯは国連のオブザーバー権を獲得した。またエジプトが対イスラエル戦線を離脱し、一九七九年にエジプト・イスラエル平和条約が締結された（平井二〇一二：七七―八二）。

　一九八七年に占領地ガザで第一次インティファーダ（民衆蜂起《ほうき》）が始まった。一九九一年にマドリードで中東平和会議が行われ、一九九二年に労働党のラビン首相とアラファトとの間でオスロ合意が成った。内容はイスラエル・ＰＬＯ相互承認とガザ・エリコ先行自治を決めただけで、二年以内に東エルサレム、入植地、占領地の地位の交渉を開始するというだけのきわめて限定的なものであった。その後、一九九五年十一月のラビン首相暗殺などがあり、和平プロセスは先に進まなくなった。

　右派政党リクードのシャロン党首は、和平プロセスの幕引きを明確にするために、二〇〇〇年九月に千人あまりの武装警察官を引き連れて、エルサレムの聖域ハラム・アッシャリフに乗り込んだ。このシャロンの挑発行動に対しパレスチナ人は再び抵抗闘争、第二次インティファーダを始めた。

小石に代わり「自爆テロ」という手段にまで訴えた第二次インティファーダは、イスラエルの圧倒的な軍事力とヨルダン川西岸再占領および分離壁の建設により事実上抑え込まれてしまった。

二〇〇三年三月、米国、EU、ロシア、国連の四者が中東和平のためのロードマップを発表し、イスラエル（シャロン首相）、パレスチナ（アッバス首相）双方はそれを受け入れた。そこに示された行程は、両者の停戦→パレスチナ側での選挙→二〇〇三年末までに暫定的国境線を持ったパレスチナ国家樹立→二〇〇五年までにエルサレム問題、入植地問題での合意というものであった。新しい前進はシャロン、アッバスという次世代指導者間で結ばれたロードマップでパレスチナ国家樹立の期日が明示された点であった。

二〇〇六年一月に実施されたパレスチナ評議会選挙で、イスラーム原理主義組織のハマース（「イスラーム抵抗運動」の略称）が勝利した。勝因はパレスチナ自治政府与党ファタハの行政能力不足と汚職、わいろ等政治腐敗に対する住民の批判票であった。

二〇〇六年三月のイスラエル議会総選挙で成立したカディマ中心の新政権（オルメルト首相）はオスロ合意付属経済文書に記された約束事を拒否した。四月には米、EU等は自治政府に対する援助を停止した。その後、パレスチナ指導部は分裂し、西岸はファタハ、ガザはハマースが管轄するようになり、現在に至るまで和平への進展はない（平井二〇一二：八二—九六）。

(3) イスラエル・パレスチナ問題

i 共犯関係の大国

イスラエル・パレスチナ問題を考える時に、ホロコーストの問題が直接イスラエル建国につなげられていくという歴史認識があるが、それはかなり単純化されたものであろう。現在の労働党の前身といえるマパイのシオニストたちの中では、ホロコーストで死んでいった人たちはシオニズムの大義を信じずにヨーロッパに残ったのだから、ナチスのホロコーストの犠牲になったのは仕方がなかったという冷淡な見方もあった（臼杵二〇〇一：一一五―一一六）。

ところで、イスラエル・パレスチナ問題は、単に欧米に押しつけられた外在的要因のみによって現在進行してはいない。中東イスラーム世界での国内体制の矛盾、石油や水などの資源の不均等な分配、国際社会の恣意的《しいてき》な介入などがイスラエル・パレスチナ問題に大きく影響し、さらに問題を複雑にしている。

現在の中東イスラーム世界の多くの国は、王制・共和制にかかわらず、多くは構造的に腐敗した軍事独裁政権であり、言論の自由はそれほど存在せず、マスコミや出版は政府の厳しい統制下にあり、独裁者に対する批判者は物理的に抹殺《まっさつ》され、闇から闇へと葬り去られることもある。このような国では、パレスチナ人を将棋の駒にし、王家や封建体制の利益や駆け引きのために、何千万の人間の生殺与奪《せいさつよだつ》の権利が行使されてきた。また政権側がユダヤ陰謀《いんぼう》史観を広めたのは、自らの失政を外部の勢力に転嫁《てんか》するためでもあった。かつてエジプトのムバラク大統領らが、幾度もアフガニスタンでの民衆の犠牲とラマダン中の攻撃を批判したのは、ようやく過激なイスラーム組織によるテロ活動を抑止している今、再び政権に反抗する集団が台頭することへの懸念があったからである（中田二〇〇一：一六、広河二〇〇二：二三、池内二〇〇二：二六、内藤二〇〇二：七八）。その矛盾がアラブの民主化運動として噴き出したのである。

ロシアのチェチェン、中国のウイグル、インドのイスラーム教徒、欧米のイスラーム移民など、大国は多くのイスラーム教徒を抱え、彼らに「イスラームテロリズム」との烙印《らくいん》を押し、抑圧を強めている。このように中東イスラーム世界の権威主義体制と米国をはじめとする欧米の利害が一致し、イスラエル・パレスチナ問題において共犯関係になり、当該地域の民衆を抑圧している。

ii　米国とイスラエル

イスラエル・パレスチナ問題解決が停滞している理由として、米国における強大なイスラエル・ロビーの存在がある。この存在は上下両院議員やメディアを通じて大きな影響力を持ち、米国の外交政策において、イスラエルへの偏重という紛争解決の仲介役としては中立性・公正性を欠く事態を招いている（臼杵二〇一三：三七六―三七七）。

さらに米国のキリスト教右派の存在も大きな影響を与えている。ユダヤ教徒への神の約束が実現してから、キリストの再臨が起こるという千年王国論を信じており、イスラエルがヨルダン川西岸・ガザを占領することは旧約聖書の預言の実現であるから正しいとしている（臼杵二〇〇九：二二〇）。このように、世界中のユダヤ人を「聖地」に集合させることによってキリストの再臨を急がせようとするプロテスタント内の福音主義派、いわばキリスト教シオニストが米国国内だけでも五千万人いると推定されている。千四百万人程度と言われる世界中のユダヤ人口を遙《はる》かに上回る、これらのキリスト教シオニストたちが、シオニズムの最も非妥協的な勢力を支援している（ラブキン二〇一二：五九）。

現在の中東における最大の問題はイスラエル・パレスチナ問題であろう。イスラエルとパレスチナは過剰なまでの非対称性を有し、米国のイスラエルへの支援により非対称性がますます助長されている（Hinnebusch 2003:237-238）。

米国国際開発庁のデータによると、米国が一九四六年から二〇一三年の六十八年間に全世界に拠出した経済や軍事援助の累計千九百二十三億ドルのうち実に六〇％の千百六十二億ドルがイスラエルに集中している（立山二〇一六：四）。またイスラエルは二〇一一年における国民一人当たりのＧＤＰは約三万ドルであり、近隣諸国を遙かに引き離す富裕国となっている。これに対して、イスラエルの管理下に置かれたパレスチナ人居住地の一人当たりのGDPは、一九六七年以来、十五分の一以下の千六百九十ドルである。また核兵器と大型通常兵器を生産・維持する強力な軍産複合体が一帯における覇権を確実なものにしている。世界の武器貿易におけるイスラエルのシェアは、小国としては信じがたいほどの一〇％以上に達している（ラブキン二〇一二：一一一―一一二）。

しかし米国国内においてもイスラエル偏重政策は米国の国益にかなわないとの研究も出されている（Mearsheimer 2007=2007）。臼杵によれば（臼杵二〇一三：三八二）、米国とアラブ間の緊張を和《やわ》らげるためには、第一にイスラエルとの関係を少しずつ通常の同盟関係にしていく、第二にアラブ革命を推進する、第三にアラブ湾岸諸国産の石油への依存を軽減する、第四にイスラエルとパレスチナ人の和平を進めることが必要であろう。

近年、イスラエルと米国の二つのユダヤ社会の間に亀裂が生じている。イスラエルのユダヤ社会は過去二十年ほどの間に、右傾化を強めている。その結果、リクードを中心とする右派政権が政権を握り続け、国際社会の批判にもかかわらず占領地における入植活動や占領政策を続けている。一方米国のユダヤ人の多くは、自分たちがマイノリティであるだけに、多元主義や少数者の権利尊重などリベラルな価値観を重視する傾向が強い。それだけに米国のユダヤ社会の多数は、イスラエルのユダヤ社会が自分たちの価値観とは相反する方向に進んでいるという認識を強めている。特に若い世代を中心に一九九〇年前後から、右傾化が続くイスラエルへの批判が強まった。またイスラエルの存続に関心を持ちながらも、パレスチナ問題の解決に極めて消極的なイスラエルの現状を批判する勢力も存在する（立山二〇一六：八―九）。

イスラエルの中にもシオニズムに反対する人々が存在する。ユダヤ教に立脚する思想家でありエルサレム・ヘブライ大学教授のレイボヴィッツは、ユダヤ教をナショナリズムの目的に合わせて道具化することに反対している。正統派、改革派の別を問わず、ユダヤ教を信仰として実践している人々の中には、シオニズムをユダヤ教の諸価値に反するイデオロギーとして拒絶する者もいる。また第二次大戦後数十年にわたり、ユダヤ人虐殺の記憶はイスラエルにとって強力な外交カードであり、イスラエル国家に対する批判を押し殺す効果をもたらした。イスラエルの中には、自分たちがシオニズム事業によって、いつ果てるともしれない戦争状態に投げ込まれたとの感情も広がっている（ラブキン二〇一二：七七、二〇一、二一四、二八三）。

二　二十一世紀の紛争における中東イスラームと米国

近現代における中東イスラーム世界は、西洋の侵食を受け、それに対して異議申し立てをしており、それが現在にまで続いている。最近の紛争に対して、イスラーム教徒は世界中で抑圧され虐殺されているとの意識がある。二〇〇一年の九・一一事件は、そうした意識が引き起こしたとも言えるだろう。皮肉なことに、米国が帝国に転じるきっかけを与えたのが、この九・一一事件だった。これは世界の悲劇でありながら、単に米国が被《こうむ》った苦難と受け止められている（岩木二〇〇五：一二二―一二三）。

九・一一事件について、米国は未曾有《みぞう》の国家的危機と捉えており、神のもとに一致団結して立ち向かった。それは愛国心と宗教心が結びついた米国特有の姿と言える。民族という「共通の過去」による統合が不可能な米国にとって、「見えざる国教」による統合が必要になる。米国民の九割がユダヤ・キリスト教的伝統の宗教を信じており、米国の「見えざる国教」がキリスト教に酷似《こくじ》したものとなるのはこのためである（森孝一二〇〇二：一二一―一二四）。

このような米国に対し中東イスラーム世界が敵意を抱く理由として、イスラエル・パレスチナ問題でイスラエル支持の姿勢をとり続けたこと、自国の利害が絡む紛争のみに正義を掲げて圧倒的な軍事力で介入してきたこと、聖地マッカを有するサウジアラビアに軍隊を駐留させていることなどが考えられる。

しかしその逆の観点である米国による「対テロ」包囲網形成を助けた要因として、以下の五点も指摘しなければならないだろう。それは九・一一事件の印象があまりに強烈だったこと、それぞれイスラームがらみの国内問題を抱える中国、ロシア、インド、EUも、米国が提起した反テロリズムの立場に反対しにくいこと、国内に鬱屈《うっくつ》した不満や対政府、対米国批判の気運を抱えるイスラーム諸国も米国の覇権の前にひるんでいること、米国と同盟関係にある国は米国に逆らえないこと、テロ支援国の烙印を回避するためや湾岸戦争の経験などから各国とも対米関係に注意を払ったことなどが考えられよう（内藤二〇〇二：三三、板垣二〇〇二：vi）。

この九・一一事件から世界は大きく変わったと言われるが、変わらなかった点も指摘する必要があろう。米国自身が「戦争の文明」を築いてきて、これまでベトナム、中南米、バグダードやベオグラードでは罪もない人々が大量に犠牲になってきた。それがついに米国内に跳ね返ってきた。九・一一事件の「新しさ」というのはそれだけのことだとの指摘もある。

また国家の法と秩序を体現する軍と警察が、非合法の見えない組織に対しあらゆる手段（諜報《ちょうほう》、密告、破壊工作、拉致《らち》、拷問《ごうもん》、即時処刑等々）で戦うというのは、他でもない、かつての植民地における戦争と同じである。

さらに、この戦争には講和はないとされている。当事者に、当事者能力を認めないのがこの戦争の特徴であり、テロリストを指定するのも、それが撲滅《ぼくめつ》されたと判定するのも、一方的に米国の側である。テロリストと疑われた人間を、犯罪者としても捕虜としても扱わず、つまり民間人とも兵士とも扱わず、一切の権利が存在しないモンスターとして扱い、虐待している（西谷二〇〇二：三一、三八、七八）。

三　米国等による報復戦争の問題

(1) アフガニスタン戦争の問題

米国等による「対テロ」戦争は国際法無視の報復戦争であった[1]。そもそもテロは戦争ではない。戦争は保険の免責事項であり、九・一一事件では保険が支払われたので国内法上も戦争扱いされていない。国際法上の武力行使は専《もっぱ》ら国家間関係を意味する。一国内の内戦において政府が反乱側を交戦団体として認めれば、国際法が適用される。アル・カイダは米国における内戦の当事者ではなく、民族解放団体でもないので、国際法上の地位を認められない。

またテロは国内法上の犯罪行為である。テロの被疑者を武力でもって攻撃するもしくは暗殺をはかるということは、国際法、国内法でも了承できないことである。

テロに対する自衛権の行使は、テロ集団が国際法主体でないので、認められない。ただし、被害国は警察行動として、自国領域内および公海上は追跡権の行使として、武力行使ができる。ただこれは国内法上の犯罪に対する国内法上の対応である。

テロリストをかくまう国に対する自衛権の行使は、テロ集団が事実において当該国の命令・支配のもとに行動する場合、テロ集団の行為を当該国が認知し採用した場合、テロ集団の行為に国が実質的関与を行う場合には認められる。近年のアフガニスタンやイラクでの問題はいずれにもあたらないので自衛権の行使はできない。

さらに自衛権の発動として武力行使をする前に、それ以外の代替的な措置をとる努力を最大限に果たさねばならない。また自衛権の発動が可能なのは、武力行使が発生した場合である。国連の集団安全保障体制のもとでは、違法な武力攻撃に対処するのは集団的措置によるのが原則であり、自衛権の行使はそうした集団的措置がとられるまで例外的に認められる暫定的なものである。自衛権の行使としてとることができる措置は、侵略者を押し戻して、犠牲国の領土保全と政治的独立を回復するところまでに限定されている。

(2) イラク戦争の問題

このように国際法上の様々な点からしても、アフガニスタン戦争は違法なものであった。イラク戦争はさらに違法性が高いと言える。

二〇〇三年の米英によるイラク攻撃は、国連憲章第七章違反であった。国連憲章が認める武力行使は、先ほど指摘したように、安保理が必要な措置をとるまでの間、国家に認められる個別的または集団的な自衛権の行使と、安保理が決定する行動の二つだけである。前者について、自衛権の発動の要件であるイラクによる武力攻撃は発生していない。後者についても、安保理は決定していない。安保理決議一四四一は武力行使に同意を与えたものではない。だからこそ米英は武力行使の新決議を求めていた。

また現在の主権国家体制では、内政干渉、国家指導者のすげ替え、国家転覆《てんぷく》は国際法上難しいのである。国際法的観点において、英米のイラク侵略は、許されるものではない。

国連決議を履行《りこう》していないと言われているイラクに対して、国連決議なしの米英による攻撃は説得力がなかった。「まず、イラクに非がある」との説明もある一面しか見ていない議論である。法を犯したものに対しては何をやってもよいのであろうか。相手に非があれば脱法行為、人殺し、侵略をしてもよいことにはならない。

そもそもイラクには本当に差し迫った重大な脅威は存在しなかった。一九九八年までに大量破壊兵器の九〇%から九五%は検証可能な形で廃棄されたと元国連兵器査察官であるスコット・リッターは指摘している。さらにリッターは、炭疽菌《たんそきん》問題について、イラクが製造した炭疽菌は貯蔵寿命三年の液体炭疽であり、ブリクス委員長はイラクの工場から出荷された最後の炭疽菌が一九九一年産であることに言及していないと非難する（リッター二〇〇三：七六）。つまり炭疽菌はすでに寿命を越えており、無力化されていたとの主張である。またそのブリクス委員長ですら、あと数カ月の査察延長を要求し、次第にイラクも譲歩してきた矢先のイラク攻撃であった。

その後、二〇〇四年九月十三日にパウエル国務長官は、イラク戦争開戦の主要な根拠に掲げた大量破壊兵器の備蓄の発見を断念したことを認め、さらに旧フセイン政権とアル・カイダとの協力関係についても証拠はないとした。ブッシュ大統領ですら、二〇〇五年十二月十四日には、イラク開戦の根拠とした情報の多くが間違いだったことを認めた（『朝日新聞』二〇〇四年九月十五日付、『毎日新聞』二〇〇五年十二月十五日付夕刊）。ここにおいて、開戦の大義は根底から覆《くつがえ》った。

非民主的で、非人道的で、大量破壊兵器を持ち、国際法を遵守《じゅんしゅ》していないのはイラクだけではない。最も恐れることは、米国が今後恣意的に「新しい脅威」をでっち上げ、全世界に今回の事例を適用することである。

さらに今回のような攻撃はテロにさらなる口実や正当性を与えてしまった。米国およびその同盟国は新たなテロの恐怖にさらされることになった。それがスペインや英国、フランス、ドイツ、イラク、シリア、トルコ、インドネシアなど世界各地で起こっているテロ活動なのである。

(3) 米国の問題

九・一一事件以後、米国はイラクに関して、アル・カイダとの関係やテロ支援への疑念を表し、大量破壊兵器の廃棄を求め、結果的に国家転覆に至るまで、次々に政策を移行させていった。これまで見てきたように、確たる証拠がないので、移行せざるを得なかったのだろう。

米国の対中東イスラーム政策はあまりにも場当たり的で、長期的ヴィジョンに欠けている。敵の敵は味方とばかり、以前はアフガニスタンのイスラーム戦士やイラクを軍事的にも大きく支援していた。湾岸戦争後ですら、イラク政府がクルド人やシーア派に攻撃を加えているのを米国は座視《ざし》していた。フセイン体制存続によるサウジアラビアでの米軍の長期駐留が目的であったとも言われている。

そもそも現在の不安定な中東諸国体制は、すでに述べたように、第一次大戦後に欧米によって作り出されたものである。ヨーロッパにおけるユダヤ問題を、中東に転嫁してイスラエル・パレスチナ問題が発生した。冷戦崩壊後、湾岸、旧ユーゴスラヴィア、チェチェン、パレスチナ等で紛争が続いている。現在の中東諸国の権威主義体制、石油利権、米国等の大国の三者は、共犯関係にあり、当該地域の民衆を苦しめている。二〇一一年から始まったアラブの革命は、それへのアンチテーゼであろう。

また冷戦後の米国は狭隘《きょうあい》な単独主義に陥《おちい》っている。コソボやアフガニスタン、イラクでも安保理決議なしに戦争をし、包括的核実験禁止条約や国際刑事裁判所設立条約には批准・賛成せず、弾道弾迎撃ミサイル制限条約や温暖化防止に関する京都議定書等の様々な機構から米国は脱退した。国際社会を無視し、圧倒的な大量破壊兵器を有した米国の政権こそ重大な脅威であろう。

米国内で、「新しいアメリカの世紀のためのプロジェクト　ＰＮＡＣ（Project for New American Century）」が一九九七年より活動を開始した。これは軍事予算を三割カットしたクリントン政権に不満を抱く、共和党タカ派、民主党ネオ・コンサバティブ派、軍産複合体関係者らによって作られたものである。これには、チェイニー、ラムズフェルト、ウォルフォヴィッツ、ボルトン、アミテージ、エイブラムスらが中心人物として名を連ねている。彼らの主張は二〇〇〇年九月の報告書に集約されるが、その中身は「軍事力を背景に市場経済と人権と民主主義という価値を世界に定着させる」という米国至上主義に特徴づけられる（寺島二〇〇三：六八）。これらの人々が米国政権の中枢において、ブッシュ政権において独断的政策を担ったのである。

四　テロの克服と近代主権国家システムからの脱却

(1) テロ問題

二十一世紀初頭の現在、米国もイスラーム過激派も先鋭化し、どちらの側にも二元論的世界観が蔓延《まんえん》している。善／悪の二項対立的思考が友／敵関係として対立した時、それは互いに神／獣関係となる可能性もある（土佐二〇〇三：八八、Lincoln 2003:19-50）。いずれも二元論的世界観が共通しているが、それとともにさらにイスラーム過激派と米国の強圧的軍事路線が互いに共謀関係を持っているとの論もある。それが政治学者B・バーバーによる「ジハード」と「マックワールド」の共謀関係である。この両者は互いに激しく対立しながらも互いを必要としている側面もある（Barber 2003）。

一部のイスラーム教徒にとって、現在の国際情勢は米国に対する「イスラームの家」を守るジハードとして映っている。なかには現在のイスラーム世界は欧米の植民地主義の結果であるとして、攻撃的ジハードをも行うべきであるとする議論も一部ではあるが存在する（Esposito 2002:64-68）。

米国の側も攻撃対象をテロリストとラベリングし、恣意的に抑圧し、侵攻している。一般的にはテロリズムの主体には国家は入っていない(2)。近代化の過程で国家が暴力を独占する中で非国家主体の暴力が廃絶され、それを行使するものはテロリストとされた。国家による暴力の行使や威嚇《いかく》をテロリズムから除外して議論しようとする理由は、戦争や内戦という国家によって発動される最高の暴力をテロリズムとは別の社会現象として区別して論じるためである（小林二〇〇三：一〇一—一〇二）。

しかし原理的にテロリズムという概念から国家テロを排除する理由は見あたらず、歴史的に見ても国家テロはテロリズムという概念の起源であり、さらに様々な集団よりも国家によるテロの方が大規模である（松葉二〇〇三：六八—七三）[3]。このように非国家主体の暴力とともに国家のテロリズムも問わなくてはならない。テロリズムは覇権国を中心とする国際社会にとって脅威であると同時に、国家体制が崩れつつある現在に、未だに超領域的な形で暴力を独占し続けようとしている覇権国のあり方そのものをも問わなくてはならない。また戦争を国境の外の現象に外部化し、国内では限定的な暴力の行使によって秩序を維持してきた近代世界秩序が破綻《はたん》しつつあるのであり、グローバル化という新たな状況に対応する仕組みを作らなければ、暴力の低減化は難しい（土佐二〇〇三：八二、小林二〇〇三：一一〇）。

(2) 近代主権国家システムを超えて

このような暴力の独占主体としての近代主権国家は交戦権を有するとされている。もし、私たちが国家に排他的な暴力行使権を許すならば、国家は我々を守るためにこれを使用する。国家は我々を外国から守るために交戦権を行使し、私たちをお互いから守るために警察権力と司法権力を行使する。これこそが近代国家を生み出した社会契約である（ラミス二〇〇〇：一七四）。主権は単一の政治体を打ち立て、構成員全体に属するとされている。近代主権国家は一都市、一民族、一国家の生殺の権利ばかりか人類存亡の鍵を握るまでに巨大化した。主権の主体は君主から人民に移ったが、主権国家という統治原則に変化はない。このような境界線によって世界を安定化させようとするやり方、すなわち近代主権国家システムこそが、常に新たな難民や異端、被差別者を生産し続けてきた。また安全保障と国家テロの共犯関係は、主権と国民国家という近代国家の二つの原理の中で寄り添いながら機能してきた。(4)

ウェストファリア的世界秩序においては、権力機構、経済的基盤、政治共同体、市民社会などの社会の多様な側面がいずれも国家という領域的単位に凝集《ぎようしゆう》して構造化された。戦争を行う正当な権利を持つ暴力行使主体として相互承認しているもの同士が、主権国家として国際秩序の構成主体となった。戦争は、敵味方がはっきりしていなければできない。誰を守るべきであり、誰を殺してよいのかが曖昧《あいまい》なところでは、軍隊が動くことはできない。したがって、戦争をするためには、境界線を明確にせざるを得ないわけである。逆に、境界線が曖昧な時には、軍隊を持ち出すことによって、境界線を確立することもできる。境界線の再確認をしたいがために危機を演出する人々も出てくる。国家はすでに、軍事力によって安全が確保できないほどに巨大な武器を発明し、抱え込みすぎた。なぜテロが生まれるのか、なぜ米国が標的になるのかをもう一度根本的に考える必要がある（遠藤二〇〇〇：三六、三八、藤原二〇〇二、西谷二〇〇二：二四）。

このような国家概念はイスラーム的観点からも大いに疑問を投げかけられており、さらには近代主権国家システムを前提にした既存の国際政治学によってこの地域を語ることの困難さも指摘されている（Halliday 2005:303-304）。

近代主権国家システムの見直しについて、代替の一つを提供するのがイスラームであろう。眞田《さなだ》芳憲《よしあき》によれば、イスラームのメッセージは伝統的な部族的・人種的境界線を突き破る政治共同体を樹立すること、換言すれば人種的あるいは地理的に閉ざされた民族・国家至上の国家主義を排除して、共通の理念に従う開かれた国際的共同体を建設することがイスラームの志向するものである（眞田二〇〇〇：二八六）。イスラームは都市や商業的環境を基盤にし、領域や部族を超えるコスモポリタンな雰囲気を持っている。多宗教共存システムを構築し、開放的経済圏を形成しながら国際商業ネットワークを広げ、前近代におけるグローバリゼーションの担い手であった。またイスラーム国際体制は「イスラームの家」「戦争の家」「共存の家」（停戦に合意した地域）という複合的構造を持ち、他者の存在が前提となっていた。西欧で生まれた近代主権国家システムの対象は、文化を同じくする西欧キリスト教圏に限定されており、排他的な構造を持っていた。それに対してイスラーム国際体制は比較的寛容であり、開放的で脱領域的な性格を持っているのである（古賀一九九五：二三七―二三八）[5]。

章のまとめ

中東イスラーム世界における紛争の焦点であるイスラエル・パレスチナ問題は、単なる宗教紛争ではなく、領土問題や聖地管轄権の問題でもある。西欧キリスト教世界は、ユダヤ教を外部化することにより自集団の凝集力を高めて成立した。ヨーロッパにおけるユダヤ問題を中東イスラーム世界に移植することによりこの問題が生じた。そもそもユダヤ問題とは実はヨーロッパ問題であり、中東イスラーム世界にはユダヤ問題はほとんど存在しなかった。またイスラエル・パレスチナ問題とは西欧によって作られた外在的問題であるとともに、国内体制の矛盾や石油・水資源の不均等な配分などと関連した中東イスラーム世界の内在的問題でもある。

九・一一事件は本来人類の悲劇であったはずだが、米国は自国の危機と捉え、愛国心に還元し、それを錦《にしき》の御旗《みはた》として世界各地に介入している。この九・一一事件は確かに時代を画するものであるが、かつての植民地戦争にも似ており、今までと変わらない側面も有する。

米国を中心とした軍事的介入は、今まで築いてきた国際社会の一定の共存を破壊するものであった。大義のなくなった戦争を継続することにより、双方に多数の死傷者を出し、根本的問題解決には至っていない。米国は狭隘な単独主義から脱し、国際世論に目を向けるべきであろう。

テロの克服のために、政治や経済の格差を是正して、いずれの側も善悪二元論を超克《ちょうこく》することが望まれる。さらに西欧によって作られた歪《ゆが》んだ中東イスラーム世界を解きほぐしながら、排他的主権概念や戦争を行う権利である交戦権を再考する必要がある。

このような近代主権国家システムの再編とともに暴力の克服も喫緊《きっきん》の課題である。暴力に訴えるのでなく、話し合いのメカニズム構築が重要であろう。そのためには中立的立場による国連の関与が必要になる。

中東イスラーム世界の近現代は、大国の関与、近代主権国家への再編の失敗、資源の不公正な配分、権威主義体制の弊害、ナショナリズム・イスラーム・近代主義の相克《そうこく》の歴史であった。中東イスラーム世界の将来の建設は、当該地域の人々が民主的な手続きによって行われるべきものであり、少なくとも中立的な立場からの国連の関与によって、諸問題を解決すべきであろう。

第十二章　現在の中東における革命と紛争

はじめに

二〇〇一年の九・一一事件後、中東イスラーム世界は大混乱となっている。その後のアフガニスタン戦争では、二千五百人近い米兵と二十二万人ほどのアフガニスタン人が亡くなり、数百万人が難民となった。その後のイラク戦争に米国は約二兆ドル以上を投じたが、米兵の死者約四千五百人、イラク人の死者数十万人を出し、さらなる混乱を生み出した（宮田二〇一六：一七、二五〇）。現在中東は、十三世紀のモンゴルによる中東侵出以来のカオスとも言われている（ポラック二〇一六：二二一―二三）。

本章では、最近の中東の現状分析と諸問題の要因を考察する。まずアラブの革命の動向を瞥見《べっけん》し、欧米の対応の問題と革命の意義を考察し、「イスラーム国」の経緯や今後の動向をまとめ、将来の中東における共存の方途を展望する。

一　アラブの革命の動向

二〇一一年からのアラブの革命の動きは、世界史的観点から見ると、近代における欧米による中東イスラーム支配への反発とそれからの脱却の動きであり、民衆自身の主体的な要求運動である。それに対して欧米は、植民地戦争のような旧来の思考と方法で対応しており、混乱が広がっている。九・一一事件、アフガニスタン戦争、イラク戦争、アラブの革命は、中東イスラームの民衆による主体形成のための抵抗運動の側面もある。

(1)エジプトの動向

ここではいくつかの国のアラブの革命の動向を簡単に見ていく。

エジプトにおいては、民衆の側も比較的非暴力を貫き、賢く行動していた。ブッシュの対テロ戦争時代の苦い経験から、エジプトの人々は、たとえ正当な要求であっても、戦術に少しでも暴力的な要素があれば、すぐにテロリズムというレッテルを貼られ、国際的な干渉を招きかねないという危険性を熟知していた。弱点があれば、そこを突いて欧米権力が武力介入をするという例はこれまでの中東に枚挙にいとまがないのである(平井二〇一二:一九)。

二〇一一年二月に三十年にわたって独裁を続けていたムバラク大統領を追い落とし、自由な選挙によって選ばれたムスリム同胞団出身のムルスィーが二〇一二年六月に大統領となった。ムルスィーはエジプト初の民主的に選出された大統領であり、国民から大きな期待を集めた。しかし厳しい経済状況が続き、官僚組織をムスリム同胞団化するとの批判が起こり、また軍の既得権益に挑戦したことにより、反発が強まった（岩崎二〇一六：八一―八三）。

二〇一三年七月には軍がクーデターを起こし、シーシ国防相が二〇一四年六月に大統領となった。ムバラクは刑務所から出てきて、二〇一五年四月にはムルスィー前大統領に死刑判決が下された。旧ムバラク体制下において、利権や利益を得てきた一部の軍部や軍関係の企業、実業家や世俗的官僚、知識人が反ムルスィーを掲げたのである。ムスリム同胞団への嫌悪や、変革よりも安定を求める勢力、旧来の利権グループにより、反革命が行われたのである。

このクーデターに対して、米国は「懸念」を表明したが、クーデターとは言わなかった。サウジアラビアはムスリム同胞団のような弱者救済の草の根型イスラーム主義が自国に飛び火することを嫌い、このクーデターを支持した。アラブ首長国連邦やクウェートも同じような反応だったが、トルコは軍が奪取した政権を「絶対に認めない」と宣言した（内藤二〇一六a：一五二―一六二）。

二十世紀のイスラーム主義運動は、アル・カイダのような暴力的手段を行使する「浮き草の過激派」と、ムスリム同胞団などの日常的に民衆の福祉や教育に貢献する「草の根の穏健派《おんけんは》」に分けられよう。しかしムルスィーの挫折は、二つの幻滅を生むことになった。それは、「草の根の穏健派」への幻滅と民主主義への幻滅である。ムルスィーは山積する課題に対して国民の期待に十分に応えることができなかった。また現代世界における民主主義はイスラーム主義者を選挙の勝者として迎えず、欧米諸国もイスラーム主義を抑止する独裁政権を必要悪と見なしたのである（末近二〇一六：四九―五一）。

このようにアラブの主体的革命が、イスラーム主義への嫌悪や旧勢力の巻き返し、外国勢力の旧秩序支持により逆戻りしたのである。

（2）混乱に陥った諸国

アラブ諸国の中には、革命が隠蔽《いんぺい》されたり、外国勢力が介入し内戦になったりしたところもある。アラブと欧米のメディアは国民を煽《あお》らないようにサウジアラビアの反政府活動については見て見ぬふりをした。サウジアラビアが不安定になり、石油の輸出が滞《とどこお》るようなことになれば、石油の価格が高騰するからである。またバーレーンでは、王家はスンナ派であり、革命デモは「シーア派デモ」と報道され、サウジアラビア軍が武力弾圧した。バーレーンの場合は政権打倒を訴える人たちを革命勢力とは呼ばずに、「反対勢力」「シーア派勢力」「イラン派勢力」と呼び、アラブの革命とは切り離して報道された(重信二〇一二：一一八―一二四、一四七)。

次に、外国勢力が介入し内戦状況になったリビアとシリアを考察する。リビアやシリアはアラブの革命の一連の動きに乗じて現政権の転覆をもくろむ国内外の勢力に利用されたのである。

カダフィは、ベン・アリー、ムバラクと比べたら、国民から比較的支持されていた人物であり、世界的に見ても米国に異議を唱えることができた数少ない人物として英雄視されていた部分もある。リビアは革命ではなく内戦であり、東と西の部族の権力闘争の側面があり、そこにさらに外国勢力が介入した。またリビアはその頃、アフリカや中国と接近していたので、欧米が脅威を感じていたことも介入要因となった(重信二〇一二：七六―七七、八七―九五、二一八)。二〇一一年二月に反政府運動が起こり、欧米を中心とした軍事介入があり、十月にはカダフィは殺害された。しかし現在も内戦状況は続いており、「イスラーム国」が台頭している。

このように長期的視野を欠いた欧米等による軍事介入により政権が崩壊し、混乱が助長された。難民が発生し、武器があふれ、様々な過激派が勢力を競い、無秩序状態が継続している。このような政治的混乱、権力の空白状況により、後に述べるように「イスラーム国」が台頭したのである(国枝二〇一六：一三七)。

シリアにおいて、アラブの革命発生当初の報道姿勢は、多くの場合、現体制を「悪」、それを打倒しようとする反体制運動を「善」と位置づけ、後者への支持を視聴者に暗《あん》に迫っているようだった。混乱が長期化する中で目立つようになった反体制武装集団による殺戮《さつりく》行為や、アサド政権による秩序維持に向けた努力への関心は比較的低かった。しかしシリア国内においては、アサドに対する一定の支持もあったようである。カタール教育科学地域開発財団の二〇一二年一月の世論調査によれば、アラブ各国の調査対象者の八一％がアサド大統領の退陣を支持しているのに対して、シリア人対象者の五五％が退陣の不支持を表明した（青山二〇一二：vii―viii）。

反体制側の暴力が体制側の弾圧によい口実を与えた側面もある。武装集団の活動は、反体制運動を二つの点で根本的に変容させた。第一に、平和的な抗議デモを特徴とする体制打倒運動を軍事化させ、アラブの革命波及以降のシリアでの暴力のありようを、アサド政権による一方的な弾圧や殺戮から、政権と反体制勢力の双方向的な暴力の応酬に変化させた点である。第二に、トルコ、カタール、サウジアラビア、米国、フランスなどからの資金・武器援助を通じて、劣勢を打開しようとしたことで、反体制運動を外国に「煽動《せんどう》されたテロ」へと貶《おとし》めてしまった点である。武装集団が安易に外国に依存したことで、体制側の弾圧に根拠を与えてしまったのである（青山二〇一二：一一〇―一一二）。

このような経緯で、体制側であるアサド政権もさらなる暴力を用いることになった。二〇一五年において、シリアでは五年にわたる内戦によって国民の半数である一千万人以上の難民、国内避難民が生じている。戦闘による犠牲者も二十六万人を上回っており、多くはアサド政権が反政府勢力討伐《とうばつ》を名目に自国民を殺しているのである（内藤二〇一六b：一五）。

二　欧米の対応の問題とアラブの革命の意義

(1) 欧米の対応の問題

そもそも「アラブの春」や「アラブの民主化」という言い方は、当該地域ではそれほど使われてはいない。これらの用語には、アラブは今まで冬であった、民主化は存在していなかったとの、偏見やオリエンタリズムも感じられる。つまり、アラブ世界は自らの手で自らを変えることはできない、独裁者がいてそのもとでアラブの民衆は何もできない、したがって、そこで米国は「民主化」を手伝わなければならない、という理屈がにじみ出ている（臼杵二〇一一：二四）。イスラーム諸国もこれから民主主義を学んでいく、という上から目線の言い方も散見される。

米国をはじめとする欧米によって、中東イスラーム世界は軍事化された地域となっている。米国の軍事産業にとっては、非常に有望な市場が開拓されたということであり、中東の権威主義的支配者もそれを受け入れ、治安対策に巨費を投じている（『現代思想』二〇一一年・三九巻一三号：一〇〇、一一〇）。米国のダブルスタンダード的軍事介入も、多くのイスラーム教徒が不信感を持つ原因となっている。スタンダードがはっきりしていて、例えば国連決議に違反した国には、例外なく介入するのであれば、それほどの不信感は生まれないであろう。イスラエルは、多くの国連決議に違反しているが、介入どころか、軍事的にも経済的にも多大な支援を米国は与えている。かたやイラクやアフガニスタンに対しては軍事侵攻をしている。米国とイスラエルの「特別な関係」の背景には、米国におけるユダヤ票やイスラエル・ロビー、キリスト教シオニストの影響力の強さ、「民主的」な価値観の共有、ホロコーストを阻止できなかったという種の罪悪感、移民国家であるという共通点、「弱者」であるイスラエルへの同情や応援の気持ちなどが存在する（立山二〇一二：一二）。近年のアラブの革命においても、リビアやシリアへは介入し、友好国である産油国における反政府デモは無視するなど、ダブルスタンダードは堅持されていた。

（2）アラブの革命の意義

次に、アラブの革命の意義をいくつかに分けて説明する。

第一は、米国とイスラエルによる支配体制の衰退である。一九七九年以来、米国は対外援助総額の約半分をイスラエルとエジプトの二国につぎ込んできたので、今回の革命のインパクトは深刻である（板垣二〇一一a：二四）。しかし反革命の動きにより、支配体制がより強化された地域も存在している。

第二は、アラブの強権体制の崩壊である。アラブ世界において、市民のデモで独裁体制が崩れるのは初めてである（川上二〇一一：四）。強権的アラブ諸国もまたイスラエルと同じであり、両者は大国による中東支配の装置の一部であり、イスラエルとの分業をもとに、アラブの民衆を押さえつけている。だが、その後反動の動きもあり、揺り戻しによる強権体制の復活も見られる。

第三に、今回の革命は新自由主義・対テロ戦争への異議申し立ての側面があった。新自由主義のもとで進行する貧困・失業・格差・腐敗・強権政治の監視と抑圧に対する怒りにより、世界を変革しようという主体的要求が主張された（板垣二〇一一b：二〇四）。市場原理主義に疑問を呈し、失業や就職難、福祉切り捨てに抗議し、「テロ対策」を名目とする監視・統制強化に異議申し立てをしたなら、たちどころに「落伍者《らくごしゃ》」「抵抗勢力」等のレッテルを貼られる。失業者や貧困は「自己責任」だと言われ、「テロリスト」扱いされることさえある（栗田二〇一一：四六―四七）。

第四は、若者および新しい情報ツールであるSNS（ソーシャル・ネットワーキング・サービス）の活躍である。今回の革命は一般に、世界経済の迷走に伴う失業率の上昇や、物価高騰に伴う経済の困窮、政権長期化による高官の汚職や特権階級化が、世代別人口構成において多数派を占める青年層の疎外感を強め、彼らはＳＮＳをはじめとする最新技術を通じて怒りを共有し、爆発させたと言われている（青山二〇一二：七二―七三）。

第五は、第四と関連するが、コミュニケーション手段の問題点と伝統的なコミュニケーションの重要性である。アラブ発のメディアであるアル・ジャジーラは欧米一辺倒の情報発信を変えた点では大いに評価されるが、カタール政府が作ったメディアであり、当然のことながら、カタール政府および友好国への批判はタブーである（重信二〇一二：一一四―一一五、二一二）。また金曜日のモスクでの集団礼拝の役割も無視できない。エジプトでも、金曜礼拝の後にデモに繰り出す光景が見られたように、政治的な集会が禁じられている国ではモスクだけが集会場所となることが珍しくなく、モスクが重要なコミュニケーション手段ともなった（小杉二〇一一b：一四）。

第六は、リビアやシリアは除外されるが、非暴力闘争の有効性である。非暴力による民衆デモが権力者を辞任に追い込んだのである。もし民衆側のデモ隊が銃を使えば、政府にとって制圧することは簡単になる。デモ隊が平和的な抗議運動を続け、それに対して強権体制が武力を使いデモ隊に犠牲者が出れば、その結果、体制は追い詰められていく。民衆の側が武装闘争をすると、権力の側の武力行使に口実を与えてしまうことを民衆は知っていた（川上二〇一一：五四―五七）。

第七は、第六と対照的であるが、リビアやシリアのように外部勢力の軍事的介入により問題がさらに大きくなったことである。その後大混乱に陥り、過激集団につけ入る隙《すき》を与えてしまい、宗教・宗派対立が増大した。

三 「イスラーム国」の動向

(1) 「イスラーム国」の経緯と台頭要因

「イスラーム国」は、二〇〇三年以降にイラクでの対米闘争を活発化させたイラク・アル・カイダに起源を有する。その後、二〇〇六年には「イラク・イスラーム国」と組織名を変更し、二〇一一年三月に始まったシリア内戦で反アサドであれば支持・黙認されたので、その後勢力が拡大していった。二〇一三年四月以降は「イラクとシャームのイスラーム国」と改称し、シリア内戦に直接介入した。二〇一四年六月にはイラクへ再侵攻し、フセイン政権の残党と手を結び、イラク第二の都市モスルを制圧し、組織名を「イスラーム国」として、カリフ制を宣言した(溝渕二〇一六:三八—三九)。

二〇一四年一月の段階では、米国のオバマ大統領は「イスラーム国」を「初心者揃いの大学のバスケットボールチーム」「アル・カイダから飛び出した小組織」(アトワーン二〇一五:六三)と評しており、問題にしていなかったが、モスル占拠、カリフ制宣言により、国際社会は重大な問題と捉えるようになった。

「イスラーム国」はこのような背景で誕生、台頭した。指導者のアブー・バクル・バグダディーは、バグダードのイスラーム大学で博士号を取得し、軍事指導者のみならず、宗教指導者としての正統性も付与されており、これまでのビン・ラディンやザワヒリーなどのテロリストとは異なる。彼は二〇〇六年から二〇〇八年まで二年ほどイラクのアブ・グレイブ刑務所等に収監されていたことがある。これらの刑務所は、「過激派の大学」と呼ばれ、多くの反政府活動家とネットワークを構築し、後にそれらを利用し集結させた（菅原二〇一五：五八—五九）。

二〇一四年七月四日の金曜礼拝の説教でバグダディーは、「私はあなた方の指導者となったが、私はあなた方のうちで最も素晴らしい人物でもなければ、あなた方よりも優れた人物でもない。もし私が正しければ協力していただきたい。もし私が誤っていれば、それを正していただきたい」と述べた（アトワーン二〇一五：八七、九二）。この説教は、バグダディーがその名を冠した初代カリフのアブー・バクルの就任演説とほぼ同じである。池内によれば（池内二〇一五：一九）、バグダディーは演説やクルアーンの朗誦でも確信に満ちており、イスラーム学への学識の深さが窺《うかが》われる。敬虔《けいけん》な信者から尊敬されやすいタイプの人間類型であろう。

「イスラーム国」の台頭要因は、イラク戦争による混乱とイラクのシーア派政権のスンナ派抑圧、さらにシリア内戦である。米国は五十万人と言われたイラク軍人を武装解除もせずに解雇し、フセイン政権を支えていたバース党の指導者らを権力から一掃してしまい、これらの人々が「イスラーム国」に流れたのである（菅原二〇一五：四五）。またさらなる背景として、エジプトのムスリム同胞団等の穏健なイスラーム主義者が、選挙によって政権を奪取しても軍事独裁政権により弾圧を受け、政治参加によるイスラーム主義政権の樹立という理念がうち砕かれたことである。確かに政権運営のまずさもあったが、正当な選挙によって政権についても軍事クーデターにより非合法化されてしまったのである。このような絶望感から、過激なイスラーム主義勢力が一定の民衆の支持を得ることになった。

様々な不満、抑圧、虐殺が基底となって、テロが醸成《じょうせい》された。米軍のドローンによる空爆により、多くの市民が亡くなっている。人間の死を「付随的被害」という名でごまかしている。このような悲惨、抑圧が蓄積すると、一部の者が先鋭化し、暴力に走るのである（内藤二〇一五：四―五）。

二〇一四年八月の米国等による「イスラーム国」への空爆が引き金で、「イスラーム国」は外国人らの虐殺を始めた。彼らの論理からすれば、「同害報復」なのであろう。今までのアル・カイダなどの集団と違う点は、領土を「保有」し「国家」を名乗っている点、石油施設占拠による潤沢《じゅんたく》な資産、

ＳＮＳの有効な活用、カリフ制の宣言、サイクス・ピコ協定の破棄、そしてセンセーショナリズムであろう。あえてむごい映像を流して恐怖意識と宣伝効果を高め、米国等が地上軍を派遣し、泥沼になることを期待している。そこに引き込まれ暴力の連鎖を続けることはテロリストの術中にはまることになるであろう。

(2) テロリストの要件と「イスラーム国」

テロリストは頭のおかしい狂った人と言われる。しかしある条件が整えば誰でもテロリストになり得る。過去の革命家などを見ると、テロリストと英雄は紙一重という見方さえ可能かもしれない。米国の国際政治学者であるウォルトは次のように論じている(ウォルト二〇一五:六一―一八)。「イスラーム国」は過去のフランス、ロシア、中国、キューバ、カンボジア、イランの革命と似ている。その暴力主義、壮大な野望、領土の掌握を組み合わせた過激主義は「イスラーム国」が初めてやったことではなく、多くの革命政権も同様であった。

ビン・ラディンもフセインも「イスラーム国」も基本的に構図は同じである。ビン・ラディンは冷戦時代ソ連と戦うイスラーム戦士であった。フセインもイランのイスラーム革命を押し止める世俗主義者であった。「イスラーム国」もアサド政権と対峙していた。このような理由で米国は彼らを黙認もしくは支援してきた。今まで支援してきた者がいつしかモンスターとなり、自分に向かってきた。敵の敵は味方との長期的視角を欠いた米国の中東政策のつけが今回出たのである。「イスラーム国」の台頭は原因ではなくこれらの結果である。

(3) 最近の「イスラーム国」の動向と展望

カリフ制宣言後の二〇一四年七月二十一日にアラビア語紙「ハヤート」が報じた世論調査によれば、サウジアラビアでは九割以上が「イスラーム国」はイスラーム法的に合法と回答した(吉岡二〇一四:一三)。モスルを制圧し、イラク政府軍を追い出した当初は、民衆はシーア派よりはましと、「イスラーム国」を支援した(アトワーン二〇一五:一六八)。

「イスラーム国」は広報宣伝も巧みであり、イスラーム諸国のみならず、世界の諸地域で抑圧差別されている若者、非日常世界への幻想を抱く者にある種の魅力を与えている。イスラームの旗を掲げ、カラシニコフ銃を持って馬に跨《また》がり、五回の礼拝を欠かさない長髪のジハード戦士、ジハードを呼びかける歌、大義のために命を捧げ、戦闘で勇敢に戦う行為は、こうした人々を刺激した(アトワーン二〇一五:三〇四)。まさに非現実の映画やアニメのヒーローを見るような気持ちなのであろう。

最近の「イスラーム国」は退潮傾向だと言われている。空からは米軍等による空爆と、陸からはシリア政府軍やクルド人勢力、シーア派兵士等による軍事的制圧が見られる。米軍は二〇一五年八月からトルコのインジルリッキ空軍基地を使用できるようになり、迅速《じんそく》で大規模な空爆が可能になった。さらに同年の九月からロシアも大規模に軍事介入をし、アサド政権側が攻勢に転じるようになった（高橋二〇一六：一七六、一九二、国枝二〇一六：四四）。

イスラーム国の退潮の要因として、米軍やロシア軍の空爆が効果を上げていること、クルド人勢力の攻勢、シリア政府軍の反撃作戦、トルコが「イスラーム国」への流れを以前よりも阻止していることなどが挙げられよう（国枝二〇一六：四）。

退潮傾向にはあるが、「イスラーム国」は、自由と民主を掲げながら独裁体制や王制を支持する米国の矛盾をうまく突いている（菅原二〇一五：一二五）。さらにカリフ制を掲げ、中東地域を分断したサイクス・ピコ協定破棄をめざすなど、イスラーム教徒の不満につけ入っている側面もある。

しかし「イスラーム国」がこれまでのような生命への軽視を続ける限り未来はないと考える。テロの側も対テロの側も非暴力を基本とした対話により問題を解決すべきであろう。

（4）最近の中東情勢

シリア内戦は、アサド政権による過剰な暴力が発端《ほったん》であった。だが抗議デモも、弾圧に直面する中で急進化し、体制打倒をめざすようになった。抗議デモを「善」、アサドを「悪」とするなど、当初は勧善懲悪《かんぜんちょうあく》的な雰囲気があった。しかし反体制側も自らの政治目標を実現するためには手段を選ばず、暴力に訴え、外国の政府や外国人戦闘員の力を頼りにする点で、アサド政権と質的な違いはなかった（青山二〇一七：五、二六）。

アサド政権に対する一定の支持もシリア国内で存在し、二〇一二年二月二十七日の国民投票では八九・四％の信任票を得て、新憲法を公布し、宗教・宗派・民族・エスニック集団の多様性にも配慮した。しかしその後の反体制派の攻勢によってシリアの国家としての機能が低下し、軍・治安当局などの権力装置が活性化していった。二〇一三年八月に化学兵器が使用された。米国等は、アサド政権側が使用したと断じ、強く非難した。しかし、二〇一三年十二月に提出された国連調査団の最終報告では、アサド政権側と反体制派双方が化学兵器を使用した可能性が高いことが示された（青山二〇一七：四五、六九―七六）。

二〇一五年八月よりロシアはシリアへの軍事支援を本格化させた。ロシアの空爆は米国主導の有志連合が行ってきた限定的空爆に比べて桁違《けたちが》いの規模であり、戦闘機の出撃回数は一日三十回から六十回に達し、その範囲もシリア全土に及んだ。それによりアサド政権側は息を吹き返すことになった（青山二〇一七：一三五―一三六）。

現在中東では一見、宗教・宗派対立が目立っているようであるが、内実はイスラーム政治体制間の覇権争いであろう。イランはシリア、イラク、イエメンの「内戦」に革命防衛隊を派遣し、在地のシーア派民兵などを支援している。イエメンでは、サウジアラビアがスンナ派のハディー政権を、イランがシーア派武装組織フーシーをそれぞれ支援しており、両国の代理戦争の模様を呈している。山内昌之によれば、トランプ大統領の中東外交の要《かなめ》は、シリアでアサドとロシアとイランが得た既得権を認める代償として、米国が戦争で血を流したイラクでの優位性とイスラエルの安全保障を認めさせる点である。トランプは、ウクライナやシリアでのロシアの主張を受け入れる理由を国民に説明する際、毎日千二百万ドルの出費を強《し》いる中東への関与を止め、その分を国内に回してテロを防止し雇用創出の原資に使う可能性があるとした。米国の中東不関与によって、その空白を埋めて鎬《しのぎ》を削るのは、イラン、イスラエル、サウジアラビア、トルコの四カ国であろう（山内二〇一七：三一一二）。

だがこれまでのような覇権争いをしているのであれば、根本的に紛争の原因は取り除かれることはない。大国の関与が弱まるのであれば、それを千載一遇の機会として、当該地域の人々を主体とした新しい中東の共存体制を模索すべきであろう。過去にも一定の共存は保ち得たので、全く不可能なことではないであろう。

章のまとめ

アラブの革命や「イスラーム国」の台頭などの中東における諸問題の要因として、次のようなことが指摘できる。

直接的要因として、イラク戦争による混乱と宗派対立が挙げられる。

さらに間接的要因として、米国の短期的視点の中東政策とイスラエルや非民主的政権への支援といったダブルスタンダード政策、中東イスラーム世界への武器の流入と当該地域の軍事化、中東地域大国のそれぞれの思惑と宗派主義の利用、反体制側の暴力行使および外国勢力の荷担により体制側の暴力的弾圧へのハードルが下がったこと、民衆の意見表出の機会を奪ったことなどが考えられる。

次に構造的要因として、西側諸国におけるイスラームへのオリエンタリズム的偏見、石油や水資源等の不均衡《ふきんこう》な配分、中東および欧米地域でのイスラーム教徒への差別、新自由主義による貧困・格差の増大などが底流に渦巻いている。

最後に歴史的要因として、第一次大戦期に作られた歪んだ中東諸国体制とそれを統治するための強権体制、イスラエル・パレスチナ問題が大きく横たわっている。

これらの要因を低減化しなければ、様々な事件や紛争は何度でも起こるであろう。低減化できれば、中東地域に一定の平和と安定が訪れる可能性がある。テロや紛争は、中東の宿命ではない。現に過去において、諸宗教、諸宗派、諸民族の共存がなされていた。

このような問題を解決するために、アサド大統領や「イスラーム国」指導者をはじめ多くの当事者が集まり、率直な議論をする必要があろう。その後、中東和平会議を開催し、当該地域の平和と安定のための包括的会議を日本が主導することを、私は提案したい。このような真の意味での平和的貢献によって、国際社会で名誉ある地位を占めるべきであろう。

日本はイスラーム世界から尊敬の目で見られている。非キリスト教世界でこれだけ近代化し、敗戦の焼け野原から立ち上がった国は他にあまりない。自分たちも日本のようになりたいと思っているイスラーム教徒は多い。日本は中東の紛争の仲介役として適役である。そのためにも日本は米国一辺倒ではなく、中東和平のために人も金も知恵も大いに活用すべきであろう。

第十三章　現在のトルコにおける諸問題

はじめに

アジアという言葉の由来は、古代アッシリア語で東方という意味であり、現在の小アジアを指していたと言われている。これによれば文字どおりトルコはアジアである。しかし本当にトルコはアジアであるのか。ＥＵ加盟問題においてもそのことが議論になっている。トルコはイスラーム地域でありながらＮＡＴＯにも加盟し、世俗的な民主主義国家を自認している。アジア・アフリカ・ヨーロッパにまたがる広大な領土を持っていたオスマン帝国の末裔《まつえい》意識もあり、当該地域において、大きなプレゼンスを占めている。またトルコ人はＥＵ在住の外国人としては最多の約七百万人がヨーロッパで暮らしていて、ＥＵ最大の外国人集団でもある。

トルコのＥＵ加盟問題において、トルコもＥＵ自身も自らの理念や政策、歴史観が大きく問われている。本章ではまず、トルコのＥＵ加盟問題を通して、問題点を指摘し、新しい共存の枠組みを考察する。

次に、トルコにおけるテロとクーデターの経過と要因を考察する。

シリア内戦以降、特に二〇一五年以降テロが続発するようになり、また二〇一六年七月にはクーデターも見られた。中東イスラーム地域において、民主主義が機能し、西側ともイスラーム世界とも比較的関係が良好であり、平和と繁栄を築いてきたトルコにおいてすら、混乱が見受けられる。トルコが不安定化すると中東イスラーム地域全体が紛争地域となり、世界に及ぼす影響は計り知れないであろう。

一　トルコのEU加盟問題

(1) トルコのEU加盟問題とアイデンティティの多様化

トルコのEU加盟が現在停滞している。一九五九年十一月にECC（欧州経済共同体）がトルコの準加盟申請を受理し、一九八七年四月にEUに加盟申請をし、一九九九年十二月に欧州理事会が加盟候補国と宣言し、二〇〇五年十月に加盟交渉がやっと始まったが、まだ大きな進展はない。

このような状態を受け、トルコではEU加盟に対する世論が次第に低下してきている。米国の世論調査機関によると、ＥＵに魅力を感じると答えたトルコ人は、二〇〇四年では五八％だったが、二〇〇九年には二二％に後退している（Milliyet 2009.7.24）。ユーロバロメーターでも似たような傾向が見られ、トルコでＥＵ加盟に対して良いと答えた人は、二〇〇四年七一％、二〇〇五年五九％、二〇〇六年四四％、二〇〇七年五二％、二〇〇八年四九％、二〇〇九年四八％、二〇一〇年四二％となっている（Standard Eurobarometer, 70, 2008, 74, 2010）。

現在、トルコにおいてＥＵ加盟への期待はやや冷めたものになってきている。ＥＵから与えられる課題がトルコ人には理不尽と映り、たび重なる改革の要求がトルコ人の誇りを傷つけることになり、その反動としてＥＵではなくナショナルなものへ回帰しており、トルコ民族主義が徐々に台頭してきている。(1) また冷戦崩壊後、特に九・一一事件以後のイスラームをめぐる諸問題や戦争、イスラーム教徒への迫害などにより、イスラーム意識も強くなってきている。(2) ムスリムとしてのアイデンティティを第一と考える人の割合は、一九九九年は三六％だったが、二〇〇六年には四五％に増えているのである（伊藤二〇〇九：一三二、Yavuz 2009:267）。このトルコ民族主義とイスラーム意識は対立する面はあるが、常に矛盾するものではなく、「トルコ・イスラーム総合」イデオロギーも存在するのである。(3)

以前はＥＵ加盟を望むヨーロッパ人意識が強かったが、現在はクルド問題やＥＵへの不満からトルコ民族意識が、また国際政治状況からイスラーム意識が台頭しつつある。このようにEU加盟への期待が充満していた雰囲気から、現在、多様なアイデンティティが競合するようになってきている。インタビュー調査においても、何人であるかとの問いに対して、ルーツがアジアであるのでアジア人である、アジア人でもありヨーロッパ人でもある、中東の人間である、アジア人でもなくヨーロッパ人でもなく地球市民である、など答えは多様である（『メルク』二〇〇七：一八―二二）。つまり、現在のトルコの状況は、ヨーロッパ人意識、トルコ民族主義、イスラーム意識などが競合し、対立しながら場合によっては融合するなどアイデンティティの競合期・過渡期となっている。

このようなアイデンティティの多様化の中、EU加盟に対して、トルコ人はかなり悲観的になっており、不可能かもしくはかなり時間がかかるであろうと思われている。二〇〇九年から五年間外相を務めたダウトオールですら、加盟実現は二〇二三年であろうと述べている。またオスマン軍楽のようにゆっくりとした歩みでEU加盟に進むであろうとの報道もなされている（Çelebi 2009:477 ; Zaman 2009.11.30 ; Milliyet 2008.12.19）。

ヨーロッパ側の世論については、トルコ加盟反対の理由として、三八・九％が「トルコはイスラーム国家であり、キリスト教を基本にしたヨーロッパとは理解し合えない」とし、EU加盟に対して国民投票をすれば、ヨーロッパの五一・八％は反対だろうとしている（Milliyet 2009.11.18）。このように現在においてもトルコはヨーロッパにとって他者であり続けているのである（Öner 2009:248）。

（2）両義的地域の共存の枠組み

トルコはアジアかヨーロッパか。地理的・歴史的・意識的にも二つにまたがる両義的な地域である。しかし政治的概念としてはそうではなかった。冷戦時はソ連邦の南を監視する西側の一員であり、冷戦後はイスラーム世界として位置づけられるようになった（Öner 2009:250）。特に米国の観点ではそれははっきりしており、冷戦期において地中海の覇権が英国から米国に変わり、トルーマン・ドクトリンのトルコ援助、朝鮮戦争へのトルコ軍の派遣、NATO加盟の過程を経て、米国がトルコの位置づけを中東地域から地中海地域へと定義し直した[4]。アジアやヨーロッパ概念は政治的概念であり、状況により変わってくる。トルコの地政学的な位置づけは以前と変わっていないのに、いまさらアジアであるからEU加盟は不可能であるとの主張に不満を述べ、それではなぜ申請時に言わなかったのかとの議論もトルコには存在する（Ayata 2009:38）。

トルコが様々な面において両義的な地域であることは、その歴史が所以《ゆえん》となっている。トルコの前身であるオスマン帝国は多宗教・多民族の帝国であり、一定の共存を保っていた。ある特定の民族や宗教集団が中枢を占めていたわけではなく、デビシルメ制などのような実力登用主義を採っていた。当時の西洋の貴族がオスマン帝国を訪れた際、羊飼いの息子が大宰相になっていることに驚いたとの逸話が残っているほどである。六百年以上にわたってあれほどの大帝国を維持できたのは、イスラームの寛容性が一定程度機能していたからである。オスマン帝国のスルタンはイスラームのカリフであるとともに、中央アジアのハンでもあり、さらにコンスタンティノープル征服の後はローマ帝国の皇帝意識もあった。古代ローマ帝国とオスマン帝国の版図はそれほど大きな違いはなく、オスマン帝国はギリシア・ローマの継承者でもあったのである。

現在の国際政治情勢から、トルコとヨーロッパ、もしくはアジアとヨーロッパを二項対立的に考えがちであるが、歴史的には明確に立て分けられていなかった。現在、トルコにおいても、また旧オスマン帝国領であった周辺諸国においても民族教育がなされ、オスマン帝国に対する評価は低い。現在の国民国家体制を正当化するため、前体制であるオスマン帝国を過度に低く評価することは、バルカンやアラブ、さらにトルコにおいてすら行われている。しかし最近になって徐々にオスマン帝国の共存体制が注目されるようになってきている。オスマン主義が民族などのアイデンティティ要求を抑制する機能を果たし、多宗教・多民族共存モデルを提示していたからである（Çolak 2006:587）。

このモデルをもとに、一九八〇年代後半から一九九〇年代前半にかけてトルコのオザル大統領は、新オスマン主義として、「民族・宗教」紛争が続くトルコ国内やバルカンさらに旧オスマン領にこのモデルを適用しようとした。それは、分離主義的民族主義の台頭を抑制しながら、新しい政治アイデンティティを志向し、西洋と伝統的価値を調和させる多文化・多宗教・多民族共存モデルであった（Çolak 2006:592；Davutoğlu 2009:85）。つまりオスマン帝国時代と同様に民族をできるだけ意識させずに、特定の民族や宗教が優越的地位を占めるのではない共存システムである。職業・階級・支配者などの社会的流動性が高く、異質文化国家間関係が主たる体系であった国際秩序観を有していたオスマン帝国は、現在の新自由主義により固定化しつつある社会関係や、国民国家へのオルタナティブを投げかけており、新オスマン主義もこれらを視野に入れているのである。

新オスマン主義は、オスマン帝国の末裔としてのトルコと、周辺諸国に対する経済的先進度という二点で、トルコが旧オスマン支配地域と新興の中央アジアのトルコ系諸国に対して外交と経済分野でリーダーシップを発揮することができ、またそうすることで国際政治におけるプレゼンスを高めるべきだという考えなのである。具体的には、第一は外交の側面において、ソ連邦崩壊後の中央アジアのトルコ系諸国や旧東側陣営の黒海周辺諸国との多国間経済協力に尽力した。第二は宗教の側面において、活発な国際交流活動を展開し、「ユーラシア・イスラーム会議」を主催し、宗教共存などを議論したのである。トルコにとっても従来のトルコ民族主義から脱却し、グローバル化する世界にチャレンジする「ムスリムかつモダン」の多国間共存関係を構築する機会にもなった（澤江二〇〇五：二一〇―二一七）。

これらは、新たなトルコによる支配であるとの非難もあるが、分離主義的ナショナリズムの台頭を抑制しながら、新しい政治アイデンティティを志向し、西洋と伝統的価値を調和させる多文化・多宗教・多民族共存モデルでもある（Çolak 2006:592；Davutoğlu 2009:85）。このように現在にも生きているオスマン的共存システムは、西欧国民国家のアンチテーゼになり得る可能性がある（Hinnebusch 2003:15）。

（3）加盟推進主体の変容と展望

トルコはイスラーム地域に属しながら、米国やイスラエルとも比較的友好関係を持ち、NATO加盟国でもある。また比較的安定した民主主義制度を保ち世俗主義を掲げている。この両義的な性質が文明の架け橋になる可能性も有している。だがそうであるがゆえに、揺れも激しく、ヨーロッパ・トルコ民族主義・イスラーム・汎《はん》トルコ主義などの角逐《かくちく》が見られる。

従来、EU加盟を推進していた主体は、世俗派の知識人や国家エリート、軍であり、反対していたのは、非トルコ人であるクルド系の人々や、世俗派からしばしば圧力を受けていたイスラーム主義者らであった。世俗派は、加盟がアタテュルクの革命の総仕上げになり、ヨーロッパの一員となり近代化が完成すると考えてきた。しかしEU加盟により、憲法に明記されている「トルコの不可分性」を維持できなくなる恐れが出てきており、また既得権が奪われることから、加盟に次第に懐疑的になってきている。それに対して、今までは「トルコの不可分性」を脅《おびや》かす存在とされてきたクルド系の人々や、軍からたびたび介入を受けてきたイスラーム主義者たちは、むしろEUに加盟することにより、自分たちが保護される側面が出てきた。このように加盟推進者の主体が徐々に変化しつつあるのである（夏目二〇〇六：二六五—二六七）。

だが世俗派の人々全てが加盟に反対しているわけではなく、従来のように軍に頼る政治への不信感が出始めているのである。軍の介入により自らの勢力を守ってもらうことに疑問を持ち始め、成熟した民主主義を求め、「イスラーム主義にも軍のクーデターにも反対」の声をあげ始めている。

現在の政権与党であるＡＫＰ（公正発展党）は、トルコの加盟によるＥＵ側の利点として次の三つを考えている。イスラーム世界との紐帯《ちゅうたい》が深化《しんか》すること、ＥＵの軍事力が増強すること、旧ソ連邦のコーカサスやバルカン、中央アジアでの重要な役割を担えることである（Yavuz 2009:215-217）。今井宏平によれば、公正発展党がＥＵ加盟を積極的に推し進めた理由は、軍部の影響力を規制し、二〇〇〇年と二〇〇一年の金融危機により悪化していた経済を立て直し、自身の正当性を国内外に証明するためであった（今井二〇一七b：二二三）。

このような重要な意義があり、また推進主体の変容もありながら、EU加盟にトルコではやや沈滞ムードが漂《ただよ》っている。これには多くの原因があるが、EUの側にも問題はあろう。トルコはアジアの国家である。トルコが入れば中東の危険な国家とEUが国境を接するようになる、ドイツと並ぶ理事会票数および欧州議会議席数を有するようになる、安価な労働者が大量に入ってくるなどと、EUでは言われている（Yavuz 2009:220）。

EU側が求める改革をトルコが実施できていない点も交渉が進まない理由である。なかでも、キプロス島のギリシア系とトルコ系住民の対立に、ギリシアとトルコが介入したキプロス問題の存在は大きい。トルコとギリシア系のキプロス共和国の対立は、トルコのEU加盟を困難なものにしている（今井二〇一七b：二二五）。

また最近のシリア内戦に伴う難民問題も大きな影響を与えている。トルコ国内にはシリア難民が三百万人ほど存在し、ほとんどの難民は都市部で生活している。二〇一六年三月にトルコ・EU間で妥結された合意には、両者の難民問題での連携と、EUからトルコに支払われる三十億ユーロもの支援金に加え、トルコのEU加盟プロセスを加速し、さらにトルコのEUビザなし渡航の検討を開始することが織り込まれていた。しかしこの合意はうまくいっておらず、トルコ・EU両者の関係は悪化している（東野二〇一七：三九）。

また究極はイスラームだから加入できないのであろうと多くのトルコ人は考えている。このことは、EU自身がキリスト教クラブにとどまるかどうかという問題なのである。

このような中、トルコでは近年、EU加盟が目標なのではなく手段であり、成熟した民主主義国家になり、豊かな国民生活を送ることが究極の目標であり、その意味では、EU加盟はむしろどちらでもよい、との議論が出始めている（夏目二〇〇六：二六七、Nakanishi 2008:162-163）。

公正発展党はEU加盟交渉を推進するものの、アイデンティティの変化ではなく、あくまで政治と法のシステムをEU加盟のためのコペンハーゲン基準に則して技術的かつ構造的に変容させるEU化を模索している（今井二〇一六a：一九〇）。

二　トルコにおけるテロとクーデター

(1) 最近のテロ事件

二〇一五年七月トルコ南部のスルチで「イスラーム国」によるテロによって三十人以上が亡くなった。それを契機にトルコは米国をはじめとする「イスラーム国」包囲網に参加し、同時にクルドのテロリストの拠点も空爆し始めた（Radikal 2015.8.29）。その後、トルコは「イスラーム国」とクルドの両方から頻繁《ひんぱん》にテロ攻撃にさらされることになった。主なものだけでも巻末の年表にあるように、相当な数である。

このように続発するテロの直接の原因は、二〇一五年夏から始まったトルコによる「イスラーム国」とクルドへの攻撃である。この攻撃を促した内政的要因として、二〇一五年六月七日のトルコ総選挙で与党が敗れ、そのためエルドアン大統領が危機感を煽り、トルコ国家としての凝集力を強めるために対テロ攻撃をしたとも考えられる。その後十一月一日に再び総選挙が行われ与党が圧勝したことを考えると、テロなどの社会不安を梃子《てこ》にして国民に「安定」を選択させたとも言えよう。エルドアンは選挙後、祖国の一体性や国民一体化を強調し、議論ではなく成果が重要だと指摘し、その後さらなる強権化が進んだ（Radikal 2015.11.2 ; Hurriyet 2015.11.5）。

現在のテロの要因を時系列的にさらにさかのぼるならば、二〇一四年六月にイラク第二の都市モスルを占領し、カリフ制を施行した「イスラーム国」に危機感を抱いた米国等によるシリア空爆が考えられよう。さらに、二〇一一年一月から始まり多くの国や組織が関与したシリア内戦、二〇〇三年のイラク戦争による混乱とシーア派政権によるスンナ派弾圧、九・一一事件後の対テロ戦争とイスラーム世界の混乱、一九四八年のイスラエル建国によるイスラーム世界の反発、第一次大戦期の列強による中東諸国体制の強要、東方問題としてのイスラーム世界に対する列強の蚕食《さんしょく》。これらが現在のトルコや中東の混乱とテロの要因として挙げられよう。

(2) クーデター事件

二〇一六年七月十五日に、トルコ軍の一部がクーデターを起こしたが、十二時間後には鎮圧された。トルコにおいて軍はアタテュルク主義を奉じた世俗主義の守護者であり、これまでも何度か社会不安やイスラーム主義台頭を憂《うれ》い、軍が政治に介入した。その際、比較的早い時期に軍は民政移管をしたので、ある程度民衆は軍を支持した。いわばこれまではアタテュルク主義がクーデターの正統性の根拠であった(岩坂二〇一四:一三五)。

今回のクーデターは今までとは異なり、軍の一部が動いただけだった。軍内部のギュレン派が排除されることへの懸念、エルドアンの強権化、テロなどの社会不安の増大などが引き金となって、クーデターが行われた。

現在のトルコにおいて、世俗派の民衆はイスラーム主義の台頭や大統領の強権には反対であるが、軍の政治介入も快く思っていない。民主主義が機能し、ＥＵに加盟し、先進国となることを目標にしているからである。

鎮圧後、エルドアンは非常事態宣言を出し、反体制派の軍人のみならず、公務員、裁判官、検察官、教員など多数を次々に拘束、解任している。今回のクーデターは自作自演であるとの極端な見方も出るほど、結果としてエルドアンの権力強化につながっている。エルゲネコン・バルヨズ事件で世俗派の軍人を排除し、さらに今回のクーデターでギュレン派を追い落とした。現在、アタテュルク主義の守護者である軍の変容と解体が進んでおり、良くも悪くもエルドアンは軍を統制下に置こうとしている。

(3) 今後の展望

トルコはアラブの革命以前は、シリアのアサド政権のような権威主義体制であっても、地域社会の安定化をめざす「ゼロ・プロブレム」外交を掲げ、友好関係を結んできた。しかし公正発展党はアラブの革命に際し、反政府運動を展開した民衆から、イスラームと民主主義両立の「モデル」と見なされた。民衆蜂起を受けた権威主義国家が地域秩序の安定を阻害するとして、トルコは権威主義体制打倒を主張するようになった。つまりトルコはアラブの革命を契機に、現状維持から現状打破の政策に転換したのである(今井二〇一六b:一九四)。

トルコにおける「イスラーム国」のテロは、基本的にトルコ人の「イスラーム国」メンバーが実行犯である。トルコの「イスラーム国」の目的は究極的にはトルコ政府を倒し、トルコを「イスラーム国」の支配地域とすることである。しかしいきなりは無理なので、段階的にトルコを脆弱化《ぜいじゃくか》させる手段を選択している（今井二〇一七a：一〇一─一〇八）。

トルコにおけるテロとクーデターにより不安は増大し、政権の強権化による社会的分断が進んでいる。テロやクーデターの原因は、格差や差別、異議申し立ての機会の喪失、紛争などによる社会的混乱の増大等であり、それらを低減化する必要があろう。

エルドアンは確かに強権化しているが、二〇〇二年から単独与党を持続できているのは、かなりの民衆の支持があるからである。ほとんどがイスラーム教徒と言われているトルコで、極端な世俗化に対する揺り戻しが、エルドアンのもとで行われている。またシリア国民、ムスリム同胞団、ガザの人々など抑圧される民衆の側に立つなど、諸外国のスンナ派ムスリムから一定の支持もある。民衆から直接選挙で選ばれた最初の大統領であるという自負がエルドアンにはあり、多少強権的であっても、軍や反対派を統制するのは当然と考えている。

元来トルコはＮＡＴＯに加盟し米国とも良好な関係を有しながら、イスラーム世界の地域大国として今までしたたかな外交を行ってきた。二〇一五年夏まではＰＫＫ（クルド労働者党）とも一定の停戦合意ができており（Milliyet 2015.7.25）、「イスラーム国」とも直接対決は巧みに避けてきたのである。

トルコにおいて、「イスラーム国」よりもクルドのテロの方が、脅威が高いと考えられていた。「イスラーム国」に対する認識は、他のスンナ派ムスリムの世界でも似た状況であり、確かにテロ組織ではあるが、対シーア派闘争の尖兵《せんぺい》となっていることは、それほど悪いことではないと考えられている。また前述したように、多くの国で穏健なイスラーム主義が強権体制維持のために潰《つぶ》されてきたことが、過激なイスラーム主義である「イスラーム国」への消極的選択にもつながっている（内藤二〇一六b：一八―一九）。

エルドアンは、イスラームの寛容性に基づいた融和的政治に立ち返り、自らの支持者ばかりでなく広範な民衆の支持を回復し、諸外国との平和外交に回帰すべきだろう。トルコや中東における過去の共存の歴史に学び、新しい枠組みが当該地域の民衆によって構築される必要がある。

トルコは従来の行きすぎた世俗主義ではなく、イスラームの寛容性と民主主義を包含した民主的イスラームをめざし、過去のオスマン帝国における多宗教の共存形態を取り入れ、新しい枠組みを作り出す転機にさしかかっている。軍事的暴力を低減化し、様々な社会不安を除去し、長期的視点に立った中東政策を遂行するなど、諸問題の原因を取り除く必要があろう。民族、宗教、イデオロギーなどの分断を乗り越え、暴力の応酬と均質的領域性を超える共存システムが待たれている。

章のまとめ

現在の状況を過去に投影し、イスラームとキリスト教やユダヤ教は常に対立していたと考えがちであるが、少なくとも中東地域においてはそうではなかった。またアジア概念とヨーロッパ概念も排他的なものではなく、重複し可変的であった。民族や宗教の枠組みや関係性は常に変わらないものではなく、動態性を持った概念である。過去の共存の歴史から学び、現代に適用する試みがなされている。

現在、トルコもヨーロッパも自らの理念や共存の枠組みが問われている。トルコにおいては、キプロス問題、クルド問題、アルメニア問題、経済問題等を低減化もしくは解決し、「トルコの不可分性」やトルコ民族主義を再検討する契機となったのが、EU加盟問題であり新オスマン主義の動向である。ヨーロッパもトルコを取り入れることにより、文明の衝突を超えて、キリスト教クラブとの批判をかわし、将来中東の産油国とも連帯を深めていければ、経済的な側面でも米国に十分対抗できるのである。

トルコのEU加盟は、ナショナル・ヒストリーも一元的な宗教共同体もさらにはアジア・ヨーロッパといった地理概念も超えて、新しい生活圏の再編をもたらす可能性がある。対立を乗り越える新しい地域概念、新しい共存形態が現在模索されている。

しかし、イラク戦争やシリア内戦において、トルコをはじめ中東地域が大混乱となり、テロの応酬が始まっている。難民がトルコにおいて三百万人ほど滞在し、治安問題、経済問題が台頭し、EU加盟にも暗雲をもたらしているのである。

トルコはいわば中東イスラーム世界の優等生だった。民主主義が機能し、欧米が理想とする穏健なイスラーム主義を掲げ、経済成長をもたらした。しかしそのトルコでもテロやクーデター、さらに大統領の強権化など問題が噴出している。過去の共存の歴史に学びながら、様々な文明を包含し、新しいイスラームのモデルを構築してほしい。

トルコは西側とイスラーム、また日本も西側とアジアの架け橋になれる優位な位置にある。今こそ、両国は共同して、トルコと中東、さらに世界の平和と共存のために英知を尽くすべきだろう。

第十四章　イスラームにおける戦争と平和観

はじめに

現在の紛争の多くは、イスラームが関与していると考えられている。確かに、イラク、シリア、パレスチナ等のイスラーム世界で、紛争が多発している。紛争要因の全てをイスラームに還元することは危険であるが、一定の関連があることも事実であろう。またイスラームは国際政治において大きな影響力を持っている。近い将来、イスラームはキリスト教を抜いて、世界最大の宗教集団になると言われており、信徒数から考えるとイスラームは発生以来、現在が最も勢力のある時代かもしれないのである（塩尻二〇〇七：一九七）。このようなイスラームに対して、戦争と暴力の宗教であるとの偏見も未だに散見される。したがってイスラームと戦争の関係を考察するためにも、その戦争と平和観を分析することは重要であろう。

本章ではまずクルアーンにおける戦争と平和観を概観した後、ジハード概念を検証する。その後、イスラームの国際秩序観と戦時国際法を述べた後、戦時国際法についてのグロティウスとシャイバーニーの比較を試み、最後に今後の課題を展望する。

一　クルアーンにおける戦争と平和観

二十一世紀に入って、宗教が非寛容や暴力と関連づけて語られている（Huda 2010:xiv）。特にイスラームはその傾向が顕著で、イスラームの観点からの戦争や暴力の研究は多いが、平和構築や紛争解決の研究は少ない（Abu-Nimer 2003:181）。

本来のイスラームは戦争と暴力の宗教ではなく、平和と博愛の宗教の側面もある。平和において、最も大事な概念は公正であり、政治的・社会的・経済的公正が生活のあらゆるところで実行されなくてはならない（Ateş 2006:50；Ergil 2010:19）。イスラームにおいても、公正は絶対的価値であり、その上で社会的・世界的平和を構築していくことが重要なのである（Abu-Nimer 2010:77；Doğan 2006:252）。

イスラームは孤児や貧者、夫を亡くした女性などの弱者に対する温かいまなざしを持っており、相互扶助《ふじょ》の思想も有している（Doğan 2006:254）。また寛容性[1]や人類意識も説いており、人類はみな兄弟であり、全てアダムの子孫であると捉えている（Sarıçam 2006:105）。

さらに生命の尊厳も説かれており、「他人を殺す者は、人類すべてを殺すのと同じであり、他人を生かす者は人類すべてを生かすのと同じである」（クルアーン五章三二節）。ただ、この他人とはイスラーム教徒なのか、非イスラーム教徒なのか、はっきりしない。

平和に関しても、イスラームは最終的には暴力を容認しており（Abu-Nimer 2010:36）、またイスラームの枠内での平和の可能性もある（塩尻二〇〇八：三〇六）。多くのイスラーム帝国において、非イスラーム教徒に対しては不平等のもとでの共存であった側面も忘れてはならない。ただユダヤ人差別や魔女狩り、異端審問《しんもん》などを行っていた当時のヨーロッパに比べれば比較的寛容に共存していたのである。

このようにイスラームの寛容性や平和観において、一定の譲歩が必要ではあるが、現在、明らかにイスラームに対して戦争や暴力の宗教との偏見が見られる。

確かに、クルアーンにおいて暴力的な表現が散見される。「神聖月が過ぎたならば、多神教徒どもを見つけしだい、殺せ。これを捕らえよ。これを抑留せよ。いたるところの通り道で待ち伏せよ」（クルアーン九章五節）。この節は剣の節とも呼ばれ、非常に厳しい好戦的な表現である。ただこの節は、六二八年にムハンマドとマッカの人々との間に「ブダイビーヤの和議」が結ばれ、その後にマッカの人々によって和議が破られ、この時に剣の節が下されたとされる。よって「多神教徒」とはマッカの人々のことである（大川二〇〇四：二七）。

またこのクルアーン九章五節には以下のような文が続く。「しかし、もし彼らが悔い改めて、礼拝を守り、喜捨《きしゃ》を行うならば、放免してやれ。神は寛容にして慈悲深いお方である」（クルアーン九章五節）。このように単なる好戦的な表現ではなく、かなり限定的であり、他の節にもこのような限定は見られる。「神の道のために、おまえたちに戦いを仕掛ける者と戦え。しかし、度を越して挑んではならない。神は度を越す者を愛したまわない」（クルアーン二章一九〇節）。これも限定的かつ防衛戦争を念頭に置いた表現である。

剣の節はイスラーム教徒に敵対し、イスラーム教徒を殺そうと襲ってくる不信仰者に対する戦闘命令であり、平和裡に共存する人たちに対しても殺せという殺人指令ではない。クルアーンに描かれた様々な戦闘シーンや暴力的な表現などを、キリスト教の聖書を読む時と同じように、比喩的、象徴的に読むべきだろう。

塩尻和子によれば、そもそもクルアーンには戦闘的な命令は五、六箇所のみであり、平和や寛容を勧める章句は百を超えているのである（塩尻二〇〇七：一八一、一八五）。

二　ジハード概念の検証

現在のイスラームが関与している紛争やテロに対して、ジハードという用語が安易に使用されている。ジハードの本来の意味は、宗教的に「努力をする」という意味であるが、ジハード＝聖戦と捉えている人が多い（Khadduri 1955:55；Kamali 2013:xii）。さらにジハード概念は大ジハードと小ジハードに分類される。大ジハードとは自己との戦いであり、小ジハードとは他者との戦いである。大ジハードは弱い自分に打ち克つ克己心《こっきしん》であり、小ジハードも他者に対して、言葉や論理でイスラームを宣教し、最終的には戦闘の可能性も視野に入れている。またジハードの手段としては、心、舌、知、手、剣がある（Amjad-Ali 2009:244-245）。このように、ジハードは様々な手段を通じて、宣教をすることである。確かに、自分たちのイスラーム共同体が暴力的に破壊される場合は、成人男性は戦う義務がある。しかし暴力を手段として他集団と戦うことは、小ジハードかつ剣を用いた戦いであり、ジハード概念の一部なのである。

ジハードの用語は、クルアーンの四十一の節に存在するが、その中の十箇所ほどのみが戦闘的な意味を与えられている（塩尻二〇〇七：一七二）。またジハードに関する言及はクルアーンのマディーナ期に多く見られ、戦闘の続いたこの時期、イスラームの拡大や異教徒たちに対する防衛行為としての戦闘的ジハードという意味で用いられた（大川二〇〇四：四三―四四）。

戦争には、ジハードではない単なる覇権戦争も存在し、ジハードには右記のように様々な形態が存在した。全ての戦争がジハードではなく、また全てのジハードが戦争ではないのである（Dagli 2013:59）。

聖戦という意味のジハードにしても、基本的には防衛戦争と考えられてきた（Afsaruddin 2010:47）。ジハードがイスラームを信仰しないということだけで起こされる戦争であれば、「宗教には強制があってはならない」（クルアーン二章二五六節）と矛盾することになる。イスラームへ脅威を与える非信仰者に対する防衛戦争のみが許されると解釈すべきであろう（古賀一九九一：五二）。

そのジハードにしても多くの限定的な条件が考えられよう。まず戦争を回避するためにあらゆる平和的努力をすること、侵略者から良心の自由・家・財産・母国を守るための防衛的戦いであること、個人的目的や復讐で行わないこと、市民が対象ではなく、武装した戦闘員に限定した行動であり、女性や子どもの殺害や傷害は禁じられていること、川や井戸などの環境の汚染や家屋の破壊は禁じられていること、キリスト教の教会やユダヤ教のシナゴーグは目標にしないこと、戦闘中でも講和のためのあらゆる努力を惜しまないことなどの条件がある（Kamali 2013: xvi-xvii）。

このような戦闘的ジハードを行使できる人は、精神異常のない身体的にも健康な成人男性のイスラーム教徒であり、借金がなく経済的に独立しており、戦争に行く前に両親の許可を得て、善なる目的を行使する者である（Khadduri 1955:84-86）。このように、ジハードを行使する主体に関してもかなり限定的なのである。

したがって、昨今「ジハード」を宣言するいわゆる「テロリスト」は、本来のジハードを逸脱《いつだつ》していることになる。

三　イスラームの国際秩序観

西欧国際法秩序は、法秩序の主たる体系を同質文化国家間の関係（キリスト教文化国家間）に置き、従たる体系を異質文化国家間の関係に置いている。それに対して、イスラーム国際法秩序は、法秩序の主たる体系を、異質文化国家間の関係（イスラーム国家対非イスラーム国家）に置いている（古賀一九九一：三二一—三二二）。このことは他者や他集団の存在が前提となっているイスラームの寛容性とも関係していよう。

イスラーム国際体系は、ユーラシアの東端の受動的な東アジア国際体系と、西端の閉鎖的な西欧キリスト教世界の国際体系との間にあって、東西交通の大動脈を包摂《ほうせつ》する開放的な国際体系として重要な役割を果たした（鈴木一九九三：二八）。

クルアーンには記述はないが、イスラーム法学者によって唱えられた領域概念として、「イスラームの家」と「戦争の家」がある。

「イスラームの家」とは、ムスリムの支配下に入りイスラーム法が適用される領域である。つまりイスラームの主権と支配に服する領域である。しかしムスリムだけの世界ではなく、この領域に住む住民はムスリムと啓典《けいてん》の民《たみ》である。啓典の民はイスラームの信仰を強要されることはなく、ただムスリムの支配とイスラームの保護を受け入れることを強いられたにすぎず、その限りにおいて彼らはイスラーム共同体の内的構成員である（眞田二〇〇〇：二八九―二九〇）。

「戦争の家」とは、イスラーム法が適用されずに、イスラーム世界と戦争状態にある領域である（古賀二〇〇二：六一八―六一九）。「戦争の家」を「イスラームの家」に変えていくためのムスリムの不断の努力をジハードと呼び、このジハードにはもちろん、非軍事的手段も含むのである（鈴木一九九三：一七）。「戦争の家」は、「イスラームの家」以外の諸国家ならびに諸共同体から構成され、以下の三つの条件が支配した世界である。第一に、非イスラーム法が施行されている。第二に、ムスリムの領域に近接し、ムスリムの領地に対する攻撃の基地たり得る。第三に、ムスリムおよびズィンミーの安全が脅かされ、あるいは彼らの生命・財産が保護されていないという条件である（眞田二〇〇〇：

二九〇)。

他者に対する寛容性は、そのカテゴリーの細やかさにも表れている。非ムスリムである外国人は、ムスリムとの間で確立した関係によって、三つのカテゴリーに分けられる。第一はハルビーであり、啓典の民と多神教徒とを問わず「戦争の家」に所属する者である。第二はムスタミンであり、「イスラームの家」を旅行または滞在する者にアマーン(安全保障)が与えられたハルビーは、保障された者という意味でムスタミンと呼ばれた。第三はズィンミーであり、「イスラームの家」に住み、ムスリムの支配に服する啓典の民である(眞田二〇〇〇:三〇八―三一〇、Khadduri 1955:162)。

ズィンミーは、イスラーム教徒に比べれば劣位《れつい》に置かれ、不平等の下での共存を享受していた。ただ、当時のキリスト教世界よりもましであったので、ヨーロッパで迫害を受けたユダヤ教徒らは、「イスラームの家」に逃れてくるようになった。

ズィンミーであるキリスト教徒やユダヤ教徒は、礼拝所を新たに建設してはならなかった。さらにその規定には、公《おおやけ》に宗教的儀礼を行ってはならない、武器を携帯してはならない、馬などの高級な乗用動物に乗ってはならない、公共の事務所を構えてはならない、それぞれの宗旨がわかるような独自の服装をしなければならない、などの細かな条項が見られる。その中でも最大のものは、ジズヤ(2)(人頭税)と呼ばれる税金の支払いであった。

このジズヤがイスラーム国家の財政をかなり潤《うるお》したことは事実である。イスラームの征服事業の初期に入信者が急増した地域では、ジズヤの収入が落ち込んだために、司令官たちがイスラームへの改宗の奨励を一時的に停止しようとしたという逸話も残っている（塩尻二〇〇八：二五六—二五七）。

四　イスラームの戦時国際法

イスラーム戦時国際法では、戦争が行われている場合にムスリムに対して禁止されていた行為として、次のような十四項目がある（眞田二〇〇〇：三〇三—三〇四）。①非戦闘員の殺害。非戦闘員には婦女、未成年者、主人の従者にすぎない召使いまたは奴隷、身体障害者、修道僧や隠者、精神障害者が挙げられる。医者や看護師が非戦闘員の場合は、彼らが抵抗しなければ危害を加えてはならない。②残酷なまたは拷問による殺害。③死体の損壊《そんかい》。④敵の首級《しゅきゅう》の切断と戦利品としての首級の高官への送達。⑤人質の殺害。⑥農作物、果樹の損傷、樹木の無益な伐採《ばっさい》。⑦動物の無益な殺生《せっしょう》。⑧捕虜の婦女への暴行。⑨降伏した敵の大量殺戮。⑩正当防衛の場合は別として、偶然、敵の陣営に居合わせた両親の殺害。⑪無実の農民の殺害。⑫非戦闘員たる商人の殺害。⑬捕虜の焼殺。⑭敵の使節殺害。

このように戦争および戦闘行為においてかなりの禁止事項が存在するが、全ての戦争において、禁止事項が守られていたわけではない。

そもそも戦闘行為としてのジハードは、それ自体が目的ではなく、イスラームを守るための自己防衛のための一つの手段である。ムスリムの学者は、神の道を守るために異教徒と戦わざるを得ない現実を神の許容する程度において正当化するために、戦時国際法を構築し、展開していった。彼らは、宣戦布告の手続き、使用すべき武器、捕虜の取り扱い、占領地の取り扱い、戦利品の分配、休戦・停戦・中立条約の締結、休戦中の安全保障、安全通行保障権、非戦闘員の取り扱い等について、詳細に論じた（眞田二〇〇〇：三〇二）。

五　グロティウスとシャイバーニーの比較

イスラーム国際法の大成者の一人に、シャイバーニーがいる。彼は、ハナフィー学派の創始者の一人であり、ムスリムのグロティウスとも呼ばれている（眞田二〇一三：三九一―三九三）。グロティウスの生年が一五八三年、シャイバーニーは七五〇年であり、八百三十三年の差がある。八百年以上も隔《へだ》たりがある者を比較するのは難しいが、むしろ時代的には古いシャイバーニーの方が人道性・

倫理性が高い面がある。ここでは、眞田の論考により二人の戦時国際法の比較を試みる（眞田二〇〇〇：二七二―二八二）。

まず、戦争における敵に対する殺害的効果について、グロティウスは「敵の領土内にある全ての者を殺傷し得る」と述べる。それに対して、シャイバーニーは、ハディースを引用しながら、イスラームの戦争が本質的に宗教的性格を持ち、ムスリムを宗教上の敵から保護するために行われたこと、したがって同時にまた戦闘における殺害行為は、敵対者が非ムスリムであるからではなく、イスラームの安全を脅かし、あるいはイスラームに対し冒瀆《ぼうとく》の罪を犯す場合に限られたことを示している。

次に、婦女、子ども、老人の殺害について、グロティウスは、「幼児及び婦女を殺害しても罰せられることはない」「老人もまた殺害されるとしても、なお一層驚くべきことではない」との見解を示す。それに対して、シャイバーニーは、ハディースを根拠に、イスラームの国際法が婦女、未成年、老人の殺害を禁じていることに各所で言及している。

捕虜の殺害について、グロティウスは、戦争で捕らえられた捕虜を殺害する権利は、「いかなる時代においても排除されることはない」と言う。それに対して、シャイバーニーの見解は対照的である。「捕虜は、これを殺害すべきではなく、身代金《みのしろきん》を取るか、あるいは慈悲により解放することが許される」と述べる。この見解は明らかに法源的根拠を次のクルアーンに置いている。「あなたがたが不信心な者と（戦場で）まみえる時は、彼らの首をうち切れ。彼らの多くを殺すまで（戦い）、（捕虜には）綱をしっかりかけなさい。その後は戦いが終わるまで情けを施《ほどこ》して放すか、または身代金を取るなりせよ」（クルアーン四七章四節）。「彼らを敬愛するために、貧者と孤児と捕虜に食物を与える」（クルアーン七六章八節）。

嘆願者および降伏者の殺害について、グロティウスは、命乞《いのちご》いを嘆願している者であっても、無条件降伏を受諾された者であっても、これを殺害することは戦争の法によって許される、とする。それに対して、シャイバーニーは、捕虜が捕虜たる理由によって殺害されることを禁じている。嘆願者および降伏者に対する処遇についてはかなり寛容であり、クルアーンにも「もし多神教徒の中に、あなたに保護を求める者があれば保護し、アッラーのお言葉を聞かせ、その後彼を安全な所に送れ」（クルアーン九章六節）とある。

ただし捕虜の取り扱いに関しては、法学派によって多少異なり、以下の四つの方法のうちの一つを取ることを勧めている。第一、クルアーン四七章四節のように、身代金を取って釈放するか、それとも賠償金を取らずに解放するか。第二、捕虜の殺害である。しかし、この場合敵の軍事力を弱めるとか、あるいはムスリムの利益に合致するという相当な理由がなければ、捕虜の殺害は行われるべきではない。その上、捕虜には、刑の執行の前に、死の代わりにイスラームへの帰依《きえ》の道を選ぶ機会が提供されねばならなかった。第三、捕虜の交換である。ムスリムの捕虜を身代金で買い戻すことは、イスラーム国家の義務であった。第四、捕虜を奴隷にすることである。その後、敬虔なムスリムにとって奴隷を解放することは、神の道に近づくための価値ある善行の一つと見なされていた。

婦女に対する暴行については、グロティウスは、婦女に対する暴行が許されないのは、キリスト教徒の間であって、非キリスト教徒との関係においては婦女に対する暴行は許される、とした。それに対して、シャイバーニーは、ムスリムの将兵が、啓典の民の女たると否とを問わず、捕虜たる婦女の貞操《ていそう》を暴力によって奪うことを厳格に禁止した。

六　今後の課題

グロティウスとシャイバーニーの比較において、シャイバーニーは八百年以上も過去の人間でありながら、高い倫理性と人道性を示していた(3)。

このような高い倫理性を誇りながら、その後の国際法の発展において、イスラーム国際法が近代西欧国際法の後塵《こうじん》を拝《はい》したことも歴史の事実である。眞田によると（眞田二〇〇〇：二五四）、その理由として、第一は学者らの比較的自由な解釈行為であるイジュティハードが閉ざされた結果、学問が硬直化し、シャイバーニーらの学問的伝統が断ち切られたからである。第二は、イスラーム世界が、政治的な隆盛の後に、西欧のキリスト教世界の発展に反比例して停滞し、西欧の帝国主義的植民地主義支配に服し、それに伴いイスラーム国際法はイスラーム国家の手によって放棄せざるを得なかったからである。

イスラームは寛容であるとともに、やや独善的な側面も有する。その一つとしてイスラーム教徒の他宗教への改宗、いわゆる棄教《ききょう》問題が存在する。もちろん棄教を奨励する宗教組織など存在しないだろうが、やむを得ない措置として認める場合もあろう。イスラームにおいて、改宗は不可能であったり、殺されたりする場合も存在する。シャイバーニーは、未成年や女性は除外するが棄教した成人男性は処刑の責めを問われることになる、と述べている（眞田二〇〇〇：二八五）。

ただクルアーンには殺せとは表現されておらず、以下のようにある。「いったん信仰に入ったうえで背信の態度をとり、ますます不信の度が強くなるような者は、もはや悔い改めても何一つ受け入れられない。このような者は邪道に踏み迷う人である」（クルアーン三章九〇節）。したがって、本当に殺さなくてはならないか、議論の分かれるところだが、現実的にかなり厳しい結果が待っていることは確かであろう。

眞田によれば（眞田二〇〇〇：六二）、棄教は、改宗者個人にかかわる私的問題ではなく、イスラーム共同体であるウンマに不和と混乱をもたらし、ウンマ自体を崩壊に導く反社会的行為であって、西洋法的表現をすれば大逆罪、わが国の刑法で言えば内乱罪に相当する犯罪行為ということになる。イスラームにおいて宗教が単に個人の内面の問題ではなく、社会性を有したものと考えられているからである。

本来のイスラームのメッセージは、伝統的な部族的・人種的境界線を突き破る政治共同体を樹立すること、換言すれば人種的あるいは地理的に閉ざされた国家主義を排除して、共通の理念に従う開かれた国際的共同体を建設することである。

さらに、先行するユダヤ教徒やキリスト教徒とは兄弟の宗教であるとの意識とともに、次のような思考も有している。ユダヤ教徒の人々は選民思想を、キリスト教徒の人々は三位一体《さんみいったい》を採用し、純正な唯一信仰から逸脱していった。ムハンマドはこれらの誤りを是正し、アブラハムに体現された純正な絶対的一神教を本源的な姿に復活させようと努めた。この意味においてムハンマドの宗教運動は一つの新宗教の創唱ではなく、まさしく始源《しげん》の純正な宗教に回帰すべき宗教改革であった（眞田二〇〇〇：四九―五〇、二八六）。

このような強き自負心を多くのイスラーム教徒は持っており、また最近の国際情勢において、自分たちは抑圧・虐殺されているとの被害者意識もあり、様々な局面でイスラームの凝集力が強まり、それがマイナスに働いている側面もある。

現在の倫理基準から、クルアーンや過去の議論を評価するのは、やや問題があろうが、今後、新しい時代における世界の平和や共存を志向するためには、クルアーンの言説を時代に合わせて柔軟に解釈するなど、新たな平和的人道的解釈を行い、さらなる高みをめざす必要があろう。

章のまとめ

イスラームは当初、急速に拡大したが、十世紀頃になると「イスラームの家」の膨張は、一旦停止する。その後、最後のイスラーム帝国であるオスマン帝国の時代、特に十五、六世紀の頃に再び拡大の時期に入り、攻撃的ジハードを行い、パクス・オトマニカの時代を迎える (Panaite 2000:79)。

ここまで見てきたように、イスラームは単なる戦争や暴力の宗教ではなく、寛容と平和の宗教の側面もあった。確かにウンマを物理的に破壊する相手には、最終的には戦争を認めるが、多くの譲歩が存在した。ジハード概念もその一部である暴力のみを強調されがちであるが、現実には幅広い概念であり、聖戦も基本的には防衛戦争の意識が強い。国際秩序観も他者の存在が前提となっており、細やかな他者認識に基づいていた。イスラームの戦時国際法は、近代西欧と比較して、決して劣ってはおらず、むしろ人道性と倫理性が高かった。

現実の戦争が、全てイスラームの教義に起因するわけではない。むしろ政治的・経済的格差の問題や、第一次大戦後にもたらされた人為的な国境線、米国をはじめとする大国のダブルスタンダード的軍事介入などが戦争の直接的要因となっている。

しかしイスラーム自身にも一定の要因は存在しよう。イスラームが最終的には暴力を認める点、純粋な一神教としての自負心、様々な局面でイスラームが活性化している点など、イスラームの側も自己を相対化して見直す必要があろう。

現在のイスラーム教徒は被害者としての意識が強いことから、自己省察《しょうさつ》は非常に難しい作業となろうが、紛争を乗り越え、新たな平和と共存の枠組みを作るためにもこのことは重要であろう。

だが、自己省察は何もイスラーム教徒ばかりの問題ではなく、全ての宗教者に課せられた課題であろう。

第十五章　イスラームにおける弱者救済の福祉制度

はじめに

現在、世界では貧困・格差が増大し、弱者救済が急務となっている。また中東イスラーム地域を中心に紛争が頻発《ひんぱつ》しており、生活や福祉が破壊されている。テロを行う側も対テロ戦争をする側も、イスラームおよび宗教を利用し、表面上は宗教・宗派対立の様相を呈している。このことからイスラームが戦争・暴力の宗教だと捉えられるようにもなっている。確かにイスラームは最終的には暴力を容認し、イスラーム共同体であるウンマを破壊する勢力に対し、成年男子は戦わなくてはならない。しかし、イスラームが戦争やテロを防いでいる側面があることも指摘しなくてはならないだろう。戦争やテロの原因の一つが貧困・格差にあるとするならば、イスラームにはそれらを少しでも低減化しようとする理念や装置が存在する。ムスリムが行うべき五行の三番目に喜捨があり、それは社会福祉、経済的再分配の機能を果たし、弱者救済をめざしている。イスラームは孤児や貧困者、寡婦《かふ》などの弱者に対する温かいまなざしを持っており、相互扶助の思想も有している（Doğan 2006:254）。クルアーンにも「本当の敬虔とは、神と終末の日と天使と啓典と預言者たちを信じ、親族、孤児、貧者、旅人、乞食に、そして奴隷たちのために自分の大切な財を分け与え、礼拝の勤めを守り、喜捨を行うことである」（クルアーン二章一七七節）とある。

本章では、イスラームにおける弱者救済の観点から、経済、金融、格差、公共、教育等について、広義の福祉的思考や制度を考察し、現在の格差が増大する社会への一つの代替を提示する。

一　イスラームと経済

日本では宗教が公共領域にかかわることに抵抗感が強く、宗教団体も社会問題に正面から関与してこなかった（櫻井二〇一二：四）。それとは対照的に、イスラームは公共領域に積極的にかかわっており、そもそも宗教と政治や経済、生活を分離する思考様式は存在しない。宗教と政治や生活が結びつく他宗教の事例は多少見受けられるが、特に、宗教と経済が密接な関係を有するのはイスラームの大きな特徴であろう。

クルアーンにおいても、アッラーへの信仰が商売のメタファーで語られることも多い。「クルアーンを読誦し、礼拝の務めをよく守り、神から授かった財産を惜しみなく使う人々は、絶対はずれっこない商売を狙っているようなもの」（クルアーン三五章二九節）。「信仰する者たちよ、汝らに痛哭《つうこく》の罰から逃れる商売を示そうか。それは汝らがアッラーとその使徒を信じ、財産と生命をもってアッラーの道に奮闘することである」（クルアーン六一章一〇、一一節）。前者は、啓典の信仰・礼拝・喜捨が「必ず成功する商売」であり、後者は、ジハード（奮闘）が「救済を生む商売」であると指摘している（小杉二〇〇六b：八九）。

イスラームが誕生した地域は、文明発祥の地で都市が発展し、アジア・アフリカ・ヨーロッパの結節点《けっせつてん》であり、また乾燥地域が多く農業には適していなかったので、商業が発達したと考えられている。イスラームは、このような都市的、商業的文化の影響を強く受けた宗教である（岩木二〇一四b：四五）。

そもそも宗教と経済の関連性は、従来の近代西洋の宗教概念や経済学ではあまり論じられてこなかった。宗教とは、政治や経済とは分離され私事化された個人の内面を扱う枠組みである。一方で経済学は近代西洋が生み出した資本主義をモデルとして、それを分析するために作られた道具なのである（加藤二〇〇五：二〇三）。

このような近代西洋的観点から見落とされてきたイスラームであったが、最近は次第に研究が進んできている。また前近代のイスラーム世界が高度な市場経済を展開させていたことも指摘されている（加藤二〇〇五：一二）。

だがイスラーム世界が高度な市場経済を経験しながらも、近代において産業資本主義への移行に失敗した原因も指摘すべきであろう。その要因は以下の三点である。第一に基幹貿易路の変更である。国際貿易ルートの中心が、イスラームが覇権を握っていた地中海・インド洋から大西洋に移ったからである。第二に重商主義対イスラーム経済といった経済システム間の競争での敗北である。ヨーロッパの重商主義は政治と経済の一体化をはかったのに対して、イスラーム経済は政治から自由であるがゆえに権力の庇護《ひご》を受けなかったからである。第三に資本蓄積システムの欠如である。さらにその欠如の原因として、「法人」概念の希薄さによる株式会社の未発達、高い社会的流動性による何世代にもわたる大商人家系の不在、短期的な契約観[1]が挙げられる（加藤二〇一〇：九八、一一八、一二八）。

二　イスラーム金融と利子

二十一世紀に入りイスラーム金融は年率一五％から二〇％とも言われる割合で急速に成長して

いる（小杉二〇一〇：七四）。その要因として次の四点が考えられる（吉田二〇〇八：一九五―一九八）。第一に、イスラーム教徒の人口増やイスラーム教徒意識の活性化があるからである。第二に、非ムスリム投資家による関与の増加やオイルマネーの影響などがあるからである。第三に、金融取引において商品や投資が絡められ、またリアルな経済活動が伴っており、そのため頑強性《がんきょうせい》が高いからである。したがって株価バブルやサブプライムローン問題などは生じにくい。第四に、イスラーム金融はいわゆるマネーゲームではなく、実体経済に寄与しようとしており、そのため経済全体を活性化できるからである。

このようなイスラーム金融の興隆の背後にはイスラーム独特の経済に関する思考様式が存在する。イスラームにおいては、利子（リバー）、不明瞭性（ガラル）、投機性（マイシール）が禁じられている（北村二〇〇八：六九）。

利子についてクルアーンでは、「利子を食う人々はサタンに取り憑《つ》かれてうち倒された者のような起きあがり方しかできない」（クルアーン二章二七五節）、「神は利子を無に帰したもう。しかし施しには利子を付けて返したもう」（クルアーン二章二七六節）などと書かれている。

不明瞭性とは取引において曖昧な事項は極力排除しなければならないということである。このような禁忌《きんき》の根底には公平を重視する考え方がある。

投機性についてクルアーンでは、「汝ら、信徒の者よ、酒、賭矢《かけや》、偶像、矢占いはどれも厭《いと》うべきものであり、サタンの業である」（クルアーン五章九〇節）とある。

利子禁止の根拠として次の四点が考えられる（小杉二〇一〇：二四―二八）。

第一に、公平性であり、事業が失敗した時のリスクを事業従事者も資金提供者も平等に負い、利益があがれば両者の間で配分する仕組みの方がより公平であるとイスラームでは考えられている。それに対して、貸与《たいよ》によって利子を得る場合、通常は元本保証《がんぽん》される。事業が失敗した場合は、事業者が負債を抱え、出資者はリスクを回避することになる。このようなことは不公平であると解釈するのである。

第二に、所有権の問題であり、イスラームでは世界を創造した神が元来全てを所有しており、人間はその用益権《ようえきけん》を有するのみである。自分では使わずに他人に貸与して利子の収入を得ることは不当なものと見なされる。同じように退蔵《たいぞう》、買い占めなども「使わずに儲《もう》けを得る」不当な方法と見なされている。

第三に、不労所得は許されないということである。利子を取る場合は、自分の働きなしに資本に増加分を足すことになり、不労所得と見なされる。

第四に、等価交換の原則であり、商品と代価、労働と賃金など、全ての経済行為は正当な等価交換でなければならない。そこに利子を付けることは不等価交換と解釈されるのである。

このような利子の禁止は、歴史的にイスラーム金融独自のものではなく、過去にはユダヤ教やキリスト教でも見られた(2)。またイスラーム金融が禁じる現物取引を伴わない先物《さきもの》取引や金利スワップ等のデリバティブが、国際的に定着したのは一九八〇年代以降である(北村二〇〇八:一三)。このことからイスラーム金融のみが歴史的に利子を禁じたのではない。また実体経済から大きく乖離《かいり》した現在の国際金融への批判的視点をもイスラーム金融は投げかけている。

イスラーム内の議論においても、利子を利子一般と考えるか、不当に高い利子と考えるか、議論が分かれていた。歴史的には利子を高利とする解釈が主流であった。しかし今日では利子を利子一般と解する風潮が有力である。それは一九七〇年代後半以降にイスラーム復興が起こり、強いイスラーム主義が台頭したからである(加藤二〇〇五:一〇二)。

またイスラーム金融にはグラミン銀行などのマイクロ・クレジットに代表される、国際市場がカバーできない地域社会や貧困層に根を下ろした庶民金融も存在する(加藤二〇一〇:八五)。マイクロ・クレジットとは、これまで金融機関から排除されてきた貧しい人々をcredit(信用)し、無担保の少額融資を手段として提供することで経済活動を促し、グラミン銀行の借り手としての行動を通して彼ら彼女らの自立を導くシステムである(坪井二〇一〇:一七)。

三　イスラームの貧困・格差対策

　イスラームにおいて、公正、平等、弱者救済などの概念は非常に重要なものと考えられており、貧困者の救済や孤児・寡婦の保護を制度化し、弱者救済を行っている（小杉二〇〇六b：五八四）。クルアーンにおいても、「財産のうちの一定の額を、物乞いする者や、物乞いしないまでも困っている者たちのためにあてがう者」（クルアーン七〇章二四、二五節）は天国に行けるとある。

　イスラーム成立の頃のアラビア半島では貧富の格差が増大し、イスラームがそれに対するアンチテーゼとして台頭した。ムハンマドが孤児であり苦労をしたこともあり（Singer 2008:120）、イスラームは孤児や寡婦の保護、弱者の救済を掲げて、それ以前の体制に挑戦した（小杉二〇〇六b：五八四）。

　現在においてもイスラームが福祉的公正、経済的再分配機能を果たしている。イスラーム福祉国家の主要な経済的機能として次のようなことが志向されている。第一に、貧困の根絶、完全雇用と高度成長のための条件作り。第二に、貨幣の実質的価値の安定。第三に、法と秩序の維持。第四に、社会的、経済的公正の確保。第五に、社会保険の整備と公平な所得と富の分配の促進。第六に、国際関係の円滑化と国防の推進である（Chapra 1979、小杉二〇〇六b：五九二）。

　社会や他者への信頼、規範、ネットワークの総体をソーシャル・キャピタル（社会関係資本）とするのならば、イスラームにおける喜捨（ザカート、サダカ）の教えや寄進（ワクフ）の制度、スーフィズムの教団組織、断食《だんじき》や巡礼などが、ソーシャル・キャピタルにあたるであろう。現在においては、喜捨と寄進による富の分配を担うことで、税務とインフラ事業を管轄し、日本で言えば財務省と国土交通省の役割を部分的に担っているのである（高尾二〇一二：二二二―二二三、二二八）。

喜捨は、所有する財産に課せられる義務的なザカートと自発的なサダカに分けられる。イスラーム国家はザカートを徴収する責務を負うとはいえ、理論的にはザカートが国家に先行して存在するのであり、国家を前提としての税金ではない。対象は狭義の貧困者だけではないので、今日的な表現では福祉目的税とも言えるかもしれない。ザカートを払う理由として第一は、神との契約である。世界は神が創造したので、本来全ては神の所有物である。人間はそれを用益するため所有する権利を持つが、その条件として神の取り分であるザカートが定められているのである。第二は、共同体への義務である。信徒は同胞精神に基づいて相互扶助しなければならない。ザカートはそのための公的制度である（小杉二〇〇六b：五八七―五八八）。

ザカートは適正な分配や富の循環をもたらし、貧富の格差を是正し、蓄財や搾取《さくしゅ》、社会的諸問題を防ぐ役割を担った。ザカートは慈善でもありまた社会正義の実現にも寄与した（Dean and Khan 1997:197-198）。

サダカの対象者は、まず自分の家族、扶養者であり、次いで親族、貧困者、困窮者、寡婦、孤児、債務者、旅行者、イスラーム布教者などであり、最後は助けを必要とする一般の人々となる。犯罪者および多神教徒や敵対者に対してもサダカを施すことは許されている。サダカは金品の施しの他、他人を助けるための時間や尽力、親切な言葉、病人への見舞い、知人の葬儀への参列、遺族への慰《なぐさ》めなど全ての慈善行為が含まれる。金品のサダカは匿名で行われることが望まれ、他の慈善行為も慢心がないようにすべきであるとされている（森伸生二〇〇二：三九九）。

四　公共福祉制度としてのワクフ

イスラーム独特の公共福祉制度にワクフがある。ワクフとはアラビア語で「停止」を意味する語であり、イスラーム独自の財産寄進制度である。収益を生む可能性のある財産、特に不動産の所有者がそこから得られる収益をモスクやマドラサ（イスラーム高等教育機関、トルコ語ではメドレセ）等の運営などに固定して永久にあてるために、財産の所有権を放棄するのである。財産の移動が停止されることによって慈善行為が永続するという意味を含んでいる。義務の喜捨が信者の相互扶助に用いられるのに対して、ワクフは主にモスクやマドラサ、修行場などの宗教施設や病院などの慈善施設の管理・運営のために用いられた（塩尻二〇〇四：七三—七四）。このようにワクフとは、ワクフ設定者が私財そのものの「所有権」の移転を永久に禁止し、その管理・運営を管財人に委《ゆだ》ね、そこからあがる収益を慈善事業の特定の目的のために分配するシステムである（高岩二〇一〇：二四二）。

ワクフは自発的な喜捨であるサダカの一形態であり、自発的な慈善活動としてイスラーム史の早い段階から続けられてきた（Singer 2005:484）。ワクフ提供者の目的は、善行をすることにより来世において精神的利益が得られること、また現世においてムスリム共同体の福祉を増大させることである。さらにワクフを設定することにより、自身の財産が没収されることがなくなり、子孫にワクフの管財人をさせるため良好な経済生活を継続できるのである（Singer 2008:100,108）。

ワクフ制度が歴史的に果たしてきた役割は、次の五点である（林二〇〇二：一〇七八）。

第一に、モスク、マドラサ、修行場、病院、救貧院、水道施設などの公共・宗教施設と、店舗、工房、隊商宿やハンマーム（浴場）などの商業施設を都市に提供し、都市の繁栄を支えた。

第二に、ウラマーの養成・保護はワクフ制度によって担われた。ウラマー養成のためにマドラサが作られ、そこでの文化的・学問的な活動はイスラーム文化の興隆を支えた。

第三に、都市生活者のためのサービスは、ほぼ例外なくワクフ制度によって実現された。クルアーン学校などの初等教育、巡礼者の保護、両聖都（マッカ、マディーナ）への寄進、道路や橋の建設・維持、街の夜警や清掃、祝祭での食事の提供など、その内容は多岐にわたる。

第四に、一族による財産や影響力の維持に、ワクフ制度が利用された。ワクフ設定により財産の分割が阻止された他、収益からの直接の配当、管財料の受領、俸給職への子孫の指名の形で、設定者一族の財産や私的利益の保持がはかられた。このようにワクフを「家族ワクフ」として設定することによって、イスラーム法が定める分割相続規定の適用を逃れ、自分の財産の分割を防ぐとともに、その継続的な管理を自分の一族に委ねることもできたのである（加藤二〇〇五：一八二）。

第五に、信仰の表現手段としての役割である。ここまでの四つの世俗的効果はワクフ制度を普及させる要因となってきたが、人々が永遠の善行のために、ワクフ設定を選んだ宗教的・内面的要因は無視できない。このようにワクフ制度はイスラーム教徒としての宗教心を満足させることにもなったのである（加藤二〇〇五：一八二）。

イスラーム世界において、長期にわたりワクフ制度が繁栄し、社会のインフラ整備や慈善事業に貢献できたのは、ワクフが分割相続や財産の没収などのリスクから私財を守るというインセンティブとイスラームの喜捨の精神を、制度的にうまく組み合わせたものだったからである（高岩二〇一〇：二五二）。

イスラーム世界において、目につく大きな建築物は基本的にワクフ物件であり、約九世紀から現在まで続いている。ワクフは公共福祉政策機能も果たしており、最後のイスラーム帝国であったオスマン帝国は、福祉国家としての側面も有していた（Singer 2008:98,180）。現在においても、ワクフはイノベーションや企業活動の促進、社会発展に寄与している（Salarzehi 2010:184）。

五　イスラームの教育福祉

イスラームにおいて教育は重要視されており、広い意味での福祉政策ともなっている。預言者ムハンマドは、「知識を求めよ、たとえ中国に至るまでも」と命じ、第四代カリフのアリーは、「人の値打ちは知識で決まる」と述べるなど、伝統的にイスラームは知を重んじている（浜本二〇一一：二六六）。

イスラームは宗教と理性的な精神の融和をめざし、高い文明を築いた。古代ギリシアの知の宝庫の研究に積極的に取り組んだイスラームの学者たちは、哲学と科学の様々な分野において、偉大な業績を生み出してきた。神の前では全ての人が平等であるというイスラームの啓示と古代ギリシアの精神から導き出されたヒューマニズムこそ、イスラーム文明興隆の原動力であった（Turner 1997=2001:286）。ギリシア語の様々な書物をイスラーム学者らはアラビア語に翻訳し、それらをラテン語などに訳し、ルネサンスが準備された。このように、イスラームが西洋のルネサンスに大きな影響を与えたのである（岩木二〇一六b：一九九—二〇〇）。

歴史的に見れば、教育は当初モスクで行われ、十世紀までには生徒や教師のための寄宿舎がモスクの隣に作られ、十一、十二世紀にはマドラサが設置された。またモスクは多機能の施設であり、例えばイスタンブルにあるスレイマニエモスクには、祈りの場所の他に、四つの高等教育機関、初等教育機関、医学薬学学校、公共給食施設、旅行者のための宿泊施設があり、さらに市場、公衆浴場、公衆トイレなども含まれていた（Singer 2008:84,101）。

現在においてもムスリムは、真の豊かさはイスラームの中に求められるという確信を持っている。物質的豊かさを重視した教育への批判があり、精神的豊かさを重視した教育が必要であると考えている人々が多い（久志本二〇一一：一〇二）。

次に一つの事例として、現代トルコにおけるギュレン（一九三八年〜）[3]らの教育を取り上げる。ギュレンに大きな影響を与えたのは、ヌルスィー（一八七六／七七〜一九六〇年）であり、彼はアナトリア東部のビトリスで宗教学者の子として生まれたクルド人である。彼は『リサーレイ・ヌル（光の書簡）』を執筆し、信仰と科学は矛盾するどころか、科学的な行為は神の存在を証明する宗教的な行為であると説いた。科学とテクノロジーの習得に積極的であり、イスラーム志向の理系の知識人も引きつけた（粕谷二〇〇三：七三）。

ギュレンは東部アナトリアのエルズルム県の村でイマームの子として生まれた。ヌルスィーの死後、分裂した諸派のうち、最も有力なグループへと成長したのがギュレンを指導者とする組織であった。その後一九七〇年代に世俗的な雰囲気の強いイズミルで説教師として活躍するようになった（新井二〇一三：一九五）。

ギュレンは「世界平和に貢献する新しいイスラーム」として、ヒズメット（奉仕活動）を行っている。ギュレンによって宗教的善行と定義されたことで、ヒズメットは社会と世界に貢献すべく、多くのムスリムを巻き込んで拡大している。最近では宗教間対話と教育支援が主要な事業となっている（阿久津二〇一三：一一—一二）。

ギュレン運動が最も力を注いだのは教育活動であり、クルアーン学校、高校、予備校、大学などトルコを中心に世界各国で展開している。イスタンブルにある幼稚園から高校まで完備したフェティフ・コレジでは、他のヒズメット校と同じく、自然科学や外国語教育を重視し、高い教育実績を誇っている。生徒の多数が寮生活を送っており、イスラームの伝統文化や倫理・道徳教育を重視している。知識を提供することは、神を満足させる行為であると説き、無知と貧困、社会不穏に苦しむイスラーム世界の現状を打破しようとするギュレンの教えに共感し、質の高い教育の提供によって、社会に同じ意識を持った人材を再生産している（阿久津二〇一四：二二三—二二五）。

ギュレンはムスリムのみならず全人類の敵を無知・貧困・分断としてそれらの克服に努め、伝統と近代、宗教と知の融合をはかろうとしている (Esposito 2014:37,39)。イスラーム的理念と西洋近代科学の融和もめざしているが、西洋文明について一定の限界も指摘している。宗教と科学の対立に端《たん》を発する西洋文明が極度の実証哲学主義、物質主義、個人主義、不寛容を生み出した。それが世界を席捲《せっけん》したことで、イスラーム的概念と知識が低下し、人間から精神性が失われた。この精神的充足の欠如や宗教から分離した人生観・世界観を有した科学的物質主義が二度の世界大戦や現在のテロや紛争、独裁政治、環境汚染を引き起こしていると主張する (鈴木慶孝二〇一四:六七)。宗教上の教えによって触発され、互いに善行を競い合う実践的な社会発展の方法としてのネットワークを生み出したのがギュレンの運動なのである (阿久津二〇一三:一六─一七)。

しかし現在、エルドアン大統領によりギュレン運動は圧力を加えられており、内外の様々な教育施設も次々に閉鎖させられているのが現状である。

六　トルコにおけるイスラーム的公正

虐《しいた》げられた人々を助けるのは最上の信仰と考えられている。このような観点から、トルコは赤新月社などを通じて、紛争や自然災害地域に二〇一五年には三十二億ドルを拠出した。この人道支援額は米国に次ぐ世界第二位であり、トルコの次には英国、EU、ドイツが続いている。だが人道支援額を国民所得の割合で換算すると、第一位がトルコとなり、その次にクウェート、アラブ首長国連邦、スイスと続き、イスラーム諸国が上位三位に入っている（Milliyet 2016.6.29）。紛争中にもかかわらず、いやむしろ紛争中だからこそ、困難な人々を助けるのは当然とのイスラームのメンタリティが生きているのである。

現在のトルコにおいてエルドアン大統領の強権化は確かに大きな問題である。だが二〇〇二年から公正発展党が単独与党であり続けるのは、民衆の広範な支持があるからである。今までの世俗的なエリートとは異なる、貧しい人やイスラームの価値を重んじる人、中小企業人から支持を集めている。エジプトの軍事クーデターやイスラエルに対して強く批判するなどスンナ派イスラーム諸国からも評価されている。

エルドアンは、従来の行きすぎた世俗主義から距離を取り、米国やEU一辺倒ではなく、イスラーム的公正に基づいた内政や外交をめざしている。今後の課題は、彼の自信の表れが強権化に直接結びつかないようにすることだろう。

シリア内戦や難民問題、テロ事件などでここ数年はやや経済成長が鈍化しているが、政権獲得以降、順調に成長をし続けている。経済成長率は、二〇〇二年六・四%、二〇一一年一一・一%、二〇一七年五・一%となっている。一人当たりの名目GDPは、二〇〇二年三千五百八十九ドル、二〇一一年一万千百四十ドル、二〇一七年一万四百三十四ドルとなっており、十年で約三倍も増えたことになる。

このような成長の中、貧困格差はむしろ減少してきている。イスラーム的公正に則《のっと》り、貧しい地域に住宅、学校などを作り、社会的インフラを整備した結果であろう。絶対的貧困率は、二〇〇二年には三〇%を超えていたが、二〇一三年には三%程度に減少している。またジニ係数も二〇〇二年は〇・四四だったが、二〇一二年は〇・四〇とやや改善している（Sunar 2016:106,126,127）。これほどの経済成長にもかかわらず、貧困格差が増大しないのは、イスラーム的公正の理念が社会や政策にある程度反映しているからであろう。このことが強権化にもかかわらずエルドアンへの一定の支持が集まる理由である。

またシリア難民が現在三百万人ほどトルコに滞在し、経済的にも治安の面でも大きな問題となっているが、これもイスラーム教徒である同胞を決して見捨てたりはしないとのイスラームの弱者救済の志向性が生きているのである。

章のまとめ

他の多くの宗教では、政治・経済と宗教を分離して考えてきたが、イスラームでは生活、政治、経済など全てがイスラームにあると考えられている。特に、宗教と経済が密接な関係を有するのがイスラームの大きな特徴であり、クルアーンにおいても、アッラーへの信仰が商売のメタファーで語られることも多い。

イスラームにおいて、公正、平等、弱者救済などの概念は非常に重要なものと考えられており、貧困者の救済や孤児・寡婦の保護を制度化し、弱者救済を行っている。喜捨の教えやワクフの制度、断食や巡礼などは、社会や他者への信頼、規範、ネットワークの総体であるソーシャル・キャピタルとしても機能している。

その一つであるワクフは、ワクフ設定者が私財そのものの「所有権」の移転を永久に禁止し、その管理・運営を管財人に委ね、そこからあがる収益を慈善事業の特定の目的のために分配するシステムである。

イスラームでは教育も重要視されており、広い意味での福祉政策ともなっている。ギュレンは「世界平和に貢献する新しいイスラーム」として、ヒズメットを行っている。ギュレン運動が最も力を注いでいるのは教育活動であり、クルアーン学校、高校、予備校、大学などトルコを中心に世界各国で展開していた。

トルコにおいて大きく経済成長をしながらも、それほど貧困格差が増大しないのは、イスラーム的公正の理念が現実に息づいているからであろう。

このようにイスラームは、社会福祉、経済的再分配、弱者救済をめざしており、貧困・格差の是正によりテロや戦争の原因を低減している側面もある。現在の弱肉強食の新自由主義によって格差が増大する社会に対して、イスラームが一つの代替を提示しているのである。

第十六章　イスラームと民主主義

はじめに

冷戦崩壊以後、西側が培《つちか》ってきた民主主義が普遍的価値と見なされるようになり、その世界的な拡大への「最後の壁」としてイスラームに注目が集まるようになった（末近二〇一七：二〇）。

イスラームと民主主義は両立せず、民主化の第三の波に乗れなかったと言われている（福富二〇一一：二）。ここでいう民主化の波とはサミュエル・ハンチントンが指摘する世界史上の波であるが、第一の波とは、アメリカ独立やフランス革命を起点とする一八二八年から一九二六年の間の動きであり、その後ファシズムの揺り戻しがあった。第二の波とは、一九四三年から一九六二年の間に発生したものでありドイツ、イタリア、ラテンアメリカで民主化が進んだ。その後揺り戻しがラテンアメリカやアジアであり、権威主義体制が台頭した。第三の波とは、一九七四年ポルトガルに始まり、南欧、ブラジル、インド、トルコの他、共産主義諸国やアフリカにも民主化が波及した動きである

(Huntington 1993=1995)。

ところで、第三の波に乗れなかったとはいえ、本当にイスラームと民主主義は両立しないのか。また西欧型の民主主義を絶対的に捉えてよいのか。普遍的概念としての西欧型民主主義を相対化し、地域や歴史に即した民主主義の可能性を考察して、新しい民主主義観を展望するために、イスラームの観点を検証してみる価値はあるだろう。

本章では、このような問題意識に立脚した上で、イスラームと民主主義の類型を考察し、西欧型民主主義の問題点を指摘し、最後にイスラーム的民主主義の可能性を展望していく。

一　イスラームと民主主義の類型

私市正年《きさいちまさとし》はイスラームと民主主義の関係を次のように四つに分けている（私市二〇〇〇：三一四―三一八）。

第一は、世俗主義的立場からの民主主義論である。民主化が実質的に機能するためには市民社会が育つ必要があると考える。市民社会の要件として、次のようなことが考えられる。国家と個人との間の公的空間に、意思を持った組織が集団的に参加すること。担い手としての非国家組織、非政府組織、活動としてのインフォーマル性があること。差異を平和的に解決するために、他者を許容する寛容さの価値観と行動規範があることである。

第二は、西欧型民主主義の存在を前提とした上で、イスラームが西欧型民主主義と矛盾せず、イスラームは内在的に民主的であるとする考えである。この立場は、イスラームの思想や伝統の中に、西欧型民主主義に対比し得る概念を見出し、両者の共存を説こうとする。この場合、民主的というのは、クルアーンにも規定されているシューラー（合議）の伝統やイジュマー（合意）の概念、イジュティハード（個人の独自な判断）の肯定などが指摘される。この立場は民主主義をイスラーム化する立場と言い換えることもできる。

第三は、イスラームには世俗的な西欧型民主主義のアンチテーゼとしての独自な民主主義、いわゆるイスラーム的民主主義が存在すると積極的に考える立場である。この立場を押し進めていくと、西欧型民主主義を認めることが前提の第二の立場とは異なり、西欧型民主主義は否定されることになる。

第四は、イスラームと民主主義は両立し得ないとする立場である。この考えでは、民主主義の基本的原理である議会制も否定される。イスラームという教義は完全であるので、そのようなイスラームを基盤とした政治システムには、西欧流の世俗的な議会を持ち込む余地などないと考えるのである。

末近浩太《すえちかこうた》はイスラームと民主主義を対立論と調和論に分けている（末近二〇一七：二〇―二二）。対立論は、イスラームの教えと歴史に根ざした文化的要因、例えば、専制支配の継続や政教分離の原則の不在などが民主主義との相克《そうこく》を生み出すとした。これらは、バーナード・ルイスやハンチントンの主張であり、基本的にはオリエンタリズムの流れを汲《く》んでいる。この対立論は、西欧側の見方なので、私市の四つの分類には存在せず、第四のイスラーム「原理主義」の対極に位置すると言ってよいであろう。

調和論は、イスラームには民主主義に通底する考え方、例えばシューラーなどがあるため、両者には本質的な矛盾は存在しないと論じ、「イスラーム的民主主義」の可能性を説いている。

この調和論にはさらに次の二つが存在している。一つ目は、イスラームにも「民主主義的な要素」があるため西欧的な民主主義を拒絶してもよいと考えるものである。これは私市の分類では第三の立場に近いものであろう。二つ目は、イスラームとの折り合いをつけながら西欧的な民主主義を推進するべきとするものである。これは私市の分類では、第二にも一部かかるが基本的には第一の立場であろう。

二　西欧型民主主義の問題

民主主義は西欧起源だと言われることが多い。しかしその民主主義も普遍的なものではなく、特殊近代西欧の存在拘束性を帯《お》びたものである側面も見なくてはならないだろう。

栗田貞子によると、中東が多宗教・多民族が共存する地域であることを逆手にとって西欧が介入し、「宗派戦争」を創出・激化させることでさらなる介入の機会を作り出そうとした。これが東方問題である。東方問題以降、中東は西欧の侵略や植民地支配に苦しめられることになった。植民地支配こそ究極の「非民主的」体制であり、これと戦ってきた中東の人々は以前より民主化のための闘争をやってきたとも言える（栗田二〇一四：iii、七）。このように植民地主義と民主主義を歴史的観点から見ると、西欧＝民主的、中東＝非民主的との構図が反転してしまうのである。

さらに中田も西欧に対して強い批判を加えていく（中田二〇一五：二二四―二二五）。西欧が、「人権」や「平等」を語りながら、領域国民国家の存在を自明視し、平然とアジア・アフリカの国々を植民地化し「原住民」を差別し搾取することができたのは、なぜであろうか。実のところ、西欧が言うところの「人権」や「平等」などは、客観的に人類に共通する普遍的な倫理ではなく、当時のローカルな思想にすぎなかった。しかしそれを人類普遍の原理であるかのように思うことで、「人権」

や「平等」などの概念を共有しない他者を人間以下の「未開人」として見下し、人権を認めず殲滅《せんめつ》してきたのである。

だがこのような議論によって、現在の腐敗した中東イスラームの体制や政治を正当化してはならないし、歴史的存在拘束を帯びている「民主」や「人権」概念も、現在では国際社会でかなり普遍化しており、その概念により多くの虐げられた人々が救われていることも事実であろう。[1] しかし栗田や中田の主張は重要であり、これまでの西欧で生まれた重要な概念を再考する機会にもなろう。

森まり子も同様に、民主主義と植民地主義の密接な関係について、「多数者の意思」を最大限に尊重する民主政治の深化そのものに、「少数者」である先住民への植民地主義が生じるとしている（森二〇一五：三三）。

基本的に、民主主義概念は、選挙と多数決原理に重点が置かれる（Esposito 1996=2000:30）。しかし中東地域では民族・宗教ともにモザイク地域であり、ここに多数決原理を適用すると多数派と少数派の対立が先鋭化する。第一次大戦後、ウィルソン大統領によって民族自決原則が適用された中東、南アジア、中東欧では、多数決原理の適用あるいはねじれた適用が深刻な紛争をもたらしたという共通の歴史を持っている。これらの地域はモザイク地域であったがゆえ、均質な国民国家を作るような国境画定ができず、多くの国が少数民族問題やそれに起因する隣国との紛争を抱えることになった。

住民の均質性が前提となっている西欧型の多数決原理をそのまま適用すると、集団間の境界線を極度に政治化してしまい、内戦を引き起こす危険性が高くなる。中東のような地域においては、単純多数決原理に修正を加え、多数派に不公平感を与えることなく、少数派に応分の政治権力への参加を安定的に保障する少数派包摂型・民主政治モデルを構築する必要があろう。またアイデンティティの多様性を認め、自他を明確に区分する不寛容な境界線を、曖昧化、多元化しなければならない（森二〇一五：七—三五）。

三　イスラーム的民主主義の可能性

しばしば、イスラームが民主主義を阻害していると言われる（福富二〇一一：三）。その根拠は、主権が神にあり、人民主権が認められていないからだと考えられている。また中東の市民社会そのものが西欧と異質であり、強力なミドル・クラスが存在しないとも言われている。

福富満久によれば（福富二〇一六：三五四）、中東地域における民主化の失敗と混乱の原因は次の点である。第一に、この地域が歩んできた歴史的経緯、および健全なナショナリズムの欠如である。

国民国家形成は、西欧列強による人工的な国境の線引きの上に、植民地解放をめざして武装蜂起をしたグループが独立後も力を保ち続けて軍政を布《し》くか、あるいは石油資源を掘り当てた部族が富を蓄え王制を布くか、のいずれかであった。第二に、欧米諸国が口にする民主主義に対する懐疑である。これは前節で述べた点やパレスチナに入植を続けるイスラエルを民主国家と見なしていることにも起因する。第三に、シェール革命（今まで困難であったシェール層からの石油等の抽出が可能になり、中東の石油の地位が落ちたこと）による中東地域の重要性の低下である。第四に、産油国のレンティア体制（石油・天然ガスによる収入を分配し独裁体制を強化した国家）とそのレンティア体制につながる準レンティア体制（スエズ運河通行料やパイプライン通行料などで独裁体制を強化した国家）の存在である。第五に、中東戦争やイラン・イラク戦争などの相次ぐ戦争によって軍事機構が肥大化し、情報公安部が発達し、軍出身の為政者が地位を強化したことである。

このように、確かに現在の中東地域において、民主主義があまり機能していないように見られるが、その要因はイスラームに内在するというよりも、西欧の恣意的な線引きや石油利権の偏在、軍事化にあるようである。

イスラームには、イスラーム的民主主義とも言えるシューラーがある。これは統治者が統治を行うにあたって合議を行うこと、およびそれを実現する制度である。クルアーンにも「主の呼びかけに応え、礼拝の務めを守り、互いの間で合議（シューラー）を旨とし、われが授けたものから施す者「には報償が約束される」」（クルアーン四二章三八節）とある。このように、様々な取り決めに際して、合議によって決定されることが書かれており、実際に正統カリフを決定する際に、合議の場合もあったのである。

シューラーの制度は君主制の存在によってそれに対立するものとして発展したと言われている。ウマイヤ朝が世襲王朝となり、民主的な合議とは対照的に、専制的な政治形態を採用するようになった。このような専制を規制するための制度としてシューラーが次第に制度化されていった。しかしその後の歴史の中で、専制的君主制によりシューラー制度が事実上停止されたことが、イスラーム衰退の原因であるとも言われている。

西欧の民主主義が人間の等価性の原理を持っているとするならば、イスラーム的民主主義にも同様の原理が認められる。ただし西欧の文脈では、人間の等価性から国民に等しく共有される主権が派生するのに対して、イスラームの文脈では、主権は神に存在し人間は主権を持たないことによって人間同士は平等になる（小杉一九八四：一四七、一五一、一五三）。

このようにイスラームの主権は、神に由来しており、イスラーム共同体としてのウンマが神の主権の行使を許されている。それは全世界に住む全てのイスラーム教徒が、国家や民族に関係なく、帰属することができる単一の共同体であり、排除と囲い込みを特徴とする西欧の主権国家とは対照的に、既存の国家領域を超えようとする特徴を持っている。イスラームの教義では、国家を至高の権力主体とは見なさず、ウンマが至高の権力主体であり、国際システムそのものであると考えている。このようにイスラームは主権国家という空間的境界線を越えているのである（今井二〇一〇：二二二、二二七、二三二）。

教義の上では、イスラームは西欧的主権国家とは親和性がそれほど高くはない。特にイスラーム急進派は、主権国家の領域性を否定し、ウンマは主権国家を介さず全世界に広がる政体であると定義する。しかし穏健派がめざすウンマは主権国家と領土性を前提とした現実性の高いものである。ウンマの世界的拡大を標榜《ひょうぼう》するも、そこには主権国家も存続しており、欧米諸国やその他の世界との共存をはかるという多元的なコスモポリタニズムが現実的であると考えられている。穏健派イスラーム政党は、主権国家の枠組みの中で活動する主体であり、文明と野蛮という心理的境界線を乗り越えるための重要な主体であると欧米諸国も見なしている（今井二〇一〇：二五五―二五六）。

章のまとめ

イスラームと民主主義の関係は、様々な議論を呼んでいる。アジア初とも言われたオスマン帝国の憲法発布は一八七六年と比較的早い時期である。またイスラーム圏である東南アジアには、早い段階で近代化し民主主義が一定程度機能している地域も存在する。このことからもイスラームが民主主義を阻害するとは一概には言えないだろう。

そもそもイスラームは、合議としてのシューラーを重視しており、西欧の民主主義とも通底する側面がある。穏健なイスラーム勢力は、現在の主権国家体制の枠内で、民主主義をめざしている場合が多い。イスラーム勢力は、国民生活や弱者を犠牲とする構造調整に反対し、いわば減退した左派勢力の代替機能を担っており、多くの国で最大野党の位置を占めている。さらにトルコやパレスチナでは現在与党であり、イエメン、アルジェリア、レバノンでは連立与党の経験がある(松本二〇一一：五四八)。二〇一一年に始まったアラブの革命においても、それまでイスラーム政党を禁止してきたチュニジア、エジプト、リビアは体制崩壊や内戦に発展してしまった(松本二〇一五：九九)。イスラーム政党禁止のみが理由ではないが、イスラーム政党を禁止することにより、民衆の意見を吸い上げたり、利益調節ができなくなったりして、混乱が助長されたのであろう。

西欧型民主主義の負の側面も意識しながら、普遍的な側面、少なくとも現在の国際社会ではスタンダードである点を考慮し、イスラーム的民主主義と折り合いをつける必要があろう。

現在、イスラームの側にも非イスラームの側にも、どちらも過激な「原理主義」が台頭しており、正義と不正義、敵と味方のような二項対立図式をとり、互いに排他的になっている。だがいずれの側にも穏健派が多数存在し、イデオロギーや制度面にわたって親和性も見られる。

イスラームにおいて国家という空間的境界線を越える思考様式は、領土問題や民族問題を解決する際に重要なメルクマールとなるであろう。このようなイスラームのメンタリティと、人権や平等、話し合いを基調とする真の意味での民主主義は、両立不可能ではない。

これからは西欧もイスラームも自らの民主主義を絶対視するのではなく、人権や民主などの普遍性をある程度共有しながら、各地域・時代に合った民主主義を構築する必要があろう。

あとがき

暴力や戦争の根拠としてイスラームを語る人がいる。それは「テロリスト」の側にもいるし、それを批判する「オリエンタリスト」の側にも存在する。

しかし、イスラームは暴力的な戦争の宗教ではなく、比較的寛容な平和志向の宗教である。本書において、歴史、現在の問題等、様々な観点でそれを考察した。

第一部の第一章では、イスラームをビッグ・ヒストリーの長い時間軸の中で見ていき、文明の先端地域であった中東において生まれた宗教として近代性を体現してきたことを説明した。第二章では、そのような文明の故郷である中東地域に生まれたユダヤ教、キリスト教の伝統の上にイスラームが第三の一神教として成立したことを述べた。第三章では、当時の貧富の格差、モラルの退廃、部族主義などへ批判を加えた預言者《よげんしゃ》ムハンマドの生涯を概観した。第四章では、イスラームの特徴や寛容性の要因を分析し、ムハンマド後の歴史を述べた。第五章では、イスラームがグローバル化した要因を分析し、他者の存在が前提となっている開放的な体系であることを説明した。

第二部の第六章では、オスマン帝国の幅広い人材登用システム、ローマを継承した世界帝国、流動性の高い社会等により、一定の共存を保ったことを考察した。第七章では、列強や帝国内の民族の台頭に対応するために創設された近代的軍と、オスマン主義の体現者としての軍人を分析した。第八章では、第一次大戦の原因ともなったバルカン戦争前の政軍関係を取り上げ、シェヴケットと統一派の関係を再考した。第九章では、バルカン戦争期がオスマン主義からトルコ主義への画期であり、オスマン的多民族共存から均質なトルコ国民国家への過渡期であることを分析した。第十章では、現在の「中東問題」の原因として第一次大戦を捉え、列強によって作られた領域国家の限界と暴力性を説明した。

第三部の第十一章では、イスラエル・パレスチナ問題の経緯や、最近の中東イスラーム世界の紛争要因と米国等の対応の問題点について概観した。第十二章では、アラブの革命の動向と意義および欧米の対応の問題を考察し、「イスラーム国」の経緯や今後の動向をまとめ、将来の中東における共存の方途を展望した。第十三章では、トルコのEU加盟問題を通して新しい共存の枠組みを考察し、最近起きたトルコにおけるテロとクーデターの経過と要因を考察した。第十四章では、ジハードは幅広い概念であり、イスラームの国際秩序観は他者の存在が前提となっているので戦時国際法も人道性が高かったことを説明した。第十五章では、イスラームが社会福祉、経済的再分配、弱者救済をめざしており、貧困・格差の是正によりテロや戦争の原因を低減していることを述べた。第十六章では、イスラームと民主主義の類型を考察し、西欧型民主主義の問題点を指摘し、イスラーム的民主主義の可能性を展望した。

なお本書は、次のような大学や学会、団体に発表させていただいたものがもとになっている。創価大学、神戸学院大学、神戸常磐大学、国際平和研究学会、日本国際政治学会、日本中東学会、日本平和学会、国際アジア共同体学会、ロシア東欧学会、日本福祉文化学会、東洋哲学研究所、地球宇宙平和研究所、八王子市国際理解講座に対して、深く御礼申し上げる。

また本書は、神戸学院大学研究助成Cによる成果の一部でもある。記して感謝申し上げる。

さらに家族の支えがなければ、本書を書き上げることはできなかった。妻 岩木礼子と二人の子ども 朝陽、七華にも感謝の気持ちを伝えたい。

本書が、中東イスラームの理解につながり、世界の平和や共存への一助になれば、望外の幸せである。

注

はしがき

（1）本書において、中東イスラームとの呼称を使用するが、中東＝イスラームではないのは当然である。中東地域にはイスラーム以外の宗教が多数存在し、歴史的に比較的共存してきたので、現在でも「宗教の博物館」と言われ、多様な宗教が存在する。また中東以外の東南アジアや中央アジア、アフリカなどにも多数のイスラーム教徒が存在する。さらにイスラームは社会性の強い宗教であるとはいえ、中東の問題を全てイスラームに還元するのも単純化であろう。ここでは中東イスラームとは、とりあえず、中東地域およびイスラーム教徒が多数存在しイスラーム文化が社会の中で強い要素を持っている地域と規定する。

第一部　中東イスラームの歴史

第一章　ビッグ・ヒストリーから見たイスラーム

（1）小杉によれば、六日とは、文字どおりの日数を意味していると解することもできるが、「まことに神のみもとの一日はおまえたちの計算では千年にもあたるだろう」（クルアーン二二章四七節）などと言うように、全く違う次元の時間を指していると解することもできる（小杉二〇〇九：一八五）。

（2）宇宙の始まりと神との関係について、歴史的に多様な議論が存在する。アリストテレス哲学を包摂したイスラーム哲学の立場から、神が宇宙を創世したということに反対し、神と宇宙の永遠性を主張する学者もいた（井筒一九九一）。

（3）「来世の時期」は現在の科学では証明できないので、学術書では言及しない方がよいのかもしれないが、多くのイスラーム教徒はそれを信じている。したがって、ユニバーサル・ヒストリーの観点でイスラームを内在的に理解するならば、「来世の時期」を付け加えておくことも許されよう。また「来世の時期」を、死んだ後に自分の有機物が次世代に引き継がれる、もしくは生命の連続性など、今後、象徴的文脈で柔軟に読み込むこともある程度可能になるかもしれない。

第二章　ユダヤ教、キリスト教の成立とイスラーム前史

（1）学界では、カナンの地におけるイスラエルの出現については、「征服」「侵入」「定着」といった経過についての内容的示唆を含む語の使用を避け、「土地取得（occupation of the land）」というわかりにくい、中立的な用語が使用されるようになっている（山我二〇〇三：四六―四七）。

（2）最近の研究において、ジャーヒリーヤ時代への留保が見られている。イスラームは、ジャーヒリーヤ時代のアラブの文化的、社会的遺産から生まれたのであり、ジャーヒリーヤ時代とイスラームの時代は断絶していたのではない。ハッジ（大巡礼）やウムラ（小巡礼）などのイスラームの儀礼にはジャーヒリーヤ時代の儀礼がそのまま残っている。またジャーヒリーヤ時代のアラブは経済的に貧しい社会でもなかったのである。これまでのいわばマッカ中心史観を相対化する必要もあろう。自立的で活力ある社会が、イスラームのもとに一つにまとまることによって、イスラームの大征服運動という大きなうねりへと動き出していくことになるのである（医王二〇一二：四、九、五〇五—五〇六）。

第三章　ムハンマドの生涯とイスラームの成立

（1）なお、ムハンマドの生涯については（小杉二〇〇二a、佐藤一九九七、佐藤編二〇〇二、中村一九九八）らを参照。

第五章　イスラームのグローバル化

（1）現在においてもイスラームはブラック・アフリカにも拡大している。大統領など政権幹部がイスラームに改宗する例もある。例えば、ガンビアのジャメ大統領、ガボンのウマール・ボンゴ大統領、マラウィのムルジ大統領などである（嶋田二〇〇四）。

（2）なお、この二分法の他に、法学派によっては、「共存の家」「平和の家」や「契約の家」などのカテゴリーも存在する（Huda 2010:15）。

第二部　オスマン帝国の共存と戦争

第六章　オスマン帝国の共存形態と変容

（1）イスラームの寛容性及びオスマン帝国の共存形態については（岩木二〇一三b）を参照。

（2）ミッレトとは、オスマン帝国において公認された宗教共同体である。オスマン政府は属地支配、とくに自領内のルメリー（バルカン）やアルメニアなどに居住する非トルコ系非ムスリム系住民の構成する共同体に対し、保護と支配とを兼ねる特殊な宗教共同体を設けた（三橋一九八二：三五八）。ただし最近の研究では、ミッレト制を裏づける史料は存在せず、ミッレト制という捉え方は近代に入って一般的になったものであり、ズィンミー制の名残とも言えよう。ズィンミーとは庇護民の意味で、ムスリムの支配に服従・協力しジズヤ（人頭税）とハラージュ（地租）を納める義務を負った代わりに、生命・財産の安全と宗教の自由が保障された制度である（高野二〇〇二：五二九）。

（3）現在のアラブやバルカン諸国さらにはトルコにおいてさえ、現体制を正当化するために、前体制であったオスマン帝国への評価は低い。特にナショナリストやマルクス主義者、さらには世俗的近代主義者やイスラーム主義者もオスマン帝国を否定的に見ている者が多い（Brown 1996:13, 265, 301）。

（4）デビシルメ制には様々な規則があり、強制徴集と言っても、一人っ子やユダヤ教徒からは徴集しなかった（Ortaylı 2010:136）。このデビシルメ制は、オスマン帝国システムの中に実力登用主義をもたらし、さらには征服したキリスト教共同体を統合する機能も果たした（Ahmad 2003:4-5）。

（5）ビザンツとは、五世紀後半以降のローマ帝国を、その首都の旧名ビザンティウムにちなんで十九世紀以降の西欧の歴史家が呼んだ俗称である。三三〇年に首都をコンスタンティノープルに遷した後のローマ帝国を、もうローマ帝国とは呼びたくないとして、ビザンツ帝国なる名称をひねり出したのである（後藤二〇〇一：二八―二九、Ortaylı 2010:140）。しかし歴史的事実として、オスマン帝国もローマ帝国の継承者であった事実は消せないのである。また東西の境界とは、カトリックのゴシック調教会が姿を消すところで、そこで、西方は終わるのである。オーソドックス教会とモスクが現れ始めるところが東方の始まりであり、それは本来クロアチアで線引きがされるのである（野中二〇一〇：一五七）。

（6）なお、オスマン主義及びトルコ主義については（岩木二〇一四a）を参照。

第七章　近代における軍事改革と軍事教育

（1）研究史については（岩木二〇一一）および（岩木二〇〇一）を参照。

（2）なお、政軍関係とは、civil-military relations の訳語であるが、シヴィルとは市民社会一般も含まれているが、文民の代表として政治を担当する議会や政府という意味が強いので、政軍関係という用語が定着してきた（三宅一九八〇：一三―一四、五三）。ここでは政軍関係とは政治と軍の関係と規定する（小森二〇〇九：四三―四四）。政治とは行政と立法を合わせたものとし、軍とは兵・下士官・将校団も含めた軍部全体とする。

（3）この時期をいつまでとるかは議論のある点であろう。ツルヒャーのように青年トルコ人期を一九五〇年までとる論者も存在する。またトルコ共和国においても軍の政治介入が一九六〇年、七一年、八〇年、また二〇一六年にもあったことを考え、政軍関係の観点から一九〇八年から現在までを継続した一つの時代と考えることもできよう。だがここでは一九二三年のオスマン帝国の崩壊をとりあえず画期とした。

(4)なお、兵役義務を免除された人々は以下のような人々である。イスラーム法官、シャリーア法廷の裁判官、教員、モスクのイマームや説教師、スーフィーの修道場の長、メドレセの学生、スルタンに使える給仕、医学部を卒業した医師、肢体不自由な者たちである(Çoker 1985:1264)。

(5)統一派が次第にトルコ主義を強めることになり排他性を有するようになるが、当初は、統一派はトルコ人、アラブ人、クルド人、アルバニア人、ロシア人など多くの民族から構成されていたのである(Kayalı 1997:45)。さらに言うならば、統一派と自由派の相違もそれほど大きなものではなく、例えば「分権」をめぐり大きな相違は存在せず、一九〇八年の総選挙の際に両派ともに「分権拡大」の必要に関しては一致しており、政局を決定づけるほどの本質的対立軸は存在しなかった(藤波二〇一一:一一七)。

(6)軍医学校の設立当初は卒業後准佐任官だったが、後の時代には大尉任官になった(Unat 1964:62-63)。

(7)歩兵隊に入隊するものは一八四八年に、騎兵隊と参謀本部に入るものは一八四九年に卒業し、参謀五人、歩兵隊九人、騎兵隊十人であり、参謀は准佐、その他は大尉もしくは中尉として任官した。なお後には階級は少尉任官になる(Unat 1964:66)。

(8)陸軍士官学校出身の最初の陸軍大臣となったヒュセイン・アヴニーも決して裕福な家族の出身ではなかったと言われる(Pakalın 1942:91-92、鈴木一九八九:一九四、一九六)。

(9)一八四三年法において兵役義務はムスリムに限られていた。しかしギュルハネの勅書にも謳われた宗教間における平等原則実現のため、一八四七年にキリスト教徒をはじめ非ムスリム臣民も兵役の対象とし兵役に服する者は人頭税から免除することとしたが、実施は延期された。非ムスリムの兵役義務は一八五六年の改革の勅令によって次第に制度化されたが、その実施はごく一部に留まり、実際には兵役免除税を徴収して兵役に代えることとなった（鈴木一九八九：一九三）。

(10) なお、二十世紀初頭において近代的教育方法を取り入れた様々な学校において、フランス語を習った学生の数の総計は六万二千三百三十六人であった（Karpat 1985:96）。

(11) 軍関係以外の一般文化に関する科目があるのは士官学校も同様であった。ちなみに一八七六年の士官学校の在籍人数は、一年次九十四人、二年次百五人、三年次九十六人、参謀科一年次九人、二年次五人であり、参謀科を合わせた士官学校の在籍総数は三百九人である（Çadırcı 1989:43）。

(12) なお、一八七六年開設との説もあるが、いずれにしても一八七〇年代後半であろう。

(13) もっとも、幼年学校や予科学校の教員のほとんどはトルコ人将校であり、例えば一八七〇年におけるバグダードの幼年学校の二十五人の教員は全てトルコ人であった（Simon 1991:157）。

第八章　バルカン戦争前の政軍関係

(1) この時期のオスマン帝国では軍人と政治家および軍と政治は未分化な状態であり、政と軍は明確に分けることはできない。したがってここでは、陸相であるマフムート・シェヴケットと統一派の関係や、政治と軍の動向などかなり幅広い意味を有したものとして政軍関係という用語を適用することにする（Huntington 1968=1972、鈴木一九八九）。

(2) その一つとして、バルカン戦争についての戦略的観点に基づいた書籍が統合参謀本部出版から出されている(Türk Silahlı Kuvvetleri Tarihi Osmanlı Devri Balkan Harbi(1912-1913) 1993)。

(3) 研究史について詳しくは(岩木二〇〇二)を参照。

(4) なお、一九一二年の選挙についての概略は(Kayalı 1997:116-122)を参照。

(5) なお、スケンディは、人数を百五十人としている(Skendi 1967:430)。

(6) すでに自由派は結成の頃から、アルバニア人リーダーと接触を持っていた(Skendi 1967:425)。

(7) その他に反乱を支持している者は、プリシュティナル・ハサン、ナジップ・ドゥラガ、ヤコバル・ルザ、イーサ・ボラティンらである。詳しくは(Alkan 1992:129)を参照。

(8) オスマン帝国におけるアルバニアの共存の歴史については(Gawrych 1983)を参照。またアルバニア人議員であるエサッドは、一九一一年十一月の時点では、我々の軍は私たちの至高の存在であると述べるなど、オスマン軍への期待や、オスマン人意識もある程度あったと考えられよう(Meclis-i Mebusan Zabıt Ceridesi, Brinci Devre, Dördüncü sene-i İçtima, On İkinci İçtima, Çarşamba 26 Teşrinievvel 1327, (1911.11.8):213)。しかしながら、アルバニアにおいて、トルコ人に対する好意が次第に薄れつつあるということが一九一一年四月の時点での英国外交文書には記されている。つまりこのあたりの時期はイデオロギーの点でも、オスマン人意識から各民族意識へと移行しつつある過渡期であった(Sir F. Cartwright to Sir A. Nicolson. Private. Vienna, 1911.4.13)。

(9) この内閣にはキャーミルやフセイン・ヒルミなどの大宰相歴任者がいたことにより大内閣と呼ばれた。閣僚は以下のとおり。大宰相アフメット・ムフタール、総議会議長キャーミル、司法相ヒュセイン・ヒルミ、内相フェリッド、陸相ナーズム、財務相ズィヤ、海相マフムート・ムフタール、外相ガブリエル・ノルダンキヤン、文相サイド、ワクフ相メフメッド・フェブズィ、農商相レシッド、土木相ダマッド・シェリフ、逓信相サブリ（İnal 1940:1813）。またこの内閣は、海相に大宰相アフメット・ムフタールの息子が入閣していることから、「父子内閣」とも言われていた（Lewis 1968:224）。

（10）軍はオスマン帝国の政治において最も重要な要素の一つだが、政治的には一枚岩ではなかった。軍の構成員は主に三つのグループに分けられる。第一は、人数は最も多いがあまり政治的には重要ではなかった兵士や下士官のグループである。一般大衆と変わらないこのグループは、様々なプロパガンダによっていつでも簡単に影響を受けてしまうので、政治的影響から隔離されねばならないと考えられていた。第二は、アブデュルハミト二世期に士官学校で教育された下級将校たちである。この士官学校では政治学が非公式にではあるがカリキュラムの中にあった。彼らの多くは、少なくとも一九〇九年までは立憲体制や統一派の支持者であった。第三はマフムート・シェヴケット、アフメット・ムフタールなどのような高級将校である。彼らは規律を象徴する職業軍人であり、軍が政治に影響されないようにすべきであると考えていた。したがって「三月三十一日事件」のような問題は決して起こしてはならないと思っていた。このような原則に従って、シェヴケットは、首都の秩序や軍の規律を取り戻すために行動軍を率いたのである（Ahmad 1969:48）。

（11）バユールによれば、ナーズムは無邪気で、純朴な騙されやすい軍人として歴史上記録されている（Bayur 1991b:212）。

（12）軍需局長のイスマイル・ハックの軍需品濫用問題が取りざたされ、直接の上司であり何らかの関与もうわさされたシェヴケットに対して、国会での喚問が要求された。また統一派のアディル内相は、シェヴケットのアルバニア反乱に対する弱腰とトリポリ戦争においてしかるべき防衛をとらなかったことを批判した（Bayar 1966:518；Tansu ve Vardar 1966:66）。

（13）シェヴケットは、私は自立した思想を持った一個の人間であり、統一派のおもちゃではないと一九一三年二月二十二日付の日記に書いている（Sadrazam ve Harbiye Nazırı Mahmut Şevket Paşa'nın Günlüğü 1988:29）。

第九章　バルカン戦争期のイデオロギーの変遷

（1）トルコ語への転写については（Askeri Tarih Belgeleri Dergisi, 1980,1995）を参照。

（2）エンヴェルはこの事件の数日前に、もし戦わずしてエディルネを放棄するなら、軍人をやめ、国の救済と尊厳のためには何もかも破壊すると個人的決意を綴っている（Hanioğlu 1989:224）。

（3）ルメリーからの移民団体、トラック・乗合自動車組合、ハスキョイユダヤ人会、税関職員、オスマン商業組合、訴訟代理人会など広範な団体の参加もあった。

（4）統一派支持の学生は大宰相や陸相に対して、宣戦布告を望んでいると訴え、その後ユルドゥズ宮殿前に一万人の学生が集まり、自らの血を犠牲にすると述べた。ただ数はそれほど多くないが、戦争に反対する社会民主主義者や問題を外交で解決するために大国の干渉を望んでいた自由派支持の学生もいた（Aktar 1990:82-83,92,134）。

（5）バルカン戦争によりバルカンのオスマン帝国領は八三％減少し、四百万人の臣民を失った（Stavrianos 1958:540）。

(6) トルコ共和国統合参謀本部軍事史戦略研究文書館の文書のトルコ語への転写については(Askeri Tarih Belgeleri Dergisi,1980, 1995)を参照。

(7) なお、兵員数は諸説があり、オスマン側は約三十二万人、バルカン側は約七十万人とするのもあるが、いずれにしてもオスマン側が劣勢であったことには変わりがない(Jelavich 1983:97 ; Stavrianos 1958:535)。

(8) なお、退役させられた人数は十三万人との説もある(Alkan 1992:167)。

(9) なお、この時期の政軍関係や内政問題について詳しくは(岩木二〇〇一)を参照。

(10) ナショナリズムについては(岩木二〇一〇)を参照。スミスによるナショナリズムの原型であるエスニシティが近代以前より存在していたとの指摘は重要であるが、ゲルナー・ホブズボウム・アンダーソンらと同じく、本書ではナショナリズムを近代特有の現象と捉え、創造/想像の産物であるがゆえに、現在においても様々な歪みが生じているとの立場を取る。ナショナリズムを過去にさかのぼる視点からではなく、二十世紀初頭に一つの起源を求め、その可変性や動態を考察する。

(11) バルカン諸国建国期のナショナリズムは解放のイデオロギーとして機能し、ナショナリズムが排他性を帯び、政治化・軍事化していった十九世紀後半以降のナショナリズムとは区別する必要があろう。このような視点により、現在のトルコやバルカン諸国で語られている一義的で単純な民族史観を再考できよう(柴一九九六:四四—四六)。

(12) なお、当時の教科書については(Doğan 1994:86-88,154)を参照。

(13) この革命は「青年トルコ人」革命と呼ばれているが、トルコ人のみが参加したわけではないので、将来名称が変わる可能性がある。ここにもトルコ人を強調する民族史観が表れている。

(14) タラートの回想録にも、バルカン戦争によって四、五百年間同じ国家であった地域が分断されてしまったと述べている。バルカン地域を失いつつあったオスマン帝国に対して、その現実を追認せざるを得なかったのだろう (Kabacalı 2000:21)。バルカン戦争後、教科書などでもオスマン主義ではなく、トルコやトルコ人という言葉が散見されるようになる (Doğan 1994:88-91)。

(15) バルカン戦争を起点にした「十年戦争」と規定することにより、アタテュルクによる独立戦争を重視する視点、いわゆるトルコ民族主義史観をも再考することもできよう。

(16) 列強・オスマン帝国・オスマン支配下の地域といったいわば三層構造が存在した。列強対オスマンの戦いは、オスマン帝国にとって解放戦争の側面もあった。トルコ独立戦争をトルコ語でも解放戦争 (Kurtuluş Savaşı) と呼んでいる。

(17) バルカンの人々にとって、オスマン中央政府のとるオスマン主義は集権的イデオロギーと映り、自分たちのマイノリティ意識から対抗イデオロギーとしてナショナリズムが醸成された側面もある。ムスリムやトルコ人はオスマン政府と同一化し、マジョリティとしての意識からナショナリズムの浸透はやや遅れることとなった。

(18) オーストリア＝ハンガリー帝国のベルヒトルト外相は、バルカン戦争が協調外交への幻滅の過程の始まりだとしている (馬場二〇〇六：一一九—一二二)。

第十章 「中東問題」の起源としての第一次大戦

(1) なお研究史については (岩木二〇一五b) を参照。

（2）詳しくは（Joll 1984=1987）の文献解題や（義井一九八四）の「（付）第一次世界大戦の研究史」を参照。

（3）ただし、政治家の書いた回想録を史料として使う際には、一定の注意と慎重さが必要なのは言うまでもない。それについては（Ünal 1996:31, 41）を参照。

（4）第一次大戦直前のオスマン外交については（岩木一九九八）を参照。

（5）トルコ主義に関しては、新井政美の一連の論文や以下の文献を参照（Arai 1994 ; Kayalı 1997）。

（6）なお、ザンデルス将軍の第一軍司令官着任は後に大きな問題となる。オスマン第一軍はイスタンブル防衛軍であり、ザンデルスがその司令官に任ぜられたことはオスマン帝国に派遣された外国の大使全てがドイツの一将軍に従属する結果になるとして、ロシア外相サゾノフは、強硬に抗議した。その結果、ザンデルス将軍は一九一四年一月に元帥に任ぜられ、オスマン軍監察長官と陸軍大学校長を兼務すると発表され、第一軍司令官の職を解かれた。この事件によりサゾノフはドイツに対して強い不信感を抱くようになった（高橋一九八八：二六四）。

（7）外務省は宮廷や大宰相府、内閣などの付属物にすぎず、様々な外交的努力は個人的な特使などにより行われる傾向が強かった。つまり裏を返せば、外務官僚による交渉ではなく、大臣などの政府要人による直接交渉しか道は残されていないほどオスマン帝国をめぐる状況は切迫したものだった（Ahmad 1996:7）。

（8）フサイン・マクマホン書簡、サイクス・ピコ協定、バルフォア宣言は、相互に矛盾する箇所が存在するため、三枚舌外交と呼ばれているが、文言に拘泥せず、個々の成立経緯に即して考えるなら、これらはむしろ一つの政策が練り上げられる過程で、段階に応じて生じた文書と捉える考え方もある（向井二〇一四：一四九）。

（9）三枚舌外交については（鴨下二〇〇二：三八七、七九一、八四五）を参照。

(10) なおボリシェヴィキ政権による秘密外交の暴露によって、植民地主義への批判と民族主義の台頭が見られた。このことはトルコ共和国建国にも結びついてくる。また一九二一年三月モスクワ条約で、アンカラ政府を国際的に初めて承認したのもボリシェヴィキ政権であり、この時期、アンカラ政府とボリシェヴィキ政権は密接な関係を持っていた。

第三部 中東イスラームの現在

第十一章 近年の中東イスラーム世界の諸問題

(1) 以下、松井芳郎のアフガニスタン攻撃における国際法上の違法性の議論を参照(松井二〇〇二)。なおアフガニスタン戦争やイラク戦争に関して、『朝日新聞』『毎日新聞』『読売新聞』や『世界』『論座』等の論説やインターネット上の記事等も参照。

(2) 米国国務省のテロリズムの定義は以下のとおりである。テロリズムとは非国家集団(subnational groups)ないしは秘密情報部員が、非戦闘員を標的として入念に計画した政治的動機を持った暴力で、通常は視聴者に影響を及ぼすことを意図したもの(United States Department of State, Patterns of Global Terrorism, May 2002:xvi、土佐二〇〇三:八二)。

(3) 松葉祥一は米国こそテロ国家であることを以下のように指摘している。一九八六年に国際司法裁判所は米国のニカラグアに対する不法な武力行使を非難したように、米国は世界法廷によってテロリズムの罪で非難された唯一の国である。またテロリストを育成するための教育としてフォート・ベニングにあるスクール・オブ・ジ・アメリカズで六万人近い軍人諜報員らにテロリズムの技術を教えている。一九九三年、国連が、エルサルバドルで残虐行為をおかした軍人の名前を公表したら、三分の二がこの学校の出身であった。さらに米国内でもマスコミや教育など国家のイデオロギー装置によって意図的に恐怖を作り出している（松葉二〇〇三：七四―七五）。「テロ」に関しては（Jurgensmeyer 2000；Calhoun et al. 2002）を参照。

（4）近代主権国家については（Mansbach and Wilmer 2001、加藤尚武二〇〇三、杉田二〇〇三、遠藤二〇〇三、松葉二〇〇三）を参照。

（5）イスラームのグローバリゼーションについては（Schaebler 2004、岩木二〇〇五）を参照。

第十三章　現在のトルコにおける諸問題

（1）トルコ民族主義とは、トルコ語を話すトルコ人を主体としたトルコ人の一体性をめざす文化・政治運動や思想である。ただし中央アジア等のトルコ系民族も包含した汎トルコ民族主義も広義にはトルコ民族主義に入る場合もあるが、その場合はトルコ共和国としての国民国家が前提とはならない。

（2）イスラーム意識とは人々の漠然としたイデオロギーではあるが、イスラーム共同体意識を基本にした全世界のイスラーム教徒の一体感である。トルコにおいてはイスラーム意識の具体的な表出形態として、女性のスカーフ着用割合の増加や「イスラーム」政党の台頭などが挙げられる。

（3）「トルコ・イスラーム総合」イデオロギーとは、トルコ・アイデンティティをトルコ民族性とイスラームの総合と捉えるものである。トルコ人のイスラーム受容こそがトルコ人飛躍の一大要因であり、現代世界でトルコが発展するためにもイスラーム的な価値規範を重視しなければならないとするものである（澤江二〇〇五：一〇一）。

（4）日本の外務省はトルコを中東アフリカ局に区分しているが、米国は欧州・ユーラシア局に区分しており、中東扱いではない（佐藤二〇〇七：一一九、一四七―一四八）。

第十四章　イスラームにおける戦争と平和観

（1）イスラームが寛容な要因については（岩木二〇一四b）を参照。

（2）なお、ジズヤのような制度は、ローマ帝国やササン朝でも見られたのであり（Özdemir 2006:89）、イスラーム独特のものであったわけではないことも考慮する必要があろう。

（3）ただ単純な比較の危険性やグロティウスの時代制約の問題も考慮しなければならないであろう。そこには一六四八年のウェストファリア条約をもたらした三十年戦争という過酷な時代背景が存在したのである。またグロティウスは絶対平和主義者ではないが、戦争に一定の制約を加えたのである。彼は自然法を神からではなく理性から導き出し、ヨーロッパ史上戦争の多かった時代に、戦争を限定化し、平和維持機構を作り出すなどの多くの功績も認める必要があるのは当然であろう。グロティウスについては（岩木二〇一三a：四五―四七）も参照。

第十五章　イスラームにおける弱者救済の福祉制度

（1）この短期的な契約観は、近代の資本蓄積を根幹とする産業資本主義における経済成長に不適合な契約観として、これまでネガティブに評価されてきた。しかし現在、イスラームの短期的な契約観が再評価されている。その理由として経済の不確実性を前提としており、一回限りの契約を好み、一定のリスクが回避できるからである（加藤二〇一〇：九八―九九）。

（2）なお、イスラームの観点ではなく、一般的な利子の禁止要因として、次のようなことが論じられてきた。生産手段ではなく単に交換手段にすぎない貨幣が、貨幣を産むのはおかしい。神に属する「時」に価値づけをすることは神への冒瀆である。一般の債務者は金利を負担するほどの資力がなく、また返済し損なった場合に債務不履行に対するペナルティが過酷だったので、そのような事態を避けるために利子禁止の社会規範ができた（北村二〇〇八：一二九）。

（3）二〇一六年七月のトルコにおけるクーデターは、ギュレンらが首謀者とされ、多くの軍人、教育者、司法関係者、官僚らが更迭・逮捕されている。現在、トルコではギュレンに関する研究を客観的に取り扱うことは難しいが、ここではクーデター事件とは切り離し、教育についてのみ言及する。またギュレン運動は、市民社会活動を基盤にした民主的組織であると評価される一方、反動的で過激なイスラーム組織であるとも主張されている。さらにギュレンらが国家主義者、民族主義者であるという主張もされるなど、評価は一定ではない（鈴木慶孝二〇一四：六四）。以前はエルドアン政権と良好な関係を有していたが、二〇一二年頃より対立が深まり、ギュレン側も政権の腐敗を糾弾するなどしてきた。これら一連の動きが、クーデターの一つの伏線になったと考えられる。ギュレン運動はイスラーム的道徳を社会に定着させ、貧困層や中間層に希望を与えたが、政治運動はしないとしながらも、明らかに政治に関与してしまった（内藤二〇一六a：一〇七）。

第十六章　イスラームと民主主義

（1）もちろん、アメリカなどの大国や国際組織が、「民主」や「人権」、「人道的介入」の名の下に、多くの侵略や虐殺をやっていることも見なくてはいけない。これらのことから、ソフトに装っているが、未だに植民地主義が存在するとも言えよう。

第4巻　遺産』岩波書店。
森孝一, 2002,「God Bless America- 愛国心の宗教的次元」松原正毅他編『岐路に立つ世界を語る』平凡社。
森伸生, 2002,「サダカ」大塚和夫他編『岩波　イスラーム辞典』岩波書店。
森まり子, 2015,「『アメリカの民主主義』の蹉跌－多数決原理と共存の崩壊　中東・南アジア、東中欧の事例から」『人文学フォーラム』13号、跡見学園女子大学。
屋形禎亮他, 1993,『西アジア』朝日新聞社。
矢島彦一, 2003,『イブン・バットゥータの世界大旅行』平凡社。
山内昌之編, 2017,『中東とISの地政学　イスラーム、アメリカ、ロシアから読む21世紀』朝日新聞出版。
山我哲雄, 2003,『聖書時代史　旧約篇』岩波書店。
山室信一, 2014a,「世界戦争への道、そして『現代』の胎動」山室信一他編『現代の起点　第一次世界大戦　第1巻　世界戦争』岩波書店。
――, 2014b,「世界性・総体性・現代性をめぐって－振り返る明日へ」山室信一他編『現代の起点　第一次世界大戦　第4巻　遺産』岩波書店。
ヤンツ, オリヴァー, 2014,「第一次世界大戦のグローバル／トランスナショナルな諸相－オンライン大戦事典のプロジェクトをめぐって－」『思想』1086号、岩波書店。
湯川武, 2009,『イスラーム社会の知の伝達』山川出版社。
義井博, 1984,『カイザーの世界政策と第一次世界大戦』清水書院。
吉岡明子他編, 2014,『「イスラーム国」の脅威とイラク』岩波書店。
吉田悦章, 2008,『イスラム金融はなぜ強い』光文社。
ラブキン, ヤコブ, 2012,『イスラエルとは何か』平凡社。
ラミス, ダグラス, 2000,『憲法と戦争』晶文社。
リッター, スコット, 2003,「ブッシュ政権は『体制転覆』を優先している」『世界』No. 712、4月号、岩波書店。
渡邉通弘, 1995,「コンスタンティノープル協定と日本」『東洋大学文明研究所紀要』第15号。

研究所。
日野舜也 ,1984,「アフリカでムスリムになること」日野舜也他編『イスラム世界の人々　総論』東洋経済新報社。
平井文子 , 2012,『アラブ革命への視角　独裁政治、パレスチナ、ジェンダー』かもがわ出版。
広河隆一 , 2002,『パレスチナ　新版』岩波書店。
福富満久 , 2011,『中東・北アフリカの体制崩壊と民主化　MENA 市民革命のゆくえ』岩波書店。
——, 2016,「書評」『イスラーム世界』第 9 巻、京都大学イスラーム地域研究センター。
藤波伸嘉 ,2011,『オスマン帝国と立憲政　青年トルコ革命における政治、宗教、共同体』名古屋大学出版会。
——, 2013,「オスマンとローマ－近代バルカン史学再考－」『史学雑誌』122 編 6 号、史学会。
——, 2014a,「オスマン帝国と『長い』第一次世界大戦」池田嘉郎編『第一次世界大戦と帝国の遺産』山川出版社。
——, 2014b,「オスマン帝国の解体とヨーロッパ」『アステイオン』80 号、阪急コミュニケーションズ。
藤本勝次編 , 1979,『コーラン　世界の名著 17』中央公論社。
藤原帰一編 , 2002,『テロ後　世界はどう変わったか』岩波書店。
ホーン , ジョン , 2014,「第一次世界大戦とヨーロッパにおける戦後の暴力　1917-23 年－『野蛮化』再考－」『思想』1086 号、岩波書店。
ポラック , ケニス , 2016,「踏み込むべきか、後退すべきか－中東における米国の選択」『フォーリン・アフェアーズ・レポート』No. 4、フォーリン・アフェアーズ・ジャパン。
前田徹他 , 2002,「古代オリエントの世界」佐藤次高編『西アジア史　アラブ』山川出版社。
牧野信也 , 1972,『創造と終末　コーラン的世界観の構造』新泉社。
松井芳郎 , 2002,『テロ、戦争、自衛　米国等のアフガニスタン攻撃を考える』東信堂。
松葉祥一 , 2003,「国家テロリズムあるいはアメリカについて」『現代思想　特集テロとは何か』第 31 巻第 3 号、3 月号、青土社。
松本弘 , 2011,『中東・イスラーム諸国　民主化ハンドブック』明石書店。
——, 2015,『アラブ諸国の民主化　2011 年政変の課題』山川出版社。
三浦徹編 , 2011,『イスラーム世界の歴史的展開』放送大学教育振興会。
溝渕正季 , 2016,「冷戦後の国際政治と中東地域の構造変容－米国の対中東政策を中心に－」松尾昌樹他編『中東の新たな秩序』ミネルヴァ書房。
三谷太一郎 , 1989,「まえがき」『年報政治学 1989』日本政治学会。
三橋冨治男 , 1982,「ミレット制」『イスラム事典』平凡社。
三宅正樹 , 1980,「文民統制の確立は可能か－政軍関係の基礎理論－」『中央公論』95 巻 12 号、9 月号、中央公論社。
宮田律 , 2016,『オリエント世界はなぜ崩壊したのか　異形化する「イスラム」と忘れられた「共存」の叡智』新潮社。
向井直已 , 2014,「ユダヤ移民とパレスチナ問題」山室信一他編『現代の起点　第一次世界大戦内藤正典, 2002,『なぜ、イスラームと衝突するのか』明石書店。
――, 2008,「トルコ共和国の根幹　絶対不可侵と世俗主義の現在」『別冊　環　14　トルコとは何か』藤原書店。
――, 2015,『イスラム戦争　中東崩壊と欧米の敗北』集英社。
――, 2016a,『トルコ　中東情勢のカギをにぎる国』集英社。
―― 他著, 2016b,『イスラームとの講和　文明の共存をめざして』集英社。
内藤陽介, 2001,『なぜイスラムはアメリカを憎むのか』ダイヤモンド社。
中田考, 2001,『イスラームのロジック』講談社。
――, 2015,『カリフ制再興　未完のプロジェクト、その歴史・理念・未来』書肆心水。
――, 2016,『イスラームの論理』筑摩書房。
――, 2017,『イスラーム入門　文明の共存を考えるための99の扉』集英社。
永田雄三他著, 1982,『中東現代史 I』山川出版社。
中西治, 2005,「グローバリゼーション・エンパイア・インペリアリズムーアメリカ合衆国は帝国か、その政策は帝国主義かー」『ソシオロジカ』第29巻第1･2号、創価大学社会学会。
――, 2014,「はじめに」「ビッグ・ヒストリーとは何か」地球宇宙平和研究所編『ビッグ・ヒストリー入門』地球宇宙平和研究所。
中西久枝他著, 2004,『はじめて出会う平和学』有斐閣。
中西寛, 2014,「再臨、あるいは失われた可能性の時代」『アステイオン』80号、阪急コミュニケーションズ。
中村廣治郎, 1998,『イスラム教入門』岩波書店。
夏目美詠子, 2006,「トルコーしたたかなＥＵ加盟戦略」羽場久美子他編『ヨーロッパの東方拡大』岩波書店。
西谷修, 2002,『「テロとの戦争」とは何か』以文社。
沼野充義編, 1999,『ユダヤ学のすべて』新書館。
野中恵子, 2010,『ビザンツ、オスマン、そしてトルコへ　歴史をつなぐ社会と民族』彩流社。
橋爪大三郎, 大澤真幸, 2011,『ふしぎなキリスト教』講談社。
ハッドゥーリー, マジード, 2013,「原訳者による序説」マジード・ハッドゥーリー原訳、眞田芳憲訳『イスラーム国際法　シャイバーニーのスィヤル』中央大学出版部。
馬場優, 2006,『オーストリア＝ハンガリーとバルカン戦争　第一次世界大戦への道』法政大学出版局。
浜本一典, 2011,「『文明的イスラーム』－現世的な豊かさと来世的な豊かさの両立」奥田敦他編『イスラームの豊かさを考える』丸善プラネット。
林佳世子, 1997,『オスマン帝国の時代』山川出版社。
――, 2002,「ワクフ」大塚和夫他編『岩波　イスラーム辞典』岩波書店。
――, 2008,『オスマン帝国500年の平和』講談社。
林武, 1974,『現代アラブの政治と社会』アジア経済研究所。
東野篤子, 2017,「EU・トルコ関係の現在」『アジ研ワールド・トレンド』No. 256、アジア経済本政治学会編『年報政治学』。
――――, 1992,『オスマン帝国　イスラム世界の「柔らかい専制」』講談社。
――――, 1993,『イスラムの家からバベルの塔へ　オスマン帝国における諸民族の統合と共存』リブロポート。
――――, 1997,『オスマン帝国とイスラム世界』東京大学出版会。
――――, 2014,「オスマン帝国と第一次世界大戦」山室信一他編『現代の起点　第一次世界大戦　第1巻　世界戦争』岩波書店。
鈴木慶孝, 2014,「現代トルコの改革主義的イスラーム復興運動に関する一考察－フェトフッラー・ギュレン運動の理念を中心として」『社会学研究科紀要』第78号、慶応大学大学院社会学研究科。
高岩伸任, 2010,「ワクフと信託－イスラームと英米における『財産的取り決め』の比較・検討－」『イスラーム世界研究』第3巻2号、京都大学。
高岡豊, 2014,「『イラクとシャームのイスラーム国』は何に挑戦しているのか」『世界』No.859、8月号、岩波書店。
高尾賢一郎, 2012,「イスラームとソーシャル・キャピタル」櫻井義秀他編、『叢書　宗教とソーシャル・キャピタル1　アジアの宗教とソーシャル・キャピタル』明石書店。
高野太輔, 2002,「ズィンミー」大塚和夫他編集『岩波　イスラーム辞典』岩波書店。
高橋和夫, 2016,『中東から世界が崩れる　イランの復活、サウジアラビアの変貌』NHK出版。
高橋圭, 2014,『スーフィー教団　民衆イスラームの伝統と再生』山川出版社。
高橋昭一, 1988,『トルコ・ロシア外交史』シルクロード。
竹下政孝, 2013,『イスラームを知る四つの扉』ぷねうま舎。
立山良司, 2012,「パレスチナ問題はなぜ国際的広がりを持つのか　アラブ・イスラーム諸国およびアメリカとのつながり」酒井啓子編『中東政治学』有斐閣。
――――, 2016,『ユダヤとアメリカ　揺れ動くイスラエル・ロビー』中央公論新社。
中堂幸政, 2002,「三大一神教とヨーロッパキリスト教世界」『別冊　環　4　イスラームとは何か』藤原書店。
辻村伸雄, 2007,「大きな歴史－歴史研究のコスモナイゼーション－」『地球宇宙平和研究所所報』第2号、地球宇宙平和研究所。
坪井ひろみ, 2010,「グラミン銀行と貧困女性の自立」『世界と議会』第547号、尾崎行雄記念財団。
手島勲矢, 1999,「ユダヤ教」沼野充義編『ユダヤ学のすべて』新書館。
寺島実郎, 2003,「『不必要な戦争』を拒否する勇気と構想」『世界』No. 712、4月号、岩波書店。
土井健司, 2012,『キリスト教は戦争好きか　キリスト教的思考入門』朝日新聞出版。
東長靖, 今松泰, 2016,『イスラーム神秘主義の輝き　愛と知の探究』山川出版社。
トゥンジョク, メテ, 1996,『トルコと日本の近代化』サイマル出版社。
徳永里砂, 2012,『イスラーム成立前の諸宗教』図書刊行会。
土佐弘之, 2003,「『テロリズム』の語られ方」『現代思想　特集テロとは何か』第31巻第3号、3月号、青土社。

―― 他 , 2002,「アラブ･イスラーム世界の形成」佐藤次高編『西アジア史　アラブ』山川出版社。
―― 編 , 2002,『西アジア史　アラブ』山川出版社。
――, 2004,『イスラームの国家と王権』岩波書店。
――, 2009,『イスラーム　知の営み』山川出版社。
佐藤真千子 , 2007,「トルーマン政権期におけるトルコの位置づけに関する一考察：『中東』から『ヨーロッパ』へ？」『国際関係・比較文化研究』第 5 巻第 2 号、静岡県立大学。
眞田芳憲 , 2000,『イスラーム法の精神』改訂増補版、中央大学出版部。
――, 2013,「解説に代えて」マジード・ハッドゥーリー原訳、眞田芳憲訳『イスラーム国際法シャイバーニーのスィヤル』中央大学出版部。
佐原徹哉 , 2003,『近代バルカン都市社会史　多元主義空間における宗教とエスニシティ』刀水書房。
――, 2014,『中東民族問題の起源　オスマン帝国とアルメニア人』白水社。
澤江史子 , 2002,「イスラーム」伊豫谷登士翁編『グローバリゼーション』作品社。
――, 2005,『現代トルコの民主政治とイスラーム』ナカニシヤ出版。
塩尻和子他著 , 2004,『イスラームの生活を知る事典』東京堂出版。
――, 2007,『イスラームを学ぼう　実りある宗教間対話のために』秋山書店。
――, 2008,『イスラームの人間観・世界観－宗教思想の深淵へ』筑波大学出版会。
重信メイ , 2012,『「アラブの春」の正体－欧米メディアに踊らされた民主化革命」』角川書店。
設楽国広 , 1981,「青年トルコ人とオスマン朝軍－将校の出自に関する問題を中心に－」『中嶋敏先生古稀記念論集』中嶋敏先生古稀記念事業会。
――, 1983,「行動軍の指導理念の変化」護雅夫編『内陸アジア・西アジアの社会と文化』山川出版社。
――, 1988,「アブデュル・ハミト二世の専制政治構造」『日本中東学会年報』三号、一分冊、日本中東学会。
柴宣弘 , 1996,『バルカンの民族主義』山川出版社。
―― 他著 , 1997,『世界の歴史 26　世界大戦と現代文化の開幕』中央公論社。
嶋田義仁 ,2004,「文明化としてのアフリカ･イスラーム化」『宗教研究』78 巻 2 号､日本宗教学会。
清水芳見 , 2003,『イスラームを知ろう』岩波書店。
新谷栄治 , 1995,「オスマン帝国とヨーロッパ」歴史学研究会編『講座世界史 1　世界史とは何か』東京大学出版会。
末近浩太 , 2016,「イスラーム主義運動の歴史的展開－中東地域における意義を再考する－」松尾昌樹他編『中東の新たな秩序』ミネルヴァ書房。
――, 2017,「イスラームとデモクラシーをめぐる議論」私市正年他編『中東イスラーム研究概説　政治学・経済学・社会学・地域研究のテーマと理論』明石書店。
菅原出 , 2015,『「イスラム国」と「恐怖の輸出」』講談社。
杉田敦 , 2003,「二分法の暴力－ウォルツァー聖戦論をめぐって－」『思想』945 号、岩波書店。
鈴木董 , 1989,「『近代軍』形成期のオスマン帝国における軍人と政治－ 1826 － 1908 年－」日

研究科研究紀要』2 号、国際大学。

——, 1994,『イスラームとは何か』講談社。

——, 2002a,『ムハンマド』山川出版社。

——, 2002b,「イスラーム」『岩波　イスラーム辞典』岩波書店。

——, 2004,「イスラム世界の動向とアジアの共生」樺山紘一他編『解はひとつではない　グローバリゼーションを超えて』慶應義塾大学出版会。

——, 2006a,『イスラーム帝国のジハード』講談社。

——, 2006b,『現代イスラーム世界論』名古屋大学出版会。

——, 2007,「イスラーム世界における文理融合論－『宗教と科学』の関係をめぐる考察」『イスラーム世界研究』第 1 巻 2 号、京都大学。

——, 2009,『「クルアーン」 語りかけるイスラーム』岩波書店。

——, 長岡慎介 , 2010,『イスラーム銀行　金融と国際経済』山川出版社。

——, 2011a,『イスラーム文明と国家の形成』京都大学学術出版会。

——, 2011b,「アラブ革命の連鎖と 21 世紀の中東」『中東研究』512 号、中東調査会。

小関隆 , 2012,「第一次世界大戦の現段階－京都大学人文科学研究所の共同研究を中心に－」『西洋史学』245 号、日本西洋史学会。

——, 2014,「未完の戦争」山室信一他編『現代の起点　第一次世界大戦　第 4 巻　遺産』岩波書店。

後藤明 , 1993,「巨大文明の継承者」佐藤次高他編『都市の文明イスラーム』講談社。

——, 1994,「人類史上のイスラーム」後藤明編『文明としてのイスラーム』栄光教育文化研究所。

——, 2001,『ビジュアル版　イスラーム歴史物語』講談社。

——, 2012,『ムハンマド時代のアラブ社会』山川出版社。

小林誠 , 2003,「システムとしてのグローバル・テロリズム　柔らかい恐怖について」『現代思想　特集テロとは何か』第 31 巻第 3 号、3 月号、青土社。

小松香織 , 1993,「オスマン海軍非ムスリム職員台帳」『オリエント』36 巻 2 号、日本オリエント学会。

小森雄太 , 2009,「政軍関係研究再考－諸概念の定義を中心に－」『政治学研究論集』30 号、明治大学大学院。

近藤申一 , 1993,「『マクマホン－フセイン往復書簡』をめぐる解釈論争（下)」『早稲田政治経済学雑誌』第 314 号。

酒井啓子 , 2010,『<中東>の考え方』講談社。

櫻井義秀他編 , 2012,『叢書　宗教とソーシャル・キャピタル 1　アジアの宗教とソーシャル・キャピタル』明石書店。

佐々木伸 , 2014,『オスマン憲政への道』東京大学出版会。

佐藤研 , 2003,『聖書時代史　新約篇』岩波書店。

佐藤次高 , 1997,『世界の歴史 8　イスラーム世界の興隆』中央公論社。

——, 2002,「西アジア・アラブ・イスラーム」佐藤次高編『西アジア史　アラブ』山川出版社。

粕谷元, 2003,「トルコのイスラーム潮流－ヌルスィーとギュレン」小松久男他編『イスラーム地域研究叢書② 現代イスラーム思想と政治運動』東京大学出版会。
加藤隆, 2002,『一神教の誕生』講談社。
加藤尚武, 2003,『戦争倫理学』筑摩書房。
加藤博, 1995,『文明としてのイスラム』東京大学出版会。
——, 1999,『イスラム世界の常識と非常識』淡交社。
——, 2002,『イスラム世界論 トリックスターとしての神』東京大学出版会。
——, 2003,「経済学とイスラーム地域研究」佐藤次高編『イスラーム地域研究の可能性』東京大学出版会。
——, 2005,『イスラム世界の経済史』NTT 出版。
——, 2010,『イスラム経済論 イスラムの経済倫理』書籍工房早山。
鎌田繁, 2015,『イスラームの深層 「偏在する神」とは何か』NHK 出版。
鴨下まり子, 2002,「サイクス・ピコ協定」「バルフォア宣言」「フサイン・マクマホン書簡」『岩波 イスラーム辞典』岩波書店。
川上泰徳, 2011,『現地発エジプト革命 中東民主化のゆくえ』岩波書店。
川瀬豊子, 2002,「古代オリエント世界」永田雄三編『西アジア史 イラン・トルコ』山川出版社。
私市正年, 2000,「解説－イスラームと民主主義をめぐる議論」Mernissi, Fatima, 1992, *Islam and Democracy: Fear of the Modern World,* Basic Books.（＝2000, 私市正年他訳『イスラームと民主主義－近代性への怖れ』平凡社。）
北島平一郎, 1975,『近代外交史』創元社。
北村歳治, 吉田悦章, 2008,『現代のイスラム金融』日経 BP 社。
木畑洋一, 2014,『20 世紀の歴史』岩波書店。
木村真, 1998,「ナショナリズムの展開と第一次世界大戦」柴宜弘編『バルカン史』山川出版社。
木村喜博, 1987,『東アラブ国家形成の研究』アジア経済研究所。
共同訳聖書実行委員会, 1987,『聖書 新共同訳 旧約聖書続編つき』日本聖書協会。
久志本裕子, 2011,「豊かな次世代を育てるために－マレーシアにおけるイスラーム教育の模索」奥田敦他編『イスラームの豊かさを考える』丸善プラネット。
国枝昌樹, 2016,『「イスラム国」最終戦争』朝日新聞出版。
栗田貞子, 2011,「エジプト『民衆革命』の意味するもの」『現代思想 総特集アラブ革命』第 39 巻第 4 号、4 月臨時増刊号、青土社。
——, 2014,『中東革命のゆくえ 現代史のなかの中東・世界・日本』大月書店。
古賀幸久, 1991,『イスラム国家の国際法規範』勁草書房。
——, 1995,「イスラームの国際法－イスラームの国際関係のあり方」湯川武編『講座イスラム世界 5 イスラーム国家の理念と現実』栄光教育文化研究所。
——, 2002,「ダール・アル＝イスラーム」「ダール・アル＝ハルブ」大塚和夫他編『岩波 イスラーム辞典』岩波書店。
小杉泰, 1984,「シューラー制度－イスラーム的民主主義の概念－」『国際大学大学院国際関係学

――, 2013a,『戦争と平和の国際関係学　地球宇宙平和学入門』論創社。

――, 2013b,「オスマン帝国における共存形態と国際関係」『ソシオロジカ』第 37 号第 1･2 号、創価大学社会学会。

――, 2014a,「オスマン主義からトルコ・ナショナリズムへ　オスマン帝国のバルカン戦争期におけるイデオロギーの変容」『国際アジア共同体学会ジャーナル』第 3･4 号、国際アジア共同体学会。

――, 2014b,「帝国から国民国家へ－オスマン帝国における共存形態の変容と崩壊」『東洋哲学研究所紀要』第 30 号、東洋哲学研究所。

――, 2015a,「イスラームにおける戦争と平和観」『東洋哲学研究所紀要』第 31 号、東洋哲学研究所。

――,2015b,「『中東問題』の起源としての第一次大戦－第一次大戦におけるオスマン帝国の動向－」『ソシオロジカ』第 39 巻第 1･2 号、創価大学社会学会。

――,2016a,「転機に立つトルコの現状と将来」『グローバルアジア・レヴュー』第 2 号、国際アジア共同体学会。

――, 2016b,「イスラームとビッグ・ヒストリー－平和・共存のための新しい創世神話－」中西治編『ビッグ・ヒストリーの実用　自然・戦争・平和』地球宇宙平和研究所。

岩坂将充 , 2014,「トルコにおける『民主化』の手法－文民化過程に見る『制度』と『思想』の相互作用－」『国際政治』178 号、日本国際政治学会。

岩崎えり奈 , 2016,「エジプトの『革命』－民衆は時代の転換点に何を望んだか－」松尾昌樹他編『中東の新たな秩序』ミネルヴァ書房。

ウォルト , スティーブン , 2015,「革命国家の歴史とイスラム国－さらなる拡大と膨張はあり得ない」『フォーリン・アフェアーズ・レポート』No. 11、フォーリン・アフェアーズ・ジャパン。

臼杵陽 , 2001,『イスラムの近代を読みなおす』毎日新聞社。

――, 2002,「パレスチナ問題」板垣雄三編『「対テロ戦争」とイスラム世界』岩波書店。

――, 2009,『イスラエル』岩波書店。

――, 2011,『アラブ革命の衝撃』青土社。

――, 2013,『世界史の中のパレスチナ問題』講談社。

遠藤乾 , 2003,「ポスト主権の政治思想」『思想』945 号、岩波書店。

遠藤誠治 , 2000,「ポスト・ウェストファリアの世界秩序へのアプローチ」小林誠他編『グローバル・ポリティックス』有信堂。

大川玲子 , 2004,『聖典「クルアーン」の思想　イスラームの世界観』講談社。

大塚和夫他著 ,1999,『世界の歴史 24　アフリカの民族と社会』中央公論社。

――, 2002,「六信五行」片倉ともこ他編『イスラーム世界事典』明石書店。

オッタウェイ , マリナ , オッタウェイ , デビッド , 2014,「変化する中東の経済地図－旧秩序の解体と新経済圏の誕生」『フォーリン・アフェアーズ・レポート』No.6、フォーリン・アフェアーズ・ジャパン。

第 30-2 号、日本中東学会。
市川裕 , 2003,「ユダヤ人をユダヤ人にしたもの－トーラーの精神」宮本久雄他編『一神教文明からの問いかけ』講談社。
——, 2004,『ユダヤ教の精神構造』東京大学出版会。
井筒俊彦訳 , 1957, 1958,『コーラン　上中下』岩波書店。
——, 1990,『イスラーム誕生』中央公論社。
——, 1991,『イスラーム思想史』中央公論社。
伊藤順二 , 2014,「ロシアとオスマン帝国における動員と強制移住」山室信一他編『現代の起点　第一次世界大戦　第 1 巻　世界戦争』岩波書店。
伊東俊太郎 , 1993,『12 世紀ルネサンス－西欧世界へのアラビア文明の影響』岩波書店。
伊藤寛了 , 2009,「近年のトルコにおける世俗派とイスラーム派との対立とトルコ民族主義の高揚」『イスラム世界』72, 日本イスラム協会。
稲野強 , 1995,「ハプスブルク帝国とオスマン帝国」歴史学研究会編『講座世界史 2　近代世界への道』東京大学出版会。
今井宏平 , 2010,「政治的境界を越えるイスラーム」押村高編『越える－境界なき政治の予兆』風行社。
——, 2016a,「トルコ」松尾昌樹他編『グローバル・サウスはいま　3　中東の新たな秩序』ミネルヴァ書房。
——, 2016b,「トルコ－新自由主義・親イスラーム政党・秩序安定化外交」松尾昌樹他編『中東の新たな秩序』ミネルヴァ書房。
——, 2017a,「トルコにおける『IS』の活動」山内昌之編『中東と IS の地政学　イスラーム、アメリカ、ロシアから読む 21 世紀』朝日新聞出版。
——, 2017b,『トルコ現代史　オスマン帝国崩壊からエルドアンの時代まで』中央公論新社。
今井淳子 , 高橋和 , 1995,「第一次世界大戦前の東欧」百瀬宏コーディネーター『東欧』自由国民社。
入江啓四郎他著 , 1964,『重訂 外交史提要』成文堂。
岩木秀樹 , 1998,「オスマン帝国と第一次世界大戦の起源－第一次世界大戦前（1912-14 年）におけるオスマン帝国の外交と内政－」『平和研究セミナー論集』第 1 号、日本平和学会。
——, 2001,「オスマン帝国における 1912 年 7 月前後の政軍関係―マフムート・シャヴケット・パシャと統一と進歩委員会との関係を中心に―」『ソシオロジカ』第 25 巻第 1・2 号、創価大学社会学会。
——, 2005,「イスラームのグローバリゼーション－イスラームの誕生･近代･最近の情勢－」『ソシオロジカ』第 30 巻第 1 号、創価大学社会学会。
——, 2010,「現在における民族主義研究の動向と課題」ユニバーサル・ユニバーシティ・インターネット(UUI)地球宇宙平和研究所。(http://www.igcpeace.org/ 2010 年 10 月 3 日)
——, 2011,「政軍関係研究とオスマン帝国の動向」『地球宇宙平和研究所所報』第 6 号、地球宇宙平和研究所。

青山弘之 , 2012,『混迷するシリア　歴史と政治構造から読み解く』岩波書店。

――, 2017,『シリア情勢－終わらない人道危機』岩波書店。

秋葉淳 , 1998,「アブデュルハミト二世期オスマン帝国における二つの学校制度」『イスラム世界』50 号、日本イスラム協会。

――, 2005,「日露戦争とイエメン－日本とオスマン帝国のアナロジー－」安田浩他編『戦争の時代と社会　日露戦争と現代』青木書店。

阿久津正幸 , 2013,「非イスラーム世界における hizmet －ムスリム社会の構築とイスラームの伝統的価値観」『宗教と社会貢献』Vol. 3, No. 1、「宗教と社会貢献」研究会。

――, 2014,「イスラーム世界のヒズメット－トルコ、エジプト、インドネシアの事例報告」『イスラーム地域研究ジャーナル』Vol. 6、早稲田大学イスラーム地域研究機構。

アトワーン , アブドルバーリ , 2015, 中田考監訳『イスラーム国』集英社インターナショナル。

荒井章三 , 1997,『ユダヤ教の誕生　「一神教」成立の謎』講談社。

新井政美 , 1995,「アフメット・フェリトに関する覚え書き－青年トルコ期における地方分権論的国民主義の可能性をめぐる予備的考察－」『上智アジア学』13 号、上智大学アジア文化研究所。

――, 2001,『トルコ近現代史　イスラム国家から国民国家へ』みすず書房。

――, 2002a,『オスマン vs. ヨーロッパ　＜トルコの脅威＞とは何だったのか』講談社。

――, 2002b,「オスマン主義」大塚和夫他編集『岩波　イスラーム辞典』岩波書店。

――, 2009,『オスマン帝国はなぜ崩壊したのか』青土社。

―― 編 , 2013,『イスラムと近代化　共和国トルコの苦闘』講談社。

有松唯 , 2015,『帝国の基層　西アジア領域国家形成過程の人類集団』東北大学出版会。

医王秀行 , 2012,『預言者ムハンマドとアラブ社会　信仰・暦・巡礼・交易・税からイスラム化の時代を読み解く』福村出版。

池内恵 , 2002,『現代アラブの社会思想』講談社。

――, 2015,『イスラーム国の衝撃』文藝春秋。

――, 2016,『サイクス＝ピコ協定　百年の呪縛』新潮社。

池田嘉郎 , 2014,「第一次世界大戦をより深く理解するために」池田嘉郎編『第一次世界大戦と帝国の遺産』山川出版社。

石川明人 , 2016,『キリスト教と戦争　「愛と平和」を説きつつ戦う論理』中央公論新社。

板垣雄三他編 , 1986,『概説イスラーム史』有斐閣。

―― 編 , 2002,『「対テロ戦争」とイスラム世界』岩波書店。

――, 2003,『イスラーム誤認』岩波書店。

――, 2011a,「中東と世界の行方　ナイルが潤す国を揺るがした市民決起の意味」『現代思想総特集アラブ革命』第 39 巻第 4 号、4 月臨時増刊号、青土社。

――, 2011b,「中東の新･市民革命を、いま日本から見、そして考える」『世界』No.818、6 月号、岩波書店。

――, 2015,「学知の建て替えに向けて　日本中東学会に託された課題」『日本中東学会年報』

Turfan, Mehmet Naim, 1983, "The Politics of Military Politics: Political Aspects of Civil-Military Relations in the Ottoman Empire with Special Reference to the "Young Turk" Era," Ph. D. dissertation, London University.

Turner, Howard R. 1997, *Science in Medieval Islam*, The University of Texas Press.（= 2001, 久保儀明訳『図説　科学で読むイスラム文化』青土社。）

Uyar, Mesut and Erickson, Edward J., 2009, *A Military History of the Ottomans from Osman to Atatürk*, ABC-CLIO.

Ünal, Hasan, 1996, "Young Turk Assessments of International Politics, 1906-9, " *Middle Eastern Studies*, vol. 32, no. 2, London.

———,1998, "Ottoman Policy during the Bulgarian Independence Crisis, 1908-9: Ottoman Empire and Bulgaria at the Outset of the Young Turk Revolution, " *Middle Eastern Studies*, Vol. 34, No. 4.

Vagts, Alfred,1959, *A History of Militarism: Civilian and Military*, London.（=1973, 望田幸男他訳『軍国主義の歴史』全四巻、福村出版。）

Winter, Jay, 2014, "General Introduction," Jay Winter ed., *The Cambridge History of The First World War, Vol. 1, Global War*, Cambridge University Press.

Yavuz, M. Hakan, 2009, *Secularism and Muslim Democracy in Turkey*, Cambridge University Press.

———,2013, "Warfare and Nationalism: The Balkan Wars as a Catalyst for Homogenization," M. Hakan Yavuz eds., *War and Nationalism: The Balkan Wars, 1912-1913, and Their Sociopolitical Implications*, The University of Utah Press.

Yılmaz, Şuhnaz and Yosmaoglu, İpek K., 2008, "Figting the Spectres of the Past: Dilemmas of Ottoman Legacy in the Balkans and the Middle East, "*Middle Eastern Studies*, Vol. 44, No. 5.

Zürcher, Erik J., 1994, *Turkey: A Modern History*, London: I. B. Tauris.

———,2010, *The Young Turk Legacy and Nation Building: From the Ottoman Empire to Atatürk's Turkey*, I. B. Tauris.

【日 本 語】

『朝日新聞』

『現代思想』, 2011, 第 39 巻第 13 号、青土社。

『世界』

『別冊　環　イスラームとは何か』, 2002, 4 号 , 藤原書店。

『毎日新聞』

『メルク』, 2007, 1 号、一橋大学。

『読売新聞』

『論座』

Panaite, Viorel, 2000, *The Ottoman Law of War and Peace: The Ottoman Empire and Tribute Payers*, Columbia University Press.

Perlmutter, Amos and Bennett, Valerie Plave eds.,1980, *The Political Influence of the Military: A Comparative Reader*, New Haven: Yale University Press.

Ramsaur, Ernest Edmondson, 1957, *The Young Turks Prelude to the Revolution of 1908*, New Jersey: Princeton University Press.

Remak, Joachim, 1971, "1914-The Third Balkan War: Origins Reconsidered," *Journal of Modern History*, Vol. 43.

Rogan, Eugene, 2015, *The Fall of the Ottomans: The Great War in the Middle East, 1914-1920*, Penguin Books.

Rustow, Dankwart A., 1964, "Turkey," Robert E. Ward & Dankward A. Rustow eds., *Political Modernization in Japan and Turkey*, Princeton University Press.

———,1996, "The Military Legacy," L. Carl Brown ed., *Imperial Legacy: The Ottoman Imprint on the Balkans and the Middle East*, New York: Columbia University Press.

Salarzehi, Habibollah, Hamad Armesh and Davoud Nikbin, 2010, "Waqf as Social Entrepreneurship Model in Islam," *International Journal of Business and Management*, Vol. 5, No. 7, Canadian Center of Science and Education.

Schaebler, Birgit eds., 2004, *Globalization and the Muslim World: Culture, Religion, and Modernity*, Syracuse University Press.

Shaw, Stanford J. & Shaw, Ezel Kural, 1977, *History of the Ottoman Empire and Modern Turkey, vol. II, Reform, Revolution, and Republic: The Rise of Modern Turkey, 1808-1975*, Cambridge University Press.

Singer, Amy, 2005, "Serving Up Charity: The Ottoman Public Kitchen," *Journal of Interdisciplinary History*, Vol. 35, No. 3.

———, 2008, *Charity in Islamic Societies*, Cambridge University Press.

Simon, Reeva S., 1991, "The Education of an Iraqi Ottoman Army Officer," Rashid Khalidi et al., *The Origins of Arab Nationalism*, New York: Columbia University Press.

Skendi, Stavro, 1967, *The Albanian National Awakening 1878-1912*, Princeton University Press.

Soyupak, Kemal and Kabasakal, Huseyin, 1987, "The Turkish Army in the First Balkan War," Bela K. Kialy and Dimitrije Djordjevic eds., *East Central European Society and Balkan Wars*, New York: Columbia University Press.

Stavrianos, L. S., 1958, *The Balkans since 1453*, Holt, Rinehart and Winston, 1958.

Sugar, Peter F. and Lederer, Ivo J. eds., 1969, *Nationalism in Eastern Europe*, University of Washington Press.（=1981，東欧史研究会訳『東欧のナショナリズム　歴史と現在』刀水書房。）

Swanson, Glen W., 1970, "Mahmud Şevket Paşa and the Defence of the Ottoman Empire: A Study of War and Revolution in the Young Turk Period," Ph. D. dissertation, Indiana University.

Trumpener, Ulrich, 1968, *Germany and the Ottoman Empire 1914-1918*, Princeton University press.

———, 1966, *The Islamic Law of Nations Shaybani's Siyar*, The Johns Hopkins Press.（＝2013，マジード・ハッドゥーリー「原訳者による序説」マジード・ハッドゥーリー原訳、眞田芳憲訳『イスラーム国際法　シャイバーニーのスィヤル』中央大学出版部。）

Kialy, Bela K. and Djordjevic, Dimitrije eds., 1987, *East Central European Society and Balkan Wars*, New York: Columbia University Press.

Kieser, Hans-Lukas and Donald Bloxham, 2014, "Genocide," Jay Winter ed., *The Cambridge History of The First World War, Vol. 1, Global War*, Cambridge University Press.

Kitchen, James E., 2014, "Colonial Empires after the War/ Decolonization," *International Encyclopedia of the First World War*, 1914 1918 on Line.

Kurat, Y. T., 1967, "How Turkey drifted into World War 1 , " Bourne and D. C. Watt eds., *Studies in International History*, London.

Lawrence, Bruce, 2006, *The Qur'an: A Biography*, Atlantic Books.（＝2016，池内恵訳『コーランの読み方　イスラーム思想の謎に迫る』ポプラ社。）

Levy, Avigdor, 1971, "The Officer Corps in Sultan Mahmud II' New Ottoman Army, 1826-39," *International Journal of Middle Eastern Studies*, No. 2.

Lewis, Bernard, 1968, *The Emergence of Modern Turkey*, Second Edition, Oxford University Press.

———,1993, *Islam in History: Ideas, People, and Events in the Middle East*, Open Court.

Lincoln, Bruce, 2003, *Holy Terrors: Thinking about Religion after September 11,* University of Chicago Press.

Macfie, A. L.,1998, *The End of the Ottoman Empire 1908-1923*, Longman.

Mansbach, Richard W. and Wilmer, Franke, 2001, "War, Violence, and the Westphalian State System as a Moral Community,"Mathias Albert eds., *Identities, Borders, Orders: Rethinking International Relations Theory,* University of Minnesota Press.

Mearsheimer, John, Stephen Walt, 2007, *The Israel Lobby and U.S. Foreign Policy,* Farrar Straus & Giroux.（＝2007、副島隆彦訳『イスラエルロビーとアメリカの外交政策』1，２巻、講談社。）

Miller, James M., 1969, "The Concert of Europe in the First Balkan War 1912-1913," Ph. D. Dissertation, Clark University.

Murden, Simon W., 2002, *Islam, the Middle East, and the New Global Hegemony*, Lynne Rienner Publishers,.

Nakanishi, Hisae, 2008, "Turkey's Policy and Strategy in the Middle East since the Outbreak of the Iraq War in 2003,"『年報　戦略研究』６号、戦略研究学会。

Onar, Nora Fisher,2009, "Echoes of a Universalism Lost: Rival Representations of the Ottomans in Today's Turkey, "*Middle Eastern Studies*, Vol. 44, No. 2.

Öner, Selcan, 2009, "Turkey's Membership to the EU in Terms of "Clash of Civilizations," *The Journal of Interdisciplinary Economics*, Vol. 20.

Pal, Amitabh, 2011, *"Islam" Means Peace: Understanding the Muslim Principle of Nonviolence Today*, Praeger.

Helmreich, Ernst Christian, 1938, *The Diplomacy of the Balkan Wars 1912-1913*, Harvard University Press.

Hinnebusch, Raymond,2003, *The International Politics of Middle East*, Manchester University Press.

Hoodbhoy, Pervez, 1991, *Islam and Science*, Zed Books.（=2012, 植木不等式訳『イスラームと科学』勁草書房。）

Hourani, Albert, 1991, *A History of the Arab People*, The Belkmap Press of Harvard University Press.（=2003, 湯川武監訳『アラブの人々の歴史』第三書館。）

Huda, Qamar-ul ed., 2010, *Crescent and Dove Peace and Conflict Resolution in Islam*, United States Institute of Peace Press.

Huntington, Samuel, 1968, *Political Order in Changing Societies*, Yale University Press.（= 1972, 内山秀夫訳『変革期社会の政治秩序』上下、サイマル出版会。）

———, 1993, *The Third Wave: Democratization in the Late 20th Century,* University of Oklahoma.（ = 1995, 坪郷実他訳『第三の波－ 20 世紀後半の民主化』三嶺書房。）

Iftikhar, Arsalan, 2011, *Islamic Pacifism: Global Muslim in the post-Osama Era.*

Inalcik, Halil, 1994, *The Ottoman Empire: The Classical Age 1300-1600*, Phoenix.

Jelavich, Charles and Barbara eds., 1974, *The Balkans in Transition: Essays on the Development of Balkan Life and Politics since the Eighteenth Century*, Archon Books.

Jelavich, Barbara, 1983, *History of the Balkans: Twentieth Century*, Vol. 2, Cambridge University Press.

Joll, James, 1984, *The Origins of The First World War*, London.（= 1987, 池田清訳『第一次世界大戦の起源』みすず書房。）

Jurgensmeyer, Mark, 2000, *Terror in the Mind of God: The Global Rise of Religious Violence,* University of California Press.

Kamali, Mohammad Hashim, 2013, "Introduction," Ghazi bin Muhammad eds., *War and Peace in Islam: The Uses and Abuses of Jihad*, The Islamic Texts Society.

Kann, Robert A., 1974, *A History of the Habsburg Empire 1526-1918*, California University Press.

Kansu, Aykut, 1997, *The Revolution of 1908 in Turkey*, Leiden: Brill.

Karpat, Kemal H., 1975, "The Memoirsof N. Batzaria: The Young Turks and Nationalism," *International Journal of Middle East Studies*,No. 6.

———,1985, *Ottoman Population 1830-1914: Demographic and Social Characteristics*, Wisconsin: The University of Wisconsin Press.

———and Yıldırım, Yetkin eds., 2010, *The Ottoman Mosaic: Exploring Models for Peace by Re-Exploring the Past*, Cune Press.

Kayalı, Hasan, 1996, "Balkan Wars," *Encyclopedia of the Modern Middle East*, Simon & Schuster Macmillan.

———,1997, *Arabs and Young Turks: Ottomanism, Arabism and Islamism in the Ottoman Empire, 1908-1918*, Berkeley: University of California Press.

Khadduri, Majid, 1955, *War and Peace in the Law of Islam*, The Johns Hopkins University Press.

Despot, Igor, 2012, *The Balkan Wars in the Eyes of the Warring Parties: Perceptions and Interpretations*, iUniverse.

Dimitrije, Djordjevic & Fischer-Galati, Stephen, 1981, *The Balkan Revolutionary Tradition*, Columbia University Press.（=1994, 佐原徹哉訳『バルカン近代史　ナショナリズムと革命』刀水書房。）

Dutton, David, 1998, *The Politics of Diplomacy: Britain and France in the Balkans in the First World War*, London: I. B. Tauris Publishers.

Erol Köroğlu, 2007, *Ottoman Propaganda and Turkish Identity: Literature in Turkey during World War 1*, I. B. Tauris & Co Ltd.

Esposito, John and Voll, John Obert, 1996, *Islam and Democracy*, Oxford University Press.（＝2000, 宮原辰夫他訳『イスラームと民主主義』成文堂。）

Esposito, John L. ed., 1999, *The Oxford History of Islam*, Oxford University Press.（=2005, 小田切勝子訳『オックスフォード　イスラームの歴史　1　新文明の淵源』共同通信社。）

———, 2002, *Unholy War: Terror in the Name of Islam,* Oxford University Press.

Findley, Carter Vaughn, 1996, "The Ottoman Administrative Legacy and the Modern Middle East," L. Carl Brown ed., *Imperial Legacy: The Ottoman Imprint on the Balkans and the Middle East*, New York: Columbia University Press,.

Finer, Samuel, 1962, *The Man on Horseback: The Role of the Military in Politics*, Penguin Books.

Fromkin, David, 2001, *A Peace to End All Peace: The Fall of the Ottoman Empire and the Creation of the Modern Middle East*, Owl Books.（＝2004, 平野勇夫他訳『平和を破滅させた和平　中東問題の始まり 1914-1922』上下、紀伊国屋書店。）

Gawrych, George W., 1980, "Ottoman Administration and The Albanians, 1908-1913," Ph. D. dissertation, The University of Michigan.

———, 1983, "Tolerant Dimensions of Cultural Pluralism in the Ottoman Empire: The Albanian Community, 1800-1912,"*International Journal of Middle East Studies*, 15.

———,1986, "The Culture and Politics of Violence in Turkish Society, 1903-14," *Middle Eastern Studies*, Vol. 21.

Ginio, Eyal, 2005, "Mobilizing the Ottoman Nation during the Balkan Wars (1912-1913): Awakening from Ottoman Dream,"*War in History*, 12(2).

Haley, Charles, 1994, "The Desperate Ottoman: Enver Paşa and the German Empire 1," *Middle Eastern Studies*, Vol. 30, No. 1, London.

Hall, Richard, 2000, *The Balkan Wars 1912-1913: Prelude to the First World War*, Routledge.

Halliday, Fred, 2005, *The Middle East in International Relations: Power, Politics and Ideology,* Cambridge University Press.

Hanioğlu, M. Şükrü, 2008, *A Brief History of the Late Ottoman Empire*, Princeton University Press.

Halverson, Jeffry R., 2012, *Searching for a King: Muslim Nonviolence and the Future of Islam*, Potomac Books.

Heller, Joseph, 1983, *British Policy towards the Ottoman Empire 1908-1914*, Frank Cass.

War, Cambridge University Press.

———, 2014, "The Ottoman Empire," Jay Winter ed., *The Cambridge History of The First World War, Vol. 1, Global War*, Cambridge University Press.

Amjad-Ali, Charles W., 2009, " Jihad and Just War Theory: Dissonance and Truth ," *Dialog: A Journal of Theology*, Vol. 48, No. 3.

Ansary, Tamim, 2009, *Destiny Disrupted: A Hisrtory of the World*, Public Affairs. (=2011, 小沢千重子訳『イスラームから見た「世界史」』紀伊國屋書店。)

Barber, Benjamin R., 2003, *Jihad vs. McWorld,* Corgi Adult.

Becker, Jean-Jacques and Gerd Krumeich, 2014, "1914: Outbreak," Jay Winter ed., *The Cambridge History of The First World War, Vol. 1, Global War*, Cambridge University Press.

Bell, Richard, 1953, *Introduction to the Qur'an*, Edinburgh University Press.（= 2003, 医王秀行訳『コーラン入門』筑摩書房。）

Berghahn, Volker, 2009, *Der Erste Weltkrieg*, Verlag C. H. Beck oHG. (= 2014, 鍋谷郁太郎訳『第一次世界大戦　1914-1918』東海大学出版部。)

Brown, L. Carl ed.,1996, *Imperial Legacy: The Ottoman Imprint on the Balkans and the Middle East*, Columbia University Press.

Calhoun, Craig, et al eds., 2002, *Understanding September 11,* The New Press.

Campos, Michelle U., 2005, " Between "Beloved Ottoman" and " The Land of Israel " : The Struggle Over Ottoanism and Zionism among Palestine's Sepharadi Jews, 1908-13, " *International Journal of Middle East Studies*, Vol. 37.

Chapra, M. Umar, 1979, "The Islamic Welfare State and its Role in the Economy," Khurshid Ahmad and Zafer Ishaq Ansari eds., *Islamic Perspectives*, The Islamic Foundation.

Childs, Timothy W., 1990, *Italo-Turkish Diplomacy and the War over Libya 1911-1912*, E. J. Brill.

Christian, David, 2011, *Map of Time- An Introduction to Big History*,University California Press.

———,Cynthia Stokes Brown, Craig Benjamin, 2014, *Big History: Between Nothing and Everything*, McGraw- Hill Education.（= 2016, 長沼毅監修『ビッグヒストリー：われわれはどこから来て、どこへ行くのか』明石書店。）

Crone, Patricia, 1996, "The Rise of Islam in the World," Robinson, Francis ed., *The Cambridge Illustrated History of the Islamic World*, Cambridge University Press.

Çelebi, Nurbayat, 2009, "Opinions of Students at Turkish and German Universities on Turkey in the EU Accession Process, " *Educational Science: Theory & Practice*, Vol. 9, Issue 2.

Çolak, Yılmaz, 2006, "Ottomanizm vs. Kemalism: Collective Memory and Cultural Pluralism in 1990s Turkey, " *Middle Eastern Studies*, Vol. 42, No. 4.

Dagli, Caner, 2013, "Jihad and The Islamic Law of War, " Ghazi bin Muhammad eds., *War and Peace in Islam: The Uses and Abuses of Jihad*, The Islamic Texts Society.

Dean, Hartley and Zafer Khan, 1997, "Muslim Perspective on Welfare," *Journal of Social Policy*, Vol. 26, No. 2, Cambridge University Press.

Diyanet Vakfı Yayınları.
Yücel, Kıvılcım Turanlı, 2012, *Barış Hakkı ve Hayata Geçirilmesi*, Oniki Levha Yayıncılık.

【英　語】

Mr. Marling to Sir Edward Grey, F. O. 37858/29361/12/44. (No. 744.), Therapia, D. September 3, 1912, R. September 9, 1912, G. P. Gooch and Harold Temperley eds., 1933, *British Documents on the Origins of the War 1898-1914*, (以下、*BD*)Vol. IX, Part I, No. 696, London.
Sir F. Cartwright to Sir A. Nicolson. Private. Vienna, April 13, 1911. G. P. Gooch and Harold Temperley eds., 1933, *BD*, Vol. IX, Part I, No. 471, London.
Sir Edward Grey to Sir F. Bertie, F. O. 42147/33672/12/44, (No. 496.), Foreign Office, October 9, 1912, G. P. Gooch and Harold Temperley eds., 1933a, *BD*, Vol. IX, Part I, No. 800, London.
Sir H. Bax-Ironside to Sir Edward Grey, F. O. 42871/42549/12/44, Tel. (No. 66.) Secret, Sofia, D. October 13, 1912, 1:50 P. M., G. P. Gooch and Harold Temperley eds., 1933b, *BD*, Vol. IX, Part 2, No. 24.

Standard Eurobarometer, 70, 2008, 74, 2010.
(http://ec.europa.eu/public_opinion/archives/eb_arch_en.htm)（2017年8月2日アクセス）
The Other Balkan Wars, 1993, Washington: Carnegie Endowment for International Peace.
The Times, 1908, 1, September.
United States Department of State, 2002, *Patterns of Global Terrorism,* May.

Abu-Nimer, Mohammed, 2003, *Nonviolence and Peace Building in Islam: Theory and Practice*,University Press of Florida.
———, 2010, “An Islamic Model of Conflict Resolution Principles and Challenges,” Qamar-ul Huda ed., *Crescent and Dove Peace and Conflict Resolution in Islam*, United States Institute of Peace Press.
Afsaruddin, Asma, 2010, “Recovering the Early Semantic Purview of *Jihad* and Martyrdom Challenging Statist-Military Perspectives,” Qamar-ul Huda ed., *Crescent and Dove Peace and Conflict Resolution in Islam*, United States Institute of Peace Press.
Ahmad, Feroz, 1969, *The Young Turks: The Committee of Union and Progress in Turkish Politics*, 1908-1914, Oxford: Oxford University Press.
———, 1990,“Ottoman Armed Neutrality and Intervention August-November 1914,” *Studies on Ottoman Diplomatic History*, IV, The Isis Press.
———, 1996,“The Late Ottoman Empire,” Marian Kent ed., *The Great Powers and the End of the Ottoman Empire*, 2nd. ed., Frank Cass.
———, 2003, *Turkey: The Quest for Identity*, One world Publications.
Aksakal, Mustafa, 2008, *The Ottoman Road to War in 1914 The Ottoman Empire and the First World*

Seyyidi, Ali, 1913, *Vezaif-i Medeniye*, İstanbul, Kanaat Mat.

Sunar, Lütfi ed., 2016, *Türkiye'de Toplumsal Tabakalaşma ve Eşitsizlik,* Matbu Kitap.

Süleyman-Köprülü, Şehabettin, Dr. M. Fuat, 1911, *Meşrutiyette Terbiye-i Etfal*, İstanbul, 1327(1911), Necm-i İstikbal Mat.

Sürgevil, Sabri, 1983,"Osmanlı Devleti'nin 1. Dünya savaşı'na Girişinin İzmir Basınındaki Yankıları," *Tarih İncelemeleri Dergisi 1*, Ege Üniversitesi Edebiyat Fakültesi Yayını.

Şahin, Türel Yılmaz, 2011, *Uluslararası Politikada Orta Doğu*, Barış Kitap.

Şakir, Ziya, 1957, *Tanzimat Devrinden Sonra Osmanlı Nizam Ordusu Tarihi*, İstanbul: Çelüt Matbaası.

Şaylan, Gencay, 1978, "Ordu ve Siyaset," *Kanun-ı Esasi'nin 100, Yılı Armağanı*, Ankara: Ankara Ünivesitesi Siyasal Bilgiler Fakültesi Yay.

Tahsin Paşa 1931, *Abdülhamid Yıldız Hatıraları*, İstanbul: Ahmet Halit Kitaphanesi.

Tansu, Samih Nafiz ve Vardar, Galip, 1966, *İttihat ve Terakki İçinde Dönenler*, İstanbul.

Tekeli, İlhan ve İlkin, Selim, 1993, *Osmanlı İmparatorluğu'nda Eğitim ve Bilgi Üretim Sisteminin Oluşumu ve Dönüşümü*, Ankara: Türk Tarih Kurum Basımevi.

Tolon, Ahmet Hurşit, 2006, *Birinci Dünya Savaşı Sırasında Taksim Anlaşmaları ve Sevr'e Giden Yol*, Atatürk Araştırma Merkezi.

Tugay, Asaf, 1962, *İbret*, İkinci Kısım, İstanbul: Yörük Yay.

Tunaya, Tarık Zafer, 1952, *Türkiye'de Siyasi Partiler 1859-1952*, Tıpkı Basım, İstanbul: Arba Yayınları.

——, 1989, *Türkiye'de Siyasal Partiler*, Cilt 3, Hürriyet Vakfı Yayınları.

Tuncer, Hüner, 2014, "1914 Yılında Osmanlı İmparatorluğu," Ümit Özdağ ed., *100. Yılında Birinci Dünya Savaşı*, Kripto Basım Yayım.

Türkgeldi, Ali Fuad, 1987, *Görüp İşittiklerim*, Ankara: Türk Tarih kurumu Basımevi.

Türkmen, Zekeriya, 1993, *Osmanlı Meşrutiyetinde Ordu-Siyaset Çatışması*, İstanbul: İrfan Yayınevi.

Uçarol, Rifat, 1989,"Balkan savaşı Öncesinde Terhis Olayı ve Seferberlik İlanı Sorunu," *Dördüncü Askeri Tarih Semineri Bildiriler*, Ankara: Genelkurmay Basımevi.

Unat, Faik Reşit, 1964, *Türkiye Eğitim Sisteminin Gelişmesine Tarihi Bir Bakış*, Ankara: Milli Eğitim Basımevi.

Ülman, Haluk, 1984-1985, "Tanzimat'tan Cumhuriyet'e Dış Politika ve Doğu Sorunu," *Tanzimat'tan Cumhuriyet'e Türkiye Ansiklopedisi*, Cilt 1, İstanbul.

Ünay, Sadık, 2010, "Uluslararası Sistem ve İç Dönüşüm: Osmanlıdan Cumhuriyete Türkiye' nin Sorunsalı, Kalkınma, "*Akademik Araştırmalar Dergisi*, Sayı 45.

Ünlü, Nuri, 2014, *İslam Tarihi 1 (Başlangıçtan Osmanlılara Kadar)*, Marmara Üniversitesi İlahiyat Fakültesi Vakfı Yayınları.

Yetiş, Kazım, 1989, "İkinci Meşrutiyet Devrindeki Belli Başlı Fikir Akımlarının Askeri Hareketlere ve Cepheye Tesiri," *Dördüncü Askeri Tarih Semineri Bildiriler*, Ankara: Genelkurmay Basımevi.

Yitik, Ali İhsan, 2006, " Dinlerarası Diyalog ve Dünya Barışı," *Dinin Dünya Barışına Katkısı*, Türkiye

Enginsoy, Cemal, 1989, "Balkan Savaşı (1912-1913) Hakkında Batı Yayın Dünyasındaki Bazı Değerlendirmelerden Örnekler," *Dördüncü Askeri Tarih Semineri Bildiriler*, Ankara: Genelkurmay Basımevi.

Eralp, Nejat, 1940, "İkinci Meşrutiyet'te Silahlı Kuvvetler ile İlgili Üç, "Mahmud Kemal İnal, *Osmanlı Devrinde Son Sadrıazamlar*, Cilt 3, İstanbul: Maarif Matbaası.

——, 1989, "İkinci Meşrutiyet'te Silahlı Kuvvetler ile İlgili Üç Önemli Kanun," *Dürdüncü Askeri Tarih Semineri Bildiriler*, Ankara: Genelkurmay Basımevi.

Ergil, Doğu, 2010, *Barışı Aramak Dilde, Hayatta, Kültürde*, Timaş Yayınları.

Esposito, John L., İhsan Yılmaz, 2014, *İslam ve Barış İnşası Gülen Hareketi İnısıyatıfleri,* Nil Yayınları.

Göl, Mustafa, 1995, "Tokat Askeri Rüşdiyesi'nde Eğitim-Öğretim Sistemi," *Askeri Tarih Bülteni*, Sayı 38, Ankara: Genelkurmay Basım Evi.

Gözen, Ramazan, 2006, *Türk Dış Politikası Barış Vizyonu*, Palme Yayıncılık.

Güvenç, Bozkurt, 1994, *Türk Kimliği Kültür Tarihinin Kaynakları*, T. C. Kültür Bakanlığı Milli Kütüphane Basımevi.

Hanioğlu, Şükrü, 1989, *Kendi Mektuplarında Enver Paşa*, İstanbul: Der Yayıları.

Haydar, Ahmet Ziya-Ali, 1913, *Yeni Malumat-ı Medeniye* (Rüştiye 2. sene), İstanbul, Kanaat Mat.

İnal, Mahmud Kemal,1940, *Osmanlı Devrinde Son Sadrıazamlar*, Cilt 3, Maarif Matbaası.

Kabacalı, Alpay, 2000, *Talat Paşa'nın Anıları*, Türkiye İş Bankası Kültür Yayınları.

Kanun, Önemli, 1989, *Dördüncü Askeri Tarih Semineri Bildiriler*, Ankara: Genelkurmay Basımevi.

Kayalı, Kurtuluş, 1985, " Osmanlı Devlet'nde Yenileşme Hareketleri ve Ordu, " *Tanzimat'tan Cumhuriyet'e Türkiye Ansiklopedisi*, Cilt 5, İstanbul: İletişim Yayınları.

Kohen, Selim, 1912, *Malumat-ı Etfal*, İstanbul, A. Asadoryan ve Mahdumları Mat.

Kuran, Ahmed Bedevi, 1948, *İnkılap Tarihimiz ve İttihad ve Terakki*, İstanbul: Tan Matbaası.

Kurşun, Zekeriya, 1993, "Sadrazam Küçük Said Paşa'nın Bazı Askeri Fikirkeri ve Rumeli Askeri Erzak Müteahhidleriyle Mücadelesi, " *Askeri Tarih Bülteni*, Sayı 34, Ankara: Genelkurmay Basım Evi.

Mardin, Şerif, 1990, *Türkiye'de Modern Toplum ve Siyaset*, İstanbul.

Nur, Rıza, 1968, *Hayat ve Hatıratım*, Cilt 2, İstanbul: Altındağ Yay.

Ortaylı, İlber, 2009, *Osmanlı'yı Yeniden Keşfetmek*, Timaş Yayınları.

——, 2010, *Osmanlı Barışı*, Timaş Yayınları.

Özdağ, Ümit, 1991, *Ordu-Siyaset İlişkisi (Atatürk ve İnönü Dönemleri),* Ankara: Gündoğan Yayınları.

Özdemir, Memet, 2006, "Tarihsel Süreçte Müslümanların Barışa Katkısı," *Dinin Dünya Barışına Katkısı*, Türkiye Diyanet Vakfı Yayınları.

Özkan, Cemal, 1985, "Tanzimat'tan Cumhuriyet'e Ordu," *Tanzimat'tan Cumhuriyet'e Türkiye Ansiklopedisi*, Cilt 5, İstanbul: İletişim Yayınları.

Pakalın, Mehmed Zeki, 1942, *Son Sadrazamlar ve Başvekiller*, Cilt II, İstanbul.

Sarıçam, İbahim, 2006, "Müzakere," *Dinin Dünya Barışına Katkısı*, Türkiye Diyanet Vakfı Yayınları.

Satan, Ali, 2014, *100 Soruda 1. Dünya Savaşı*, Rumuz Yayınevi.

Aktar, Yücel, 1990, *İkinci Meşrutiyet Dönemi Öğrenci Olayları (1908-1918)*, İstanbul: İletişim Yayınları.

Akyüz, Yahya, 1994, *Türk Eğitim Tarihi,* İstanbul: Kültür Koleji Yayınları.

Alkan, Ahmet Turan, 1992, *İkinci Meşrutiyet Devrinde Ordu ve Siyaset*, Ankara: Cedit Neşriyet.

Andonyan, Aram, 1975, *Balkan Harbi Tarihi*, İstanbul: Sander Yayınları.

Arai, Masami, 1994, *Jön Türk Dönemi Türk Milliyetçiliği*, İletişim Yayınları.

Ateş Ali Osman, 2006, "İslam ve Barış," *Dinin Dünya Barışına Katkısı*, Türkiye Diyanet Vakfı Yayınları.

Ayata, Ali, 2009, " Türkiye Usulü Avrupa Birliğine Yakınlaşma ", *Akademik Araştırmalar Dergisi*, Sayı 40.

Balcı, İsrafil, 2011, *İlk İslam Fetihleri Savaş - Barış İlişkisi*, Pınar Yayınları.

Bayar, Celal, 1966, *Bende Yazdım*, Milli Mücadeleye Gidiş, C. 2, 2. Baskı, İstanbul.

Bayur, Yusuf Hikmet, 1967, *Türk İnkılabı Tarihi* Cilt III, Kısım IV, Türk Tarih Kurumu Basımevi.

——, 1991a, *Türk İnkılabı Tarihi*, cilt II, kısım II, Ankara: Türk Tarih Kurumu Basımevi.

——, 1991b, *Türk İnkılabı Tarihi*, cilt II, kısım IV, Ankara: Türk Tarih Kurumu Basımevi.

——, 1991c, *Türk İnkılabı Tarihi*, cilt II, kısım I, Ankara: Türk Tarih Kurumu Basımevi.

Birinci, Ali, 1990, *Hürriyet ve İtilaf Fırkası :II. Meşrutiyet devrinde İttihat ve Terakki'ye karşı çıkanlar*, İstanbul: Dergah Yayınları.

Burak, Durdu Mehmet, 2004, *Birinci Dünya Savaşı'nda Türk- İngiliz İlişkileri (1914-1918)*, Babil Yayıncılık.

Cemal Paşa, 1977, *Hatıralar*, İstanbul.

Ceyhan, Nesime, 2008, "Balkan Savaşlarında Yaşanan Göç'ün Türk Hikayesine Yansımaları," *Ekev Akademi Dergisi*, Yıl 12, Sayı 37.

Çadırcı, Musa,1989, "II. Abdülhamit Döneminde osmanlı Ordusu," *Dürdüncü Askeri Tarih Semineri Bildiriler*, Ankara: Genelkurmay Basımevi.

Çakır, Ömer, 2007, "Balkan Harbi'nin Türk Şiirindeki Akisleri," *Ekev Akademi Dergisi*, Yıl 11, Sayı 33.

Çoker, Fahri, 1985, "Tanzimat ve Ordudaki Yenilikler,"*Tanzimat'tan Cumhuriyet'e Türkiye Ansiklopedisi*, Cilt 5, İstanbul: İletişim Yayınları.

Danişmend, İsmail Hami, 1955, *İzahlı Osmanlı Tarihi Kronolojisi*, Cilt IV, İstanbul: Türkiye Yay.

——, 1961, *İzahlı Osmanlı Tarihi Kronolojisi*, İkinci Baskı, Cilt 4.

Daver, Bülent, 1989, "Hürriyet ve İtilaf Fırkası," *Dördüncü Askeri Tarih Semineri Bildiriler*, Ankara: Genelkurmay Basımevi.

Davutoğlu, Ahmet, 2009, *Stratejik Derinlik: Türkiye' nin Uluslararası Konumu*, Küre Yayınları.

Demirci, Sevtap, 2014, "Birinci Dünya Savaşında İngiliz Diplomasisi: İngiltere'nin Osmanlı politikasını Anlama," Ümit Özdağ ed., *100. Yılında Birinci Dünya Savaşı*, Kripto Basım Yayım.

Dinç, Güney, 2008, *Mehmed Nail Bey'in Derlediği Kartpostallarla Balkan Savaşı (1912-1913)*, Yapı Kredi Yayınları.

Doğan, Nuri, 1994, *Ders Kitapları ve sosyalleşme (1876-1918)*, İstanbul: Bağlam Yayıncılık.

Doğan, Recai, 2006, "Nitelikli Din Eğitim-Öğretiminin Sosyal ve Evrensel Barışa Katkısı," *Dinin Dünya Barışına Katkısı*, Türkiye Diyanet Vakfı Yayınları.

年 12 月 19 日アクセス）
Milliyet（2009 年 7 月 24 日）
（http://www.milliyet.com.tr/Dunya/HaberDetay.
aspx?aType=HaberDetay&KategoriID=2&ArticleID=1120967）（2009 年 7 月 24 日アクセス）
Milliyet（2009 年 11 月 18 日）
（http://www.milliyet.com.tr/Guncel/HaberDetay.
aspx?aType=HaberDetay&KategoriID=24&ArticleID=1163245）（2009 年 11 月 18 日アクセス）
Milliyet（2015 年 7 月 25 日）
（http://www.milliyet.com.tr/pkk-dan-flas-aciklama gundem-2092407/）（2016 年 7 月 18 日アクセス）
Milliyet（2016 年 6 月 29 日）
（http://www.milliyet.com.tr/turkiye-dunyanin-en-comert-2--ekonomi-2270728/）（2018 年 2 月 25 日アクセス）
Radikal（2015 年 8 月 29 日）
（http://www.radikal.com.tr/turkiye/turkiye-iside-karsi-harekata-katildi-1424343/）（2016 年 7 月 28 日アクセス）
Radikal（2015 年 11 月 2 日）
（http://www.radikal.com.tr/politika/erdogan-basbakan-sayin-ahmet-davutoglunu-kutluyorum-1464325/）（2016 年 7 月 28 日アクセス）
Zaman（2009 年 11 月 30 日）
（http://www.zaman.com.tr/haber.do?haberno=921731）（2009 年 11 月 30 日アクセス）

Askeri Tarih Belgeleri Dergisi, 1980, Ankara: Genelkurmay Basımevi, yıl 29, sayı 78.
Askeri Tarih Belgeleri Dergisi, 1995, Ankara: Genelkurmay Basımevi, yıl 44, Sayı 99.
Balkan Harbi(1912-1913), 1993, Genelkurmay Basımevi.
Dördüncü Askeri Tarih Semineri Bildiriler, 1989, Ankara: Genelkurmay Basımevi.
Sadrazam ve Harbiye Nazırı Mahmut Şevket Paşa'nın Günlüğü, 1988, İstanbul: ARBA Yayınları.
Türk Silahlı Kuvvetleri Tarihi Osmanlı Devri Balkan Harbi(1912-1913), 1993, İkinci Baskı, Genelkurmay Basımevi.

Ahmad, Feroz, 1971, *İttihat ve Terakki (1908-1914)*, İstanbul: Sander Yay.
——, 1985, "İttihat ve Terakki'nin Dış Politikası (1908-1919)," *Tanzimat'tan Cumhuriyet'e Türkiye Ansiklopedisi*, 2. cilt, İletişim Yayınları.
Akar, Muhlis, 2006, "Müzakere," *Dinin Dünya Barışına Katkısı*, Türkiye Diyanet Vakfı Yayınları.
Akşin, Sina, 1980, *100 Soruda Jön Türkler ve İttihat ve Terakki*, İstanbul: Gerçek Yayınevi.
——, 1987, *Jön Türkler ve İttihat ve Terakki*, İstanbul: Remzi Kitabevi.
——, 1994, *Şeriatçı Bir Ayaklanma: 31 Mart Olayı*, Ankara: İmge Kitabevi.

参　考　文　献

【トルコ語】

GATSEBA1

Genelkurmay Askeri Tarih ve Stratejik Etüt Başkanlığı Arşivi,Arşiv nr. 1-A/64, Dolap nr. 303, Göz nr. 4, Klasör nr. 123, Dosya nr. 18(7), Fihrist nr. 15-12

GATSEBA2

Genelkurmay Askeri Tarih ve Stratejik Etüt Başkanlığı Arşivi, Arşiv nr. 1-A-64, Klasör nr. 125, Dosya nr. 15, Fihrist nr. 12-1

GATSEBA3

Genelkurmay Askeri Tarih ve Stratejik Etüt Başkanlığı Arşivi, Arşiv nr. 4-121, Klasör nr. 308, Dosya nr. 3, Fihrist nr. 1-27

GATSEBA4

Genelkurmay Askeri Tarih ve Stratejik Etüt Başkanlığı Arşivi, Arşiv nr. 4-121, Klasör nr. 309, Dosya nr. 4, Fihrist nr. 3-1

GATSEBA5

Genelkurmay Askeri Tarih ve Stratejik Etüt Başkanlığı Arşivi, Arşiv nr. 4-121、Klasör nr. 309, Dosya nr. 6, Fihrist nr. 4

GATSEBA6

Genelkurmay Askeri Tarih ve Stratejik Etüt Başkanlığı Arşivi, Arşiv nr. 4-7342, Dolap nr. 312, Göz nr. 3, Klasör nr. 650, Dosya nr. 54(11), Fihrist nr. 3-1

Meclis-i Mebusan Zabıt Ceridesi, Brinci Devre, Dördüncü sene-i İçtima, On İkinci İçtima, Çarşamba 26 Teşrinievvel 1327, (1911.11.8).*Takvim-i Vekayi*, Nu. 1251, 27 Eylül 1328(1912.10.10).

Hurriyet（2015 年 11 月 5 日）

（http://www.hurriyet.com.tr/milli-birlik-sureci-sonuc-alma-donemi-40010091）（2016 年 7 月 28 日アクセス）

Metropoll, Stratejik ve Sosyal Araştırmalar,

（http://www.metropoll.com.tr/upload/content/files/1788-turkiyenin-nabzi-ekim-2015.pdf）（2016 年 8 月 16 日アクセス）

Milliyet（2008 年 12 月 19 日）

（http://www.milliyet.com.tr/Dunya/HaberDetay.aspx?aType=HaberDetay&Kategori=dunya&KategoriID=2&ArticleID=1030003&Date=19.）（2008

2016年	12月10日	PKK関連組織、トルコ、イスタンブルのサッカースタジアムでテロ、44人死亡
	12月17日	PKK関連組織、トルコ、カイセリでテロ、少なくとも14人死亡
	12月19日	ドイツ、ベルリンでテロ（トラック使用）、少なくとも12人死亡
2017年	1月1日	IS、トルコ、イスタンブルのナイトクラブでテロ、39人死亡
	2月16日	IS、イラク、バグダードでテロ、59人死亡
	2月16日	IS、パキスタン、シンド州でテロ、少なくとも88人死亡
	5月22日	IS、英国、マンチェスターでテロ、22人死亡
	6月3日	英国、ロンドンでテロ、8人死亡
	8月17日	IS、スペイン、バルセロナでテロ、14人死亡
	10月31日	IS、米国ニューヨーク、マンハッタンでテロ、8人死亡
	11月24日	IS、エジプト、北シナイ県でテロ、300人以上死亡
2018年	1月15日	IS、イラク、バグダードでテロ、少なくとも38人死亡
	1月27日	タリバン、アフガニスタン、カブールでテロ、少なくとも103人死亡

近年のテロ事件のデータは「公安調査庁ホームページ」を参照

2015年	1月17日	安倍首相、テロとの戦いへの支援を表明　その後、IS が日本人人質を殺害
	6月7日	トルコ総選挙、公正発展党、単独与党の座を失う
	7月20日	IS 支持者、トルコ東南部スルチでテロ、32 人死亡
	7月	米軍のインジルリッキ空軍基地使用許可　PKK との停戦破棄
	8月	**トルコ、IS 包囲戦線に参加、クルドの拠点も空爆** 難民大量にヨーロッパへ
	9月	ロシア、大規模に介入
	10月10日	トルコのアンカラ駅前でテロ、97 人死亡
	11月1日	トルコ、公正発展党、単独与党の座を回復
	11月13日	IS、フランス、パリでテロ、130 人死亡
	11月24日	トルコ、ロシア空軍機撃墜
2016年	1月12日	トルコ、スルタン・アフメットでテロ、10 人死亡、IS の犯行との見方
	2月	シリア停戦合意、IS 等含まれず
	2月17日	PKK 関連組織、トルコ、アンカラ官庁街でテロ、28 人死亡
	2月27日	シリア停戦合意
	3月13日	トルコのアンカラ繁華街でテロ、37 人死亡
	3月19日	トルコ、イスタンブルのイスティクラール通りでテロ、4 人死亡、IS 関係者の犯行との見方
	3月22日	IS、ベルギー、ブリュッセルの空港と地下鉄駅でテロ、28 人死亡
	4月13日	シリア和平協議
	6月28日	トルコ、イスタンブル、アタテュルク空港でテロ、44 人死亡、、IS の犯行との見方
	7月14日	IS 関連組織、フランス、ニースでテロ（トラック使用）、少なくとも 84 人死亡
	7月15日	トルコでクーデター未遂
	8月20日	トルコ南部ガジアンテップの結婚式会場でテロ、54 人死亡
	8月26日	PKK、トルコ南東部シュルナクでテロ、少なくとも 11 人死亡
	10月9日	PKK、トルコ南東部ハッカリでテロ、15 人死亡
	11月4日	PKK 関連組織、トルコ南東部ディヤルバクルでテロ、11 人死亡

1948年	5月	イスラエル建国、第一次中東戦争
1956年	10月	第二次中東戦争、スエズ危機
1967年	6月	第三次中東戦争、イスラエルによるヨルダン川西岸、ガザ占領
1973年	10月	第四次中東戦争、石油危機
1979年	2月 3月 7月 11月 12月	イラン・イスラーム革命 エジプト・イスラエル平和条約 イラク、フセイン大統領就任 マッカ、聖モスク占拠事件 ソ連、アフガニスタン侵攻
1990年	8月	湾岸危機
1991年	1月	湾岸戦争
2001年	9月 10月	**9・11事件** アフガニスタン戦争
2002年	11月	トルコで公正発展党が第一党になる
2003年	3月	**イラク戦争**
2004年	10月	ザルカウィ、「イラクのアル・カイダ」創設
2005年		トルコのエルドアン大統領、PKK（クルド労働者党）と交渉を進める
2006年	6月	ザルカウィ死去
2008年	9月	リーマン・ショック
2010年		バグダディー、「イラク・イスラーム国」の指導者に
2011年	1月	シリア内戦
2013年	3月 4月 12月	トルコ、PKKと一時停戦 「イラクとシャームのイスラーム国」（ISIS）創設 トルコのギュレン運動側、政権の汚職を暴露
2014年	1月 6月 6月29日 9月 9月	米オバマ大統領、ISISを「初心者揃いの大学のバスケチーム」と評する ISIS、イラク第二の都市モスルを占領 「イスラーム国」（IS）樹立宣言、カリフ制を施行 **米国等によるシリア空爆**、以後ISが外国人の殺害を始める トルコ、コバニのクルド人を助けず
2015年	1月 1月7日	IS、コバニから撤退 イスラーム過激派テロリストが、フランスの新聞「シャルリー・エブド」を襲撃、12人死亡

1917年	4月26日	**サン・ジャン・ド・モーリアンヌ（秘密）協定** 英仏伊、伊にイズミルを含むエーゲ海沿岸を勢力圏とする約束
	11月	**バルフォア宣言**
1918年	10月	ムドロス休戦協定
1919年	1月	パリ講和会議　オスマン処理遅れる。利害調整は翌年のサン・レモ会議まで続く。ファイサル領土獲得に失敗
	5月	ギリシア　イズミル上陸
	5月19日	ムスタファ・ケマル　サムスン上陸
	7月23日～8月7日	エルズルム会議
	9月4日～9月11日	シヴァス会議
	12月27日	ケマル　アンカラ入り
1920年	4月	サン・レモ会議　セーブル条約の骨子決定。 英、石油のためにモスルを勢力下に。シリア、仏の委任統治に決定。アブドゥラーを王とするイラクを否定
	4月23日	大国民議会開催　ケマルを議長にアンカラ政立樹立
	8月	**セーブル条約**　オスマン帝国広大な領土失う 現地勢力の実効支配　ギリシア、アルメニア、クルド
1921年	1月	イノニュの戦い　トルコがギリシア軍に勝利
	3月	カイロ会議　ダマスカスを追われたファイサルをイラク王に
	3月16日	モスクワ条約　アンカラ政府とソヴィエト政府の友好条約
	10月13日	カルス条約　アンカラ政府とアルメニア、アゼルバイジャン、ジョージアの友好条約　国境を画定
	10月20日	アンカラ条約　仏との間で締結　アンカラ政府承認とアナトリア南部から仏の撤退
1922年	10月	ムダンヤ休戦協定
	11月1日	スルタン制廃止
1923年	7月	**ローザンヌ条約**　トルコ国境ほぼ決定
	10月	トルコ共和国建国
1924年	3月	カリフ制廃止

1453年		メフメト二世がコンスタンティノープルを攻略、東ローマ帝国滅亡
1529年		第一次ウィーン包囲
1648年		ウェストファリア条約
1683年		第二次ウィーン包囲、オスマン軍大敗
1699年		オスマン帝国と神聖同盟の間でカルロヴィッツ条約結ぶ、バルカンでの後退始まる
1765年		産業革命開始（ワットによる蒸気機関改良）
1853年		ロシアとのクリミア戦争、その後1856パリ講和条約
1876年		**オスマン帝国憲法（ミトハト憲法）発布**
1877年		露土戦争、その後1878サン・ステファノ条約、ベルリン条約（セルビア、モンテネグロ、ルーマニアの独立、ブルガリア自治認められる）
1878年		アブデュルハミト二世が憲法を停止
1881年		オスマン帝国財政が破綻
1908年	7月	**青年トルコ人革命**、憲法復活（ブルガリア独立、オーストリア＝ハンガリーがボスニア・ヘルツェゴビナ併合）
1909年	3月	3月31日事件、反革命失敗
1911年	9月	イタリアがオスマン帝国に宣戦、伊土戦争
1912年	1月	棍棒選挙、統一派が大勝
	6月	アルバニア反乱、救国将校団結成
	7月	マフムート・シェヴケット陸相辞任、自由派台頭
	10月	**第一次バルカン戦争勃発**、 その後1913･5ロンドン条約
1913年	1月	大宰相府襲撃事件、シェヴケットを大宰相に、エンヴェル、タラート、ジェマルの三頭政治開始
	6月	**第二次バルカン戦争勃発**、その後ブカレスト講和条約、マケドニアの分割、アルバニアの独立
1914年	7月	**第一次大戦開始**
1915年	3月4日～ 4月12日	**イスタンブル（秘密）協定**（コンスタンティノープル協定） 英仏露、ロシアにイスタンブルと海峡を与える約束
	4月26日	**ロンドン（秘密）協定**　英仏、伊に同盟に入れば、トリポリ、アンタルヤを与える約束
1915年7月～1916年3月		**フサイン・マクマホン書簡**
1916年	5月	**サイクス・ピコ（秘密）協定**
		フサイン　ヒジャーズ王に

中東イスラーム年表（本書に関する重要部分は太字）

138 億年前		**宇宙の誕生**
46 億年前		地球や太陽系の誕生
40 億年前		地球における生命の誕生
800 万年前		ホミニン（最初のヒト、チンパンジーとの共通祖先から分かれた後の全種の名称）の誕生
20 万年前		**ホモ・サピエンスの誕生**
1 万年前（紀元前 8000 年）		農耕の成立、日本列島ができる
紀元前3200年頃		メソポタミアで都市の成立、その後メソポタミア、エジプト、インダス、中国で文明成立
紀元前6世紀頃		釈迦、孔子誕生
紀元前 27 年		ローマ帝政開始
紀元前 4 年頃		イエス誕生
392 年		キリスト教がローマの国教になる
395 年		ローマ帝国が東西に分裂
476 年		西ローマ帝国滅亡
570 年頃		**ムハンマド誕生**
610 年頃		ムハンマドが神の啓示を受ける
622 年		**ヒジュラ（聖遷）**マッカからマディーナに移住、イスラーム暦元年
624 年		キブラ（礼拝の方向）をエルサレムからマッカに変更
625 年		ウフドの戦い
627 年		ハンダク（塹壕）の戦い
628 年		ブダイビーヤの和議
630 年		マッカを無血征服
632 年		ムハンマド死去
661 年		第 4 代カリフ・アリー暗殺、ウマイヤ朝成立（661-750）
750 年		アッバース朝成立（750-1258）
830 年		バグダードに知恵の館設立
1258 年		モンゴル軍がバグダード攻略、アッバース朝滅亡
1299 年		オスマン朝成立（1299-1922）

【ら】

【り】

【る】

【れ】

【ろ】

【わ】

【み】

【む】

【め】

【ゆ】

【よ】

【ひ】

【ふ】

【へ】

【ほ】

【ま】

【な】

【に】

【は】

【た】

【ち】

【て】

【と】

【す】

【せ】

【け】

【こ】

【さ】

【し】

【か】

【き】

【く】

【う】

【え】

【お】

索　引

【あ】

【い】

岩木秀樹（いわき・ひでき）

1968年、兵庫県尼崎市生まれ。

創価大学大学院博士後期課程修了、博士（社会学）。

専門は平和学、国際関係学、中東イスラーム学。

創価大学非常勤講師を務める。

著書に『戦争と平和の国際関係学 ── 地球宇宙平和学入門』論創社、2013年（単著）がある。

装幀・本文レイアウト／藤井国敏
地図作成／㈱クリエイティブメッセンジャー

中東《ちゅうとう》イスラームの歴史《れきし》と現在《げんざい》
——平和《へいわ》と共存《きょうそん》をめざして

2018年9月8日　初版第1刷発行

著　者　岩木秀樹《いわきひでき》
発行者　大島光明
発行所　株式会社　第三文明社
東京都新宿区新宿1-23-5
郵便番号 160-0022
電話番号 03-5269-7144（営業代表）
03-5269-7145（注文専用）
03-5269-7154（編集代表）
振替口座 00150-3-117823
URL　http://www.daisanbunmei.co.jp

印刷・製本　藤原印刷株式会社

ISBN 978-4-476-03376-2